KB097568

국제기구와
과학·기술 협력

ITU·WMO·IMO·WIPO·IAEA

유네스코 아태교육원 국제기구 총서 8

국제기구와
과학·기술 협력

ITU·WMO·IMO·WIPO·IAEA

인   쇄: 2015년 8월 20일
발   행: 2015년 8월 25일
기   획: 유네스코 아시아태평양 국제이해교육원
공저자: 최동주·김정인·박창희·한유진·정재욱

발행인: 부성옥
발행처: 도서출판 오름(www.oruem.co.kr)
등록번호: 제2-1548호(1993. 5. 11)
주   소: 서울특별시 중구 퇴계로 180-8 서일빌딩 4층
전   화: (02) 585-9122, 9123/팩   스: (02) 584-7952
ISBN   978-89-7778-447-5   93340

* 잘못된 책은 교환해 드립니다.
* 값은 뒤표지에 있습니다.
copyright ⓒ 2015 by APCEIU

이 저서는 2012년 정부(교육과학기술부)의 재원으로 한국연구재단의 지원을 받아
수행된 연구임(NRF-2012S1A5B4A01035996)

유네스코 아태교육원 국제기구 총서 8

국제기구와
과학·기술 협력

ITU·WMO·IMO·WIPO·IAEA

최동주·김정인·박창희·한유진·정재욱 공저

International Organizations and Cooperation in Science & Technology

ITU · WMO · IMO · WIPO · IAEA

CHOI Dongju · KIM Jeong-in · PARK Changhee
HAN Yoo-jin · JUNG Jaewook

APCEIU · ORUEM Publishing House
Seoul, Korea
2015

머리말

과학기술의 발전과 더불어 진행된 통신과 교통수단의 진보는 국경을 가로지르는 인적 접촉을 쉽게 하였고, 이는 궁극적으로 국제사회를 출현시킨 배경이 되었으며, 이러한 인적 교류의 확대와 상호 경쟁은 국제기구의 발전으로 이어졌다. 즉, 과학기술의 발전은 양면성을 갖고 있어서 한편으로는 국가와 사회의 발전에 기여하지만, 다른 한편으로는 그로부터 파생되는 여러 가지 관리적 문제를 발생시킨다.

예를 들면, 과학기술의 진보는 인류의 기후변화에 대한 적응을 돕고, 일상생활의 편의를 높여준다. 하지만 동시에 이러한 과학기술의 진보는 선후진국 간의 격차를 더욱더 크게 만들고, 기술발전과 그로부터 파생되는 이익을 둘러싼 치열한 경쟁을 발생시킨다. 따라서 이러한 경쟁을 공정하게 관리하기 위해서 협력을 통해 국가 간 기준을 통합시키고, 상이한 국가이익을 조율하는 것이 반드시 필요하게 된다. 일반적으로 세계 각국은 자국의 표준, 자국에게 유리한 관행, 자국의 이익을 국제사회로 투영하고자 하기 때문에 과학기술 분야에서도 이를 관리하는 국제기구의 역할은 매우 중요하다. 또한 매우 정치중립적인 것으로 보이는 과학기술 분야이지만 이의 국제적 협력과 관리는 매우 정치적인 영역 안에 존재할 수밖에 없게 되는 것이다.

이 책은 과학기술, 해양, 그리고 지식정보에 관한 연구로 이루어진다. 이

영역의 대표적 국제기구로는 국제전기통신연합^{ITU}, 세계기상기구^{WMO}, 국제해사기구^{IMO}, 세계지적재산권기구^{WIPO}, 국제원자력기구^{IAEA}를 들 수 있다. 이들 각각의 국제기구는 나름의 특성을 갖고 있기는 하나 공통적으로 기구의 설립목적과 발전과정에 대한 분석하여 국제기구의 탄생과 변화에 대해 영향을 미치는 거시적 요인을 찾는다. 또한 이들 개별 국제기구에 존재하는 특수한 관행과 문화를 드러내기 위해 조직 구성과 활동 그리고 내부의 정치적 과정에 대해서 살펴보고 있다. 마지막으로 한국의 국제기구 활동과 성과에 대해서 알아보면서 이 분야의 활동이 한국에 주는 시사점을 모색해 보고 있다.

　이 책의 구성에 대해 간략히 살펴보면, 우선 제1장에서는 국제전기통신연합^{ITU}에 대해 연구하고 있다. ITU는 세계 정보통신기술^{ICT} 부문을 총괄하는 유엔 전문기구^{specialized agency}로 1865년 설립된 국제전신연합을 모태로 하여 150년을 지속해온 가장 오래된 역사를 자랑하는 국제기구의 하나로 회원국과 부문회원이 공동의 목적을 달성하기 위해 운영되는 정부간기구이다. ITU는 크게 전파통신^{ITU-R}, 전기통신 표준화^{ITU-T}, 그리고 전기통신 개발^{ITU-D}의 세 주요한 영역에서 국제적 규칙과 표준을 개발 및 보급하며, 이를 위한 국제적 조정과 협력을 담당하고 있다. 특히 ICT는 급속한 기술발전이 일어나고 이러한 기술이 우리의 일상생활에 깊숙하게 침투하고 있기 때문에 그 중요성이 더욱더 크다. 즉 ICT의 변화가 우리 사회와의 상호진화를 촉진하는 이른바 공진화^{Co-evolution} 과정을 통해 진일보하고 있기 때문에 ICT의 발전이 곧 사회의 발전을 견인하고 있다. 따라서 ICT의 격차는 곧 국가나 사회 발전 수준의 격차 그리고 나아가 삶의 질의 격차와도 직결되게 되었기에 그 중요성이 더욱더 크다. 따라서 ICT는 유엔의 MDGs 실현과 발맞추어 저개발국의 ICT 개발지원을 통해 격차를 줄이고자 노력을 경주하고 있다.

대표적인 ICT 강국으로서 한국도 ITU에서 활발한 활동을 하고 있다. 특히 2014년 부산에서 개최되었던 ITU 전권회의[PP-14]의 의장국이 되어 ICT 강국으로서의 기술과 리더십을 만방에 과시하였으며, 동시에 이재섭 박사가 ITU 내 최고위 선출직의 하나인 ITU 표준화총국장에 선출되어 ITU 내 한국의 위상을 더욱더 고양시킬 수 있었다.

제2장은 세계기상기구[WMO]를 연구하고 있다. WMO는 기상관측을 위한 세계협력을 목적으로 설립된 유엔의 기상 전문기구이다. 지난 수십 년간 기후변화는 지구의 모든 대륙과 해양, 그리고 인간에게 영향을 주고 있다. 기후변화는 빙하, 눈, 하천, 호수, 해양침식, 해수면 상승 등의 물리적 환경에 중대한 변화를 가져오고, 육상생태계와 야생동물, 해양산성화 등 해양생태계에 부정적 영향을 야기한다. 이처럼 기후변화에 대한 과학적 증거는 보다 명백해지고 있다. 이에 WMO는 기상데이터의 수집 및 제공, 미래 기후 예측, 다양한 연구프로그램 조직 및 조정, 전지구적인 지식공유와 역량 구축, 그리고 수집한 기상 데이터를 사회 경제적인 부문에 적용하는 역할을 수행하고 있다. 뿐만 아니라 기후변화로 인한 영향이 점점 뚜렷해지고 있다. 온실가스 저감을 위한 보다 강력한 국제적인 공동 노력에 대한 합의가 요원해지면서, 기후변화 적응에 대한 노력의 필요성은 더욱더 절실해지고 있다. 따라서 WMO의 역할에 대한 기대도 더욱더 커지고 있다. 한국은 1956년에 WMO에 가입한 이래 1980년대부터 더욱 본격적으로 WMO 활동에 참여하였고, 현재 농업기상위원회의 의장, 그리고 대기과학위원회의 부의장으로 활동하고 있는 등 전 세계적으로 한국의 기상 능력과 리더십을 발휘하고 있다.

제3장은 국제해사기구[IMO]를 연구하고 있다. 해양무대에서의 활동은 그 특성상 한 국가의 영역에 머무는 것이 아니라 대양을 가로질러 전 세계를

무대로 하고 있는 만큼 해양은 '글로벌 공역Global Common'으로서 국제사회가 공동으로 관리해야 할 영역이다. 또한 오늘날 세계화의 영향으로 국제무역은 크게 변화하여 새로운 해운 강대국들이 등장하고 있으며, 해양활동이 증가함에 따라 국제해사 문제가 첨예한 이슈로 부상하고 있다. 그리고 그러한 역할의 중심에는 국제해사기구 IMO가 있다. IMO는 런던에 본부를 두고 있는 유엔의 유일한 전문기구로서 IMO는 해운 관련 안전, 환경, 해상교통 촉진 및 보상 등과 관련된 국제규범을 재개정하는 기능을 수행하고 있으며, IMO의 협약 제·개정은 그 방향에 따라 국가별로 조선 및 해운산업의 판도는 물론, 관련 기업 경영환경에 대한 지대한 미쳤다. 그동안 한국 정부는 적극적인 국제해사활동을 수행하여 이제 해양중견국으로의 지위를 확보하고 있다. 한국은 1962년 IMO의 정회원으로 가입하였으며, 2001년 국제해운서비스를 제공하는 데 가장 이익이 큰 10개 국가가 속한 그룹인 A그룹의 이사국에 진출하여 현재까지 연임하고 있는데, 이는 해운 규모뿐 아니라 IMO 내에서의 각종 위원회 활동, 개발도상국 지원, 소말리아 해적 퇴치 등에 적극적으로 참여함으로써 가능한 것으로 평가받고 있다.

제4장은 세계지적재산권기구WIPO에 대해 연구하고 있다. WIPO는 지식재산권과 관련한 국제조약 및 규범에 대한 논의를 주도해 나가는 대표적인 기구이다. 본부는 제네바에 소재하고 있으며 지식재산권에 관련된 전 세계적인 이슈에 대한 논의 및 관련 조약을 관장함으로써 국제표준을 마련하는 한편, 신지식재산권에 대한 국제규범을 형성하는 역할을 수행하고 있다. 특허권을 비롯한 지식재산권은 WIPO가 설립되기 훨씬 이전부터 각 나라의 독자적인 시스템에 의해 보호되어왔다. 그러나 19세기 후반 국제무역이 활발해지면서, 한 국가에서 보호받던 지식재산권을 다른 국가에서도 보호받을 수 있도록 하는 협정에 대한 논의가 시작되었고, 21세기 무형의 지식이 개

인, 기업 및 국가 발전의 원동력이 되기 시작하면서 더욱 부각되기 시작하였다. 특히 최근에는 전 세계적으로 지식재산권의 출원이 증가하고, 다국적 기업들 간의 지식재산권 관련 소송이 증가하면서 WIPO의 역할이 더욱 중요해지고 있다. 이에 최근에는 선진국뿐 아니라 개발도상국에서도 지식재산권의 중요성을 인지하고, 국제적인 논의에 적극 참여하고 있다. 한국 역시 세계 4위의 특허출원국답게 다른 국제기구에 비해 WIPO에서의 활동이 매우 활발한 편이다. 한국은 1979년 WIPO의 회원국이 된 이후, 1980년에 처음으로 지식재산권의 국제적 보호에 관한 전반적인 논의를 다룬 파리협약에 가입하였으며, 가장 최근에는 마라케시 VIP조약에 서명하는 등 매년 WIPO 총회 및 컨퍼런스 등에 적극적으로 참석하고 있으며, 세계 지식재산권 거버넌스 구축에 있어 중요한 역할을 담당하고 있다.

　제5장은 국제원자력기구IAEA이다. IAEA는 평화적 원자력 이용을 촉진하고 범지구적 당면위협인 원전사고와 핵물질의 군사적 전용에 대처하기 위해 1956년 10월에 설립된 유엔 산하의 대표적인 국제기구이다. 하지만 평화적 핵 이용을 촉진하고 핵물질의 군사적 전용을 방지하기 위해 IAEA가 출범되었음에도 핵보유국이 되고자 하는 국가들의 의지는 좀처럼 줄어들지 않았다. 그 결과 1968년 7월에 미국과 소련을 비롯한 56개국이 핵확산금지조약NPT을 성립시켰고, 1970년부터 발효가 되었다. 이렇듯 IAEA 사찰은 국제 핵확산방지체제에서 차지하는 비중과 역할이 크고 실질적으로 기여해 온 것이 사실이나 현실적으로 IAEA 사찰은 제도적·규범적 측면에서 한계성을 내재하고 있다. 그리고 IAEA 발전을 위한 또 하나의 과제는 원자력 안전을 위한 구속력 있는 국제적 거버넌스를 구축해야 한다는 것이다. 한국은 IAEA 창설 직후인 1957년에 가입한 창설회원국이며, 가입 이래 2009년까지 IAEA의 기술협력 수혜를 받아왔으며 기술협력 참여를 통해 국내 원자력 인프라 강화

와 기술 및 인적 자원 능력 강화에 큰 도움을 받은 바, 1990년대 중반 이후부터는 한국의 위상이 높아지면서 파트너십을 통한 협력으로 발전해왔다.

이 책은 과학기술의 발전과 국제적 협력에 대한 문제의식을 공유한 학자 5명의 공동작업으로 탄생하였다. 각각의 분야에서 최고의 전문성을 가진 동학들과 함께한 작업은 매우 즐거웠으며 한편으로는 발전을 위한 큰 자극이 되었다. 특히 과학기술 분야의 국제기구에 관한 연구의 초석을 놓는다는 사명감을 갖고 최선을 다해준 동료 저자들께 다시 한번 감사를 전하고 싶다.

또한 이 책이 만들어지는 과정에서 도움을 주신 많은 분들께 이 지면을 빌려 감사를 드린다. 유네스코 아시아태평양 국제이해교육원APCEIU은 연구의 주관기관으로서 연구에 필요한 각종 행정적 지원을 해주었고, 정우탁 원장과 김도희 박사는 책의 기획과 출판의 전 과정을 총괄하며 연구진을 독려해주었다. 그리고 이미지 연구보조원과 정진희 연구보조원은 저자들의 십벌과 책의 편집을 도와 이 책의 완성도를 높였다. 마지막으로 국제기구 총서의 전 시리즈의 출판을 담당해주신 도서출판 오름의 부성옥 대표와 최선숙 편집부장께도 다시 한번 감사를 전하고 싶다.

급격한 과학기술의 발전과 이에 따른 환경의 변화는 긴밀한 국제협력을 더욱더 절실하게 만든다. 하지만 아직 이 분야에 대한 전문적인 연구는 한참 부족한 형편이다. 과학기술 분야의 대표적 국제기구 5개를 다룬 이 책이 독자들의 조금은 생소한 이 분야에 대한 이해를 높이는 데 기여할 수 있기를 바란다.

공동저자 대표
최동주

차례

▌ 머리말 _최동주 •5

 국제전기통신연합(ITU) • *15*　　　　　　　최동주

　Ⅰ. 서론 •17
　Ⅱ. ITU의 설립과 발전 •20
　Ⅲ. ITU의 규범과 구성 •29
　Ⅳ. 조직 구조 및 기능 •33
　Ⅴ. 도전과 대응: ITU의 미래전략 •47
　Ⅵ. 한국과 ITU •55
　Ⅶ. 결론 •59

세계기상기구(WMO)와
한국 기상청의 역할 • *63*   김정인 · 박현준

Ⅰ. 기후변화 현황 • 65
Ⅱ. 세계기상기구의 역사 • 73
Ⅲ. 기능 및 조직 • 75
Ⅳ. WMO의 향후 활동 방향 • 88
Ⅴ. 기후변화에 관한 정부간협의체의 역할과 기능 • 92
Ⅵ. 태풍위원회의 역할과 기능 • 93
Ⅶ. 기상 관련 국제기구와 기상청의 역할과 기능 • 97
Ⅷ. 한국 기상청과 WMO의 협력 및 파트너십 강화를
    위한 제언 • 99

국제해사기구(IMO):
지속가능한 해운 추구 • *109*   박창희

Ⅰ. 서론 • 111
Ⅱ. 기구 성립의 배경 및 발전과정 • 113
Ⅲ. 기구의 구성 및 주요 기능 • 121
Ⅳ. 기구 내 주요 쟁점 • 136
Ⅴ. 한국의 대응전략 • 139
Ⅵ. 결론 • 142

제4장 **세계지적재산권기구** (WIPO) • *145*   한유진

Ⅰ. 서론 • 147
Ⅱ. 기구 성립의 배경 및 발전과정 • 150
Ⅲ. 기구의 구성·기능·예산 • 153
Ⅳ. 한국과의 관계 • 169
Ⅴ. 결론 • 179

제5장 **국제원자력기구** (IAEA):
    성과, 한계, 그리고 발전방향 • *183*   정재욱

Ⅰ. 서론 • 185
Ⅱ. IAEA 개관 • 187
Ⅲ. 조직 구성 및 핵심 기능 • 197
Ⅳ. IAEA의 주요 활동 평가 • 217
Ⅴ. 결론: 한계 및 발전방향 • 230

▌참고문헌 • 239

 KTF를 활용한 개도국 지원 사업 • 249

▌색인 • 257

▌필자 소개(원고 게재순) • 265

제 1 장

국제전기통신연합(ITU)

최동주

I _____ 서론

II _____ ITU의 설립과 발전

III _____ ITU의 규범과 구성

IV _____ 조직 구조 및 기능

V _____ 도전과 대응: ITU의 미래전략

VI _____ 한국과 ITU

VII _____ 결론

I. 서론

바쁜 현대인들의 생활에서 가장 빼놓을 수 없는 것은 바로 스마트폰으로 대표되는 스마트 기기일 것이다. 현대인들은 아침부터 밤까지 스마트폰, 컴퓨터, 인터넷 등으로 전 세계와 하나로 연결되는 정보통신기술Information and Communication Technology: ICT의 세상에서 살고 있다. 이런 모습들은 불과 10~20년 전만 해도 상상하기도 힘들었을 정도로 ICT는 빠르게 변화하고 있다. 이렇게 급속히 변화하는 ICT는 단지 그의 기술적 진보 때문만이 아니라, ICT가 우리 사회의 변화를 동시에 이끌어내기 때문에 더 중요하다. 즉, 기술은 사회와의 상호 진화를 촉진하는 이른바 '공진화co-evolution'의 과정을 통해 진일보한다. 기술의 혁신을 통한 도구의 발명은 사회 패러다임의 변화를 촉진하는 핵심요인이기도 하다. 특히 ICT는 정치·경제·사회 전반의 메가트렌드를 야기하면서 국가사회는 물론 국제사회 전반의 존속과 경쟁을 위한 시스템을 근본적으로 변화시키는 핵심 원동력이며 미래의 불확실성과 위기에 능동적으로 대처할 수 있는 핵심수단이다. 특히 ICT의 적용범위가 점차 확대되면서 이제 정보통신 관련기술은 다양한 글로벌 이슈들의 해결을 위한 전략적인 필수요소로 인식된다.

정보통신이 국가와 국제사회에 전반적으로 미치는 파괴력은 예상보다 빠르게 성장했고 향후 그 속도는 더욱 빨라질 것으로 예측된다. 우선 미래의 경제와 사회적 이슈들을 해결하기 위한 다양한 기술들과 이질적인 산업들이 연결되고 이로 인해 엄청난 사회경제적 시너지 효과들이 창출될 것이다. 둘째, 정보의 축적과 활용으로 인간의 지적능력을 최대한 발휘할 수 있는 인적자원의 고도화가 추진될 것이다. 셋째, 정보공개와 공유의 확대가 진행되면서 사회시스템에 대한 시민들의 신뢰가 향상되고 정치사회적 참여수준을 향상시키는 효과를 기대할 수 있을 것이다. 마지막으로 인력, 물류 그리고 정보를 네트워크화하는 글로벌화가 가속화될 것이다. 따라서 미래사회를 예측하고 연구하기 위해서는 정보통신기술의 발전과 이에 따른 제반 규범의 설정과 이를 통한 국가 및 국제사회의 대응에 대해 함께 연구하고 대안을 찾는 것이 필연적 사안이다.

미래기술을 전망해온 세계적인 예측기관인 Gartner, Techcast, Now and Next 등은 미래사회를 주도할 핵심기술의 대부분이 ICT라는 데 동의하는 보고서를 발표하고 있고, EU와 미국 등 선진국은 물론 정보통신 강국인 한국을 비롯한 중견국가들도 미래형 정보통신기술 개발과 적용을 위한 청사진을 경쟁적으로 내놓고 있다. 그 기술들은 성입화와 국가신입 기반화라는 이중적 목적을 두고 개발되고 있다. 그 범위는 네트워크, 단말기, 플랫폼, 콘텐츠 등 매우 다양하다. 미래 트렌드는 connectivity, convergence, emotional, intelligence, reliable, sustainable, virtual 등의 단어를 동반한다. 정보화 사회를 넘어 스마트 사회를 지향하는 시점에서 국내는 물론 국제사회를 지배하게 될 정보통신 관련 지배구조와 제반규정의 제정과 적용 그리고 규제 및 탈규제와 관련된 다양한 제도적 대응에 대한 학습과 연구가 필요하게 된 것이다.[1] 뿐만 아니라 이러한 새로운 ICT의 발전은 지금 이 순간에도 전 세계 각국에서 동시다발적으로 이루어지고 있고, 이러한 기술진보와 그의 파급효과는 각국의 상황에 따라 상당한 격차가 존재하고, 그에 따른 국익차원의 이해갈등 역시 발생할 수밖에 없는 영역이다.[2] 즉, 소위 선진국들과

---

1) 한국정보화진흥원, 『미래 IT기술 발전방향 및 전망』(2012), p.12.

후진국들의 기술차이는 엄청나며 그에 따라 사회 전반의 발전에 미치는 영
향력도 엄청날 것이기에 이러한 ICT에 대한 기준 제시, 통합 및 조정의 역
할은 반드시 필요하다. 그렇기에 가장 높은 수준의 전문성을 바탕으로 국제
사회의 정보통신 관련 제도와 규정을 운영해온 국제전기통신연합International
Telecommunication Union: ITU을 연구하는 것은 다른 어떤 국제기구에 대한 연
구보다도 더욱 중요한 의미를 지닌다.

ITU는 세계 정보통신기술Information Communication Technologies: ICT 부문을
총괄하는 정부간국제기구이자 UN 전문기구specialized agency이다. 이 기구는
1865년 설립된 국제전신연합International Telegraph Union을 모태로 하여 150
년3)을 지속해온 가장 오래된 역사를 자랑하는 국제기구 중 하나로서 회원
국과 부문회원이 공동의 목적을 달성하기 위해 운영되는 정부간기구이다.4)
ITU는 크게 전파통신ITU-R, 전기통신 표준화ITU-T, 그리고 전기통신 개발
ITU-D의 주요한 세 영역에서 국제적 규칙과 표준을 개발 및 보급하며, 이를
위한 국제적 조정과 협력을 담당하고 있다. 본 장에서는 이러한 ITU를 전반
적으로 개괄하고자 하며, 우선 구체적으로 ITU의 설립 목적과 발전과정에
대해 간략히 살펴보고, 현행 ITU 설립과 활동의 법적 기반이 되는 문헌규범
을 정리해보고자 한다. 또한 ITU헌장의 검토를 통해 ITU의 조직 구성과
활동 그리고 회원구성 및 분담금에 대해서 알아본 다음, 현재 ITU가 당면하
고 있는 문제들과 이에 대한 ITU의 대응에 대해 몇 가지 주요한 이슈 중심
으로 살펴보려고 한다. 마지막으로 한국과 ITU의 관계 연혁과 한국의 ITU
활동과 성과에 대해서도 알아보고자 한다.

---

2) Krasner(1991)는 세계통신기술 레짐의 운영에도 국력의 영향력이 매우 중요하다고 주
   장하였다. Stephen Krasner, "Global Communications and National Power: Life
   on the Pareto Frontier," *World Politics* 43(3)(1991), pp.336-366.
3) 2015년 5월 17일 ITU는 창설 150주년을 맞아 스위스 제네바의 본부에서 ITU 창설
   150주년 기념식이 열렸고, 세계 각 지역에서 기념행사가 열렸다(http://itu150.org/
   home/).
4) 후술하겠지만, 기본적으로 정부간기구의 성격을 가졌음에도 불구하고 부문회원이라는
   제도를 통해 민간회원을 포함하고 있는 것이 ITU의 주요한 특징 중의 하나이다.

II. ITU의 설립과 발전

1. 설립배경과 목적

현행 ITU는 1865년 설립된 국제전신연합International Telegraph Union을 모체로 하여 1906년 설치된 국제무선전신연합IRU이 1932년 통합되어 탄생한 것이다. 우선, 국제전신연합은 유럽 20여 개 국가 간의 원활한 전신서비스를 위해 체결되었던 국제전신협약International Telegraph Convention을 바탕으로 설립된 기구로, 유선전신의 이용이 계속해서 확장됨에 따라 좀 더 거시적인 규제와 협력이 필요하다는 판단에 따라 1932년 제13차 총회에서 발전적 해산을 선언하고 ITU에 흡수되었다. 한편, 무선통신 분야는 마르코니5) 무선전신회사Marconi company로부터 시작된 무선기술의 독점과 그에 따른 폐해들과 무선통신 시설의 증가로 인해 국제적 협력의 필요성이 매우 높아짐에 따라 1903년 유럽의 9개국6)이 통신기술과 상호통신 등의 문제에 대해 예비회의를 개최한 것을 시작으로 1906년 국제무선전신회의International Radio-telegraph Conference: IRC에서 마침내 국제무선전신협약International Radiotelegraph Convention: IRC과 부속업무규칙Annex to this Convention을 제정하였고, 국제무선전신연합International Radiotelegraph Union: IRU을 발족시켰다.7) 8) 이렇게 개별

---

5) '무선의 아버지'가 된 이탈리아 물리학자 마르코니(Guglielmo Marconi)는 무선통신에 필요한 여러 기술들을 조합한 끝에 마침내 무선통신장치를 개발하고 1897년 최초의 무선전신회사를 설립하였다. 이후 마르코니는 1899년 마침내 유럽 내의 무선통신 실험에 성공하고, 캐나다(1902)와 미국(1903)과의 대륙 간 교신에도 성공함으로써 무선통신장치의 실용화시대를 열게 되었고, 1909년 노벨 물리학상을 받았다. 이렇게 맥스웰이 예언하고, 헤르츠가 발견하였으며, 마르코니가 마침내 실용화시킨 전자기파는 오늘날 우리 생활에서 빼놓을 수 없는 중요한 기술이 되었다.

6) 9개국은 독일, 오스트리아, 스페인, 프랑스, 헝가리, 이탈리아, 러시아, 영국이며 여기에 미국이 포함되었다.

7) 부속업무규칙에는 무선전신(wireless telegraphy: the first type of radiocommunication)을 규제하는 최초의 규칙이 포함되었다. 이것은 오늘날 전파규칙(Radio Regula-

존재하던 유·무선전신은 실제 함께 이용되는 경우가 많음에도 불구하고 다른 규정을 적용받아야 하는 불편과 불합리를 개선하기 위해서 1932년 스페인 마드리드에서 동시에 개최되었던 제13차 ITU회의와 IRU에서 합병이 가결되어 마침내 ITU와 국제전기통신협약International Telecommunication Convention: ITC을 성립시켰고, 스위스 베른Bern에 본부를 두었다가 1948년에 제네바로 이전하였다.[9] 오늘날 ITU는 세계 최대의 전기통신 관련 국제기구이자, 유엔의 전문기구로서, 2015년 현재 193개 회원국MemberStates, 558개의 부문회원Sector Member, 161개의 준부문회원Associates, 92개의 아카데미Academias 등으로 구성되어 있다.[10]

한편, ITU헌장[11]은 전문에서 ITU 설립의 목적을 "전기통신을 규율하는 각국의 주권을 충분히 인정하고 모든 나라의 평화유지와 사회·경제적 발전을 위한 전기통신 업무에 의하여 제 국민 간의 평화적인 관계와 국제적인 협력 및 사회·경제 발전을 촉진"하기 위한 것으로 규정하면서 구체적으로 헌장 '제1조 연합의 목적'에서 다음의 7개항의 세부목적을 제시하였다.

> 가. 모든 종류의 전기통신의 개선과 합리적 이용을 위하여 연합회원국 간의 국제적인 협력을 유지 및 증진한다.
> 나. 전기통신부문에 있어서 개발도상국에 대한 기술지원을 장려 및 제공하며 이의 구현에 필요한 재정적·물질적 자원동원을 증진한다.
> 다. 전기통신업무의 효율을 증진하고, 유용성을 증대시키며, 공중에 의한 가급적 최대한의 이용을 보급하기 위하여, 기술설비의 개발촉진

---

tions: RR)으로 알려지게 되었다.

8) 유현용, "국제전기통신연합(ITU)의 전파관리제도에 관한 고찰,"『法學硏究』통권 제32집(2011), p.379.

9) ITU헌장 제30조에 소재지를 제네바로 할 것을 규정하였다.

10) ITU 홈페이지(http://www.itu.int/en/membership/Pages/sector-members.aspx, 검색일: 2015.4.27).

11) ITU헌장은 1992년에 있었던 ITU 개혁에 따라 새롭게 제정된 것이다. 본 장에서는 외교부의 한글 번역본을 사용하였다(검색일: 2015.5.23).

과 이의 가장 효율적인 운용을 촉진한다.

라. 전 세계 공중에게 새로운 전기통신기술의 혜택을 확대한다.

마. 평화적 관계를 촉진할 목적으로 전기통신업무의 이용을 증진한다.

바. 위의 목적을 달성하기 위한 회원국 간의 활동을 조화시킨다.

사. 국제적인 차원에서 전기통신에 관련된 기타 세계적/지역적 정부간 기구 및 민간기구와의 협력을 통해 범세계적 정보경제 및 사회 속 에서 전기통신 문제점에 좀 더 광범위한 접근방법을 채택하도록 촉진한다.

즉, 위의 7개항의 구체적인 목적을 살펴보면, ITU는 크게 세 가지 정도의 거시적 목적을 갖고 있음을 알 수 있다. 우선, 전기통신업무를 전담하는 UN 의 전문기구로서 ITU는 전기통신업무 자체의 효율성 및 유용성 증진과 기 술의 개발·이용을 촉진하고자 한다(다). 또한 국제기구 본연의 임무로서 ITU는 전기통신의 발전을 위한 국가 간 협력은 물론이고 민간기구와의 협 력을 통해서 범세계적 차원의 전기통신 문제의 해결과 발전을 추구하고, 나 아가 전기통신기술의 활용을 통해 평화적 관계를 촉진하고자 한다(가, 마, 바, 사).12) 마지막으로 개발도상국에 대한 기술·재정·물질 지원을 통해 전 기통신부문의 발전을 촉진하고 나아가 전 세계가 ICT를 골고루 누릴 수 있 도록 그 혜택을 확대하고자 한다(나, 라).

또한 위의 목적을 달성하기 위한 ITU의 구체적 활동으로 다음 9개항이 헌장에 규정되어 있다.

가. 상호 다른 나라의 무선국 간에 유해한 혼신을 피하기 위하여 무선

---

12) 흔히, 국제기구의 효용성 혹은 필요성을 논할 때 가장 많이 주장되는 것이 바로 국가 간 갈등의 조정을 통한 협력의 촉진이다. 비록 이론에 따라 국제기구의 역할 규정은 다르기는 하나 제한적 혹은 적극적 역할의 정도의 차이일 뿐 국제기구의 최소한의 필요성은 언제나 인정될 수 있다. 김은주, "국제기구 활용의 필요성과 한계성," 『방송 학연구』(1990), pp.255-272.

주파수스펙트럼 대역의 배분과 무선주파수의 분배, 그리고 할당된 무선주파수의 등록 및 정지위성궤도상에 있는 임의의 관련 궤도의 위치를 등록시킨다.

나. 상호 다른 나라의 무선국 간에 유해한 혼신을 제거하고 전파통신업무를 위한 무선주파수스펙트럼과 정지위성궤도의 사용 개선을 위한 노력을 조정한다.

다. 만족할만한 업무품질로 범세계적인 전기통신표준화를 촉진한다.

라. 국제연합의 관련 계획에의 참여 및 적절하다면 자체 자원을 이용하는 등의 가능한 모든 방법으로 개발도상국에 기술지원을 하고 개발도상국의 전기통신설비와 통신망을 건설, 개발 및 개선하는 데 국제협력을 촉진한다.

마. 전기통신설비, 특히 우주기술을 사용하는 전기통신설비가 지닌 가능성을 충분히 이용하도록 이의 설비 발전을 조화시키기 위한 노력을 조정한다.

바. 효율적인 업무에 지장이 없으며 또한 전기통신의 독립된 재정을 건실한 기초 위에 유지할 필요성을 고려하여 가능한 한 저렴한 기준의 요금을 설정하도록 회원국 간의 협력을 촉진한다.

사. 전기통신 업무의 협력을 통하여 인명의 안전을 확보하는 조치를 채택하도록 촉진한다.

아. 전기통신에 관한 연구, 규칙의 작성, 결의의 채택, 권고 및 의견을 작성하고 정보를 수집 및 발간한다.

자. 국제 금융 및 개발기구와 함께, 특히 각국의 가장 고립된 지역에 전기통신업무를 확대시키는 목적의 사회개발계획에 사용될 특혜적이고 우대적인 신용한도액을 확보하도록 촉진한다.

우선, 전기통신 전문기구로서 ITU는 기술적 전문성을 바탕으로 한 구체적 미션을 규정하고 있다. 예를 들면, ITU는 무선주파수 스펙트럼 및 주파수를 분배하고 정지위성궤도의 사용 개선을 위한 노력과 전기통신설비의 발전을 조화시키기 위한 노력을 조정한다. 또한 범세계적인 전기통신표준화 촉진과 전기통신에 관한 연구, 규칙, 결의, 권고 및 의견 작성, 그리고 정보 수집 등 전기통신 관련 국제기구가 당연히 해야 할 전문적 역할에 충실하고 있다(가, 나, 다, 마, 아). 다음으로 유엔의 전문기구로서의 역할로 ITU는 유엔과의 협력을 통해 개발도상국에 기술, 설비, 통신망을 건설, 개발, 및 지원하고, 특히 국제 금융 및 개발기구와 함께 소외 지역의 전기통신 확대를 위한 기금을 조성하고 있다. 그리고 회원국 간 협력을 촉진하여 가능한 저렴한 요금 기준을 설정하도록 국가 간 협력을 촉진할 뿐만 아니라, 나아가 전기통신 업무 협력을 통해 인명의 안전을 확보할 수 있는 조치를 발전시키고자 한다(라, 바, 자).

즉, ITU는 전기통신 분야 전문의 국제기구로서 전 세계 전기통신 분야의 발전과 그를 위한 국가 간의 협력을 조정·촉진하고 나아가 상대적으로 저발전 되어있는 개발도상국을 지원하여 ICT의 혜택을 전 세계가 골고루 누릴 수 있도록 함을 목적으로 하고, 그를 실현할 구체적 임무들을 실행하고 있다.

2. 연혁 및 발전과정

2015년 5월 17일, 창설 150주년을 맞이한 ITU는 1932년 마드리드 국제 무선전신회의에서 기존의 국제전신연합International Telegraph Union과 국제무선전신연합International Radiotelegraph Union이 통합되어 설립되었고, 동시에 국제유선전신협약International Telegraph Convention, 1965과 국제무선전신협약International Radiotelegraph Convention, 1906 역시 통합되어 국제전기통신협약International Telecommunication Convention이 성립되었다. 이후 1947년에는 애틀란타협약Atlantic Convention에 의하여 UN 전문기구specialized agency로 지정되어 명실상부한 전기통신 전문 국제기구로서 지위가 격상되었고, 이를 기반으로 ITU는 전파규칙 내의 국제주파수분배표Table of Frequency Allocations13)를 강제 사항으로 선언하였다(〈표 1〉 ITU 연혁 참조).

이후 지속적인 세계화의 확산, 세계통신시장의 자유화, 그리고 정보통신 기술의 획기적인 발전 등 글로벌 통신기술 및 관련 환경이 ITU가 예상한 것보다 훨씬 더 급격하게 변화하게 됨으로써 ITU는 그 구조와 역할에 대해 고민하지 않을 수 없었다. 이에 따라 1989년 니스 전권회의(PP-89)에서 기존의 협약을 헌장과 협약으로 재편하고, 이를 1992년 제네바 전권회의(PP-92)에서 제정하였다.14) 뿐만 아니라, 새로운 헌장에 맞도록 조직을 개편하여 ITU를 전파통신Radiocommunication, ITU-R, 전기통신 표준화Telecommunication Standardization, ITU-T, 그리고 전기통신 개발Telecommunication Development, ITU-D 의 세 영역으로 구성하였다.15)

1992년의 전면적 조직개편을 기반으로 ITU는 1994년 교토 전권회의(PP-94)에서 최초로 ITU 전략계획Strategic Planning을 채택하고, 정책규제 논의를 위한 세계전기통신정책포럼World Telecommunication Forum을 신설하며 더욱더 새로운 환경에 대응하고자 하는 ITU의 적극적 의지를 표명하였다. 그리고 정부간기구임에도 불구하고 민간회원을 포함하는 ITU는 급변하는 세계정보 통신환경에서 전기통신 관련 모든 문제를 ITU가 독자적으로 해결하는 것이 불가능하다는 냉정한 평가 아래 기구 내 민간회원Sector Member들의 권한을 더욱더 강화하고 대체승인절차AAP를 도입하여 이들과의 협력을 적극적으로 추진하였다(PP-98). 뿐만 아니라 1990년대 이후 급속도로 발전한 인터넷

---

13) ITU는 문헌규범의 하나인 전파규칙을 마련하여 전파를 관리하는데, 전파규칙 내에는 지역과 업무별로 사용가능한 주파수대를 규정한 주파수분배표가 있다. 이 주파수분 배표가 강제사항으로 규정됨에 따라 각국은 이를 바탕으로 자국 내의 전파를 관리하 여야 한다.

14) 이때 제정된 헌장 및 협약은 이후 1994년(PP-94), 1998년(PP-98), 2002년(PP-02), 2006년(PP-06), 2010년(PP-10) 전권위원회의(Plenipotentiary Conference)에서 5차 례 각각 개정된 바 있다.

15) 그 전에는 IFRB(International Frequency Registration Board), CCIR(International Radio Consultative Committee), CCITT(International Telegraph and Telephone Consultative Committee), BDT(Telecommunication Development Bureau)로 구 성되어 있었다. Overview of ITU's History, http://www.itu.int/dms_pub/itu-s/o th/02/0B/S020B0000094E27PDFE.PDF(검색일: 2015.6.12).

Internet 시장과 관련하여 ITU는 그 업무영역을 인터넷 분야로도 확장하고자 하였으며, 이는 때로는 미국 주도의 ICANN과 갈등을 일으키기도 하였지만, 계속해서 인터넷 분야에서의 ITU의 주도권을 확장하고자 하는 노력을 경주하고 있다(PP-10). 한편 가장 최근에 열렸던 부산 전권회의(PP-14)에서 ITU는 한국이 주도한 Connect2020,[16] 사물인터넷Internet of Things [17] 등의 결의를 채택하면서 인류의 지속적인 성장과 발전에 있어 ICT의 중요성이 갈수록 커지고, 일상생활에 더욱더 밀접하게 관련됨에 따라 ITU의 더욱더 적극적인 역할과 대응이 필요할 것이라는 점을 분명히 하였다(〈표 1〉 ITU 연혁 참조).

〈표 1〉	ITU 연혁

연도	주요 내용
1837	Samuel Morse 전기 전신(electric telegraph) 발명
1865(01차PP)	International Telegraph Convention 체결(Paris) → ITU(International Telegraph Union) 설립—Telegraph Regulations의 최초 발효
1868(02차PP)	최초의 International Telegraph Conference(Vienna): ITU 본부를 스위스 Bern에 두기로 결정
1876	Alexander Graham Bell이 전화 특허

---

16) Connect2020은 유엔의 새천년개발목표(Millennium Development Goals)와 세계정보사회정상회의(2003/2005년)의 논의결과 및 post-2015 Development Agenda를 모두 고려한 것으로, 성장(Growth), 통합(Inclusiveness), 지속가능(Substantiality), 혁신과 협력(Innovation and Partnership)을 목표로 한다. 한국의 주도로 스페인, 싱가포르, 폴란드 등 13개국이 주도하였고, 향후 세계 각국의 ICT정책 추진 및 국제협력의 방향을 제시할 것으로 기대되었다. 민원기, "2014 ITU 전권회의 한국개최 성과와 의의," *TTA Journal* 157(2015), p.12.

17) 사물인터넷(Internet of Things: IoT)은 세상의 모든 물건에 통신기능이 장착되어 원격제어가 가능해지는 것이다. 예를 들면, 흔히 우리가 사용하듯 스마트폰, 컴퓨터, 자동차, 냉장고, 세탁기, 밥솥 등 모든 사물이 인터넷에 연결되어 데이터를 주고받을 수 있게 되는 것으로, 대표적인 것이 스마트폰으로 집에 불을 켜고, 밥을 하고, 세탁기를 돌리는 등이 가능해지는 스마트홈시스템이다.

1885(03차PP)	최초로 국제전화서비스를 규정(International Telegraph Conference, Berlin)
1895	최초로 무선중계시스템(radio-relay system)에 의한 신호 전송 (무선전신으로서 최초의 무선통신 형태)
1902	최초로 음성의 무선전송
1906(04차PP)	최초의 International Radiotelegraph Conference(Berlin): International Radiotelegraph Convention체결 → International Radiotelegraph Union 설립 Radiotelegraph Regulations의 최초 발효(현재 Radio Regulations)
1920	최초 음성방송 탄생(Marconisk)
1924/1925	CCIF(International Telephone Consultative Committee)와 CCIT(International Telegraph Consultative Committee) 설립(International Telegraph Conference, Paris)
1927(05차PP)	CCIR(International Radio Consultative Committee) 설립 (International Radiotelegraph Conference, Washington)
1932(06차PP)	International Telecommunication Convention 체결(ITU/IRU 통합 회의, Madrid) → ITU 명칭을 International Telecommunication Union으로 변경 - International Telegraph Convention과 International Radiotelegraph Convention을 통합, 1934.1.1. 발효
1947(07차PP)	IFRB(International Frequency Registration Board) 설립/관리이사회·사무총국 등 ITU 기본체제 확립(Atlantic City) UN의 상설조직(a UN specialized agency)이 됨. 국제주파수분배표(Table of Frequency Allocations)를 강제사항으로 선언
1948	ITU 본부를 Geneva로 이전
1952(08차PP)	새로운 국제주파수분배 결의(Buenos Aires). 국제 기술협력 활동 개시
1956	CCIF와 CCIT를 CCITT(International Telegraph and Telephone Consultative Committee)로 통합
1957	최초의 인공위성 (Sputnik-1) 발사
1959(09차PP)	기술협력 확대를 위한 ITU의 목적 및 관련 조직의 업무 개정 (Geneva), RR 전면 개정, CCIR에 우주통신 관련 SG 신설
1963	정보수집을 위한 최초의 정지궤도 통신위성(Syncom-1) 발사
1965(10차PP)	ITU 창립 100주년(Montreux)
1971	세계전기통신전시회 및 포럼(ITU TELECOM World71) 개최
1973(11차PP)	(Malaga-Torremolinos)

1982(12차PP)	Independent Commission for Worldwide Telecommunications Development 설립(Nairobi)
1985	아태 지역 전기통신전시회(ITU TELECOM Asia 85) 개최
1986	아프리카 지역 전기통신전시회(ITU TELECOM Africa 86) 개최
1988	아메리카 지역 전기통신전시회(ITU TELECOM America 88) 개최
1989(13차PP)	기존의 협약을 헌장과 협약으로 재편. 조직개편 High Level Committee 구성. 개도국 지원을 위한 BDT(Telecommunication Development Bureau) 신설(Nice)
1992 (Additional PP)	High Level Committee 권고에 따른 ITU조직 개편 및 새로운 ITU헌장·협약 제정(Geneva) - ITU-R, ITU-T, ITU-D의 3개 부문(Sector)으로 구성/3개 부문 Conferences 개최 정례화
1994(14차PP)	ITU 전략계획 최초 채택. 정책규제의 논의를 위한 World Telecommunication Policy Forum 신설(Kyoto)
1996	UIFN(Universal International Freephone Numbers) 국제표준 채택
1998(15차PP)	민간회원(Sector Member)의 권한강화 및 대체승인절차(AAP) 도입. 부문별 자문반 상설화, WSIS 개최 건의 결의(Minneapolis)
1999	ICANN PSO(Protocol Supporting Member of Internet Corporation for Assigned Names and Numbers) 회원
2000	IMT-2000 무선인터페이스 규격 승인(1st release of 3G radio interface specifications)
2002(16차PP)	디지털 격차 해소 결의 채택(Marrakesh)
2006(17차PP)	ITU헌장·협약상의 용어검토 결의(Telecommunication)를 포함한 ICT(Information and Communication Technology)로 확대 (Antalya)
2010(18차PP)	인터넷 거버넌스에서 ITU의 주도적 역할을 위한 결의 채택 (Guadalajara)
2014(19차PP)	부산(한국) 개최, ICT를 통한 인류의 지속적인 성장과 발전을 위한 Connect2020 결의 등 한국 주도 신규 결의(사물인터넷, ICT 어플리케이션) 채택
2015	ITU 창설 150주년

자료: 한국정보통신기술협회, "ICT 표준화 추진체계(2015)," pp.26-27 참조 수정[18]

---

18) http://www.tta.or.kr/data/reportDown.jsp?news_num=4136(검색일: 2015.6.17).

III. ITU의 규범과 구성

1. ITU의 문헌규범

현행 ITU의 기본법률 문서는 1992년에 제정되고, 2010년 10월 개정 (2012년 1월 1일 발효)된 헌장과 협약이다. 특히 ITU의 최상위 법적 기반인 헌장은 전문, 제9장 제58조, 그리고 부속서로 이루어져 있으며, ITU의 조직 구성, 회원국, 재정, 법률규범 등 전반적인 사항들과 그 외 전파통신[ITU-R], 전기통신 표준화[ITU-T], 그리고 전기통신 개발[ITU-D]의 세부영역에 대한 전반 적인 사항들도 규정하고 있다. 또한 헌장과 부속서에 규정되지 않은 더욱더 구체적인 사항들, 예를 들면 연합의 기능, 사무국, 각종 회의와 관련된 세부 사항들은 ITU협약에 규정되어 있다.[19] 이와 관련하여 유현용(2011)은 "헌 장의 경우 ITU의 기본구조 및 기능, 그리고 전기통신에 관한 일반 규정을 명시하여 급변하는 전기통신 환경 속에서 일관성을 유지하려는 반면, 협약 은 개편된 각 분야의 기능에 대한 구체적인 정의뿐만 아니라 국제조약을 체결하는 상위기관 혹은 회의의 각종 진행 및 절차규칙, 그리고 전기통신 서비스 운영에 관련된 각종 규정을 명시하여 필요 시 환경의 변화에 융통성 있는 개정이 가능"하게 한 것을 이 둘의 차이점으로 분석하고 있다.[20] 이외 에 헌장과 협약을 보완하는 법률문서로서 업무규칙[Administrative Regulations]이 있는데, 업무규칙은 전파규칙[Radio Regulations: RR]과 국제전기통신규칙[International Telecommunication Regulations:ITR]으로 구성된다.[21] ITU헌장 제1장 4조

---

19) ITU협약 및 ITU협약 개정서는 외교부의 한글본을 참고. http://www.mofa.go.kr/ ncboard/faimsif/mltltrl_popup.jsp?KOEN_ID=F1B76F6CA94ADC9349256DDA00 2D75F8&ITEM_PARENT_ID=5B5E893AAF047D7E492565EE002EFC7B; http://www.mofa.go.kr/incboard/faimsif/mltltrl_popup.jsp?KOEN_ID=8977194 4D0F6228749257968001B0F0C&ITEM_PARENT_ID=8404100A8146FFAB4925796 8001AE831(검색일: 2015.7.1).
20) 유현용(2011), p.387.

는 ITU의 법률문서로서 위의 세 가지를 규정하면서 이들 규범 간에 불일치가 발행할 경우 헌장이 가장 우선하고, 협약과 업무규칙 간의 불일치가 발생하였을 경우 협약이 우선함을 규정하고 있다.

2. 회원 현황 및 회원의 권리

ITU는 정부간기구의 형태를 갖고 있으나 동시에 국가회원보다 훨씬 더 많은 수의 민간회원들을 포함하고 있다. 2015년 현재 ITU 회원국Member State은 총 193개국이며, 이를 지역별로 나누어 보면 미주 지역Region A 35개국, 서유럽Region B 33개국, 동유럽과 북아시아Region C 21개국, 아프리카Region D 54개국, 그리고 아시아와 호주 지역Region E에 50개국이 분포하고 있다.22) 이에 더하여 ITU는 각국의 통신 산업계와 국제 및 지역기구로 구성된 557개의 부문회원들Sector Members과 163개의 준회원들Associates들, 그리고 96개의 학계회원Academia의 민간회원을 포함하고 있다.23) 이를 통해 ITU는 매우 독특한 회원의 구성을 갖게 되었을 뿐만 아니라 민관을 넘나드는 ICT 이슈들에 관한 모든 이해관계자들이 참여하여 협력할 수 있는 논의의 장이 되었다.24)

이렇듯 많은 민간회원을 포함하고 있는 ITU이지만, 원래 정부간조약기구로 출발했기에 주요한 회의의 결정들은 대부분 회원국 정부들에 의해 좌우되었다. 그러나 PP-98에서 회원국과 부문회원의 권리와 의무가 헌장에 규

---

21) 현행 RR은 2012년 세계전파통신회의에서 채택되어 2014년 1월 1일부터 발효되었으며, ITR은 1988년 채택 이래 선진국과 개도국 간의 입장차로 개정되지 못하다가 2012년 일부 국가를 제외한 89개국의 서명으로 마침내 개정되었다. 한국정보통신기술협회(2015), pp.30-31.

22) http://www.itu.int/online/mm/scripts/mm.world?_languageid=1(검색일: 2015.7.3).

23) 한국의 부문회원으로는 KT, LG유플러스, SK텔레콤, LG전자, 삼성전자 등이 있다.

24) http://www.itu.int/en/membership/Pages/sector-members.aspx(검색일: 2015.8.11).

정되고, 준회원 및 학계회원 제도가 도입되면서 이들 민간부문의 역할도 날로 증가하게 되었다.[25] 구체적으로 ITU헌장 제1장 제3조에 "회원국 및 부문회원의 권리와 의무"가 규정되어 있다.[26] 우선 제24호에서는 회원국과 부문회원은 헌장과 협약이 정하는 바에 따라 권리를 행사하고 의무를 준수할 것을 규정하고, 회원국의 권리로 회의 참가권, 이사회 피선거권, 직원 및 전파관리위원 후보자 지명권, 그리고 투표권(1국 1표, 통신회의 포함)을 규정하고 있다(제24-28호). 뿐만 아니라 부문회원은 부문총회·회합 및 세계전기통신개발회의의 의장 및 부의장이 될 수 있고, 연구과제 및 권고의 채택과 해당부문의 작업방법 및 절차에 관한 결정에 참가할 권리를 가짐을 규정하고 있다(제28a, b, c호). 또한 ITU협약은 준회원(Associates)이 연구반 활동에 참여할 수 있음을 명시하고 있다(제8절 241a).[27] 좀 더 세부적인 회원의 권리는 〈표 2〉에 정리되어 있다.

한편, ITU가 부문회원들의 권리를 헌장에 규정하면서 민간의 적극적 참여를 유도하기 위해 고안한 것이 바로 대체승인절차Alternative Approval Process: AAP이다. AAP는 부문회원도 연구과제 및 권고의 채택 그리고 작업방법 결정에 관한 참여가 가능해짐으로써 정책이나 규제와 관련된 권고를 제외하고는 기존에는 필수였던 회원국과의 협의절차를 생략할 수 있도록 하는 절차이다.[28]

---

25) 한국정보통신기술협회(2015), p.34.

26) 이는 PP-98에서 개정되어 변경 혹은 새로 추가된 부분이다. http://www.mofa.go.kr/incboard/faimsif/mltltrl_popup.jsp?KOEN_ID=7FBDA10488DCB4C3492569CA00294F9B&ITEM_PARENT_ID=A65763E349D11102492568CF0007464C(검색일: 2015.8.1).

27) ITU협약 제8절 241호. http://www.mofa.go.kr/incboard/faimsif/mltltrl_popup.jsp?KOEN_ID=949F8C52CAC6ED2F492569CA0029847B&ITEM_PARENT_ID=492A1440C2E1ED0E492568CF0007DC68(검색일: 2015.8.1).

28) ITU-R에서는 AAP가 적용례가 전무하여 폐지되었고, 별도로 동시채택승인절차(Procedure for Simultaneous Adoption and Approval: PSAA) — 회원국과 부문회원의 권고 채택 및 승인을 동시 인정 — 가 운영 중이다. 한국전기통신연합회(2015), p.36.

3. 예산 및 회원 분담금

헌장에 따르면 ITU의 예산은 이사회, 사무국과 ITU의 각 부문, 전권위원
회와 국제전기통신회의의 경비를 포함하며, 각 회원국과 회원들의 분담금으
로 충당된다.[29) 회원국은 자국의 분담등급을 자유로이 선택할 수 있는데
(제28조 159호-160호), 자세한 분담등급은 16분의 1단위부터 40단위까지로
ITU협약 제33조 제468호에 상세히 규정되어 있다.[30) 〈표 2〉는 PP-10에서
결정된 2012-2015년 예산주기에 맞춘 회원국, 부문회원, 그리고 학계회원의
분담금을 간략하게 정리하고 있다.

한편, ITU협약은 UN이 승인한 최저개발국명단에 속한 국가와 이사회가
예외적으로 인정한 국가 외의 다른 회원국들은 1/8 및 1/16 단위의 분담금
을 선택할 수 없도록 규정하고 있다(468a호). 또한 부문회원의 경우에도 예
외적으로 ITU-D의 부문회원(1/4, 1/8, 1/16 선택 가능)과 UNDP의 명단에
포함되거나 이사회가 인정한 국가(1/16단위 선택 가능)를 제외하고는 1/2
단위 이하의 분담금을 선택할 수 없으며(468b호), 현행 부문회원의 단위당
분담금액은 회원국의 1/5로 규정되어 있다(480호). 마지막으로 준회원의 경
우는 이사회의 마지막으로 학계회원의 경우는 이사회의 결정에 따라 그들이
참여하는 부문의 비용을 분담하도록 되어 있으며(483a호), 현행은 ITU-R과
ITU-T의 경우 회원국 단위당 분담금의 1/30, ITU-D의 경우는 1/80 수준으
로 결정되었다. 마지막으로 학계회원의 경우는 부문회원 단위당 분담금의
1/16 수준으로 결정되었다.

---

29) 193개국의 회원국과 700여 개 이상의 부문회원을 보유하고 있기에 ITU의 재정상황은
   다른 기구에 비해서는 상대적으로 여유가 있다고 평가되기도 한다. 김은주(1990),
   p.270.

30) PP-10에서 개정된 ITU협약 제33조 제468호에 의하면 40단위 등급에서 2단위 등급까
   지는 1단위 단계로, 2단위 등급 미만은 1/16, 1/8, 1/4, 1/2, 1, 1 1/2 단위 단계를 선택
   할 수 있도록 개정되었다. http://www.mofa.go.kr/incboard/faimsif/mltltrl_popu
   p.jsp?KOEN_ID=89771944D0F6228749257968001B0F0C&ITEM_PARENT_ID=840
   4100A8146FFAB49257968001AE831(검색일: 2015.8.3).

〈표 2〉		회원의 권한과 분담금

구분	분담금(2012~2015)	권한
회원국 (Member State)	전권회의(PP)에서 결정 - 단위당 분담금: 318,000 CHF (지난 PP때와 같음) - 등급은 1/16~40 단위 ※ 우리나라: 10단위(약 36억 원)	- 이사국 피선자격, ITU 선출직 임원과 RRB 위원 후보 지명 권한 - 전권회의, 세계회의, 부문별총회, 연구반회의 1개 투표권
부문회원 (Sector Members)	협약에 규정(제33조) - 단위당 분담금: 63,600 CHF (회원국 단위당 분담금의 1/5)	- 부문별총회, 연구반회의, WTDC 의 의장단 피선거권 - 연구과제, 권고채택, 작업방법과 절차결정에 참가 - 회원국을 대신한 활동 가능
준회원 (Associates)	이사회에서 결정 - 단위당 분담금 • ITU-R, ITU-T: 10,600 CHF (회원국 단위당 분담금의 1/30) • ITU-D: 3,975 CHF (회원국 단위당 분담금의 1/80)	- 1개 연구반(SG) 참가 - 연구책임자(리포터) 활동 가능 - 투표권 없음
학계회원 (Academia)	PP-10에서 결의 - 단위당 분담금: 1,987.5 CHF (부문회원 단위당 분담금의 1/16)	- PP, WRC, WCIT, 이사회 등을 제외한 국제회의, 워크숍(ITU Telecom World, WSIS 등) 참가 가능

자료: 한국정보통신기술협회(2015), p.37

IV. 조직 구조 및 기능

현행 ITU의 조직 구조는 그동안의 급속한 세계화의 확산, 세계통신시장의 확대 및 정보통신기술의 획기적인 발전, 그리고 개발도상국의 강력한 요구 등으로 인해 ICT 관련 환경이 급격하게 변화하게 됨으로써 1992년 제네바 전권회의(PP-92)에서 개정된 헌법에 기반하여 새롭게 개편된 것이다. 특히, 전권회의Plenipotentiary Conference와 이사회Council, 국제전기통신세계회의 World Conferences on International Telecommunication와 사무국General Secretariat 외에 ITU를 크게 전파통신부문Radiocommunication Sector, ITU-R, 전기통신표준화부문 Telecommunication Standardization Sector, ITU-T, 그리고 전기통신개발 부문

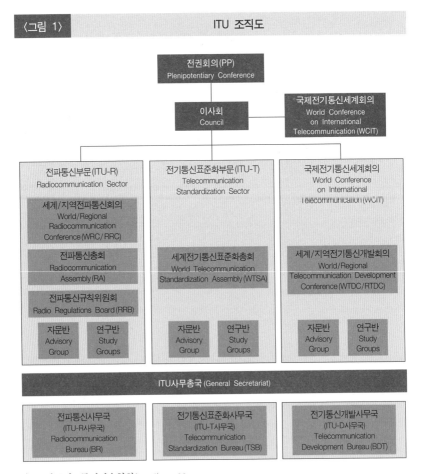

〈그림 1〉 ITU 조직도

자료: 한국정보통신기술협회(2015), p.32

Tele- communication Development Sector, ITU-D의 세 영역으로 구성하고, 각 개별 분야도 회의 혹은 총회Conference or Assembly, 연구반Study Groups, 자문반 Advisory Groups, 그리고 사무국Bureau의 공통요소로 구성되어 있다. 따라서 이들 작은 부분도 독자적인 구조로 구성되어 있어 마치 독립적으로 활동하는 주state 들이 모여 국가를 구성하는 연방제와 유사한 형태의 조직 구조로 보기도 한다. ITU헌장 제7조는 ITU의 주요기관으로 다음의 7개를 규정하고 있다.

가. 연합의 최고기관인 전권회의Plenipotentiary Conference

나. 전권위원회의를 대표하여 임무를 행하는 이사회Council

다. 국제전기통신세계회의World Conferences on International Telecommunication

라. 세계 및 지역전파통신회의와 전파통신총회, 전파관리위원회를 포함하는 전파통신부문Radiocommunication Sector, ITU-R

마. 세계전기통신표준화회의를 포함하는 전기통신표준화부문 Telecommunication Standardization Sector, ITU-T

바. 세계 및 지역전기통신개발회의를 포함하는 전기통신개발부문 Telecommunication Development Sector, ITU-D

사. 사무국General Secretariat

1. 전권회의(PP)

전권회의Plenipotentiary Conference: PP 는 ITU 최고의 의사결정회의로서 각 회원국들을 대표하는 대표단으로 구성되며 회의는 매 4년마다 개최된다. 즉, 전권회의는 세계 193개국의 ICT 관계부처 장관들, 전기통신 관련 기업 대표들 및 국제기구 혹은 지역기구 대표들이 참석하여 3주 동안 ICT의 주요 이슈들을 논의하는 자리이므로, 이를 올림픽과 유사하다 하여 'ICT 올림픽' 이라고 부르기도 한다.[31]

〈표 3〉			역대 ITU 전권회의[32]
차수	개최연도	개최지	주요 내용
제1차	1865	프랑스 파리	• 국제전신연합 창설
제2차	1868	오스트리아 비엔나	• 연합본부 베른(스위스)에 설립 결정
제3차	1885	독일 베를린	• 국제전화 관련 최초 규정 제정
제4차	1906	독일 베를린	• 최초 국제무선전신협약 체결
제5차	1927	미국 워싱턴	• 국제무선자문위(CCIR) 설립
제6차	1932	스페인 마드리드	• 국제전기통신연합으로 개명
제7차	1947	미국 애틀랜틱시티	• 현재의 ITU 기본체제 확립 • 국제주파수등록위원회 및 관리이사회 설립
제8차	1952	아르헨티나 부에노스아이레스	• 신국제주파수표 결의
제9차	1959	스위스 제네바	• 기술협력활동의 확충을 위하여 연합목적 및 관련 기관의 업무 개정
제10차	1965	스위스 몽트뢰	• 창립 100주년 행사 • 주관청회의를 세계, 지역의 2종으로 조정
제11차	1973	스페인 말라가 토레몰리노스	• 국제전기통신협약 서명('75.1.1 발효)
제12차	1982	케냐 나이로비	• 나이로비협약 서명('84.1.1 발효)
제13차	1989	프랑스 니스	• 헌장과 협약의 분리 • 고위위원회 조직개편안 작성
추가 전권회의	1992	스위스 제네바	• 조직개편(전파통신, 표준화, 개발부문)
제14차	1994	일본 교토	• 추가전권회의 개최 근거규정 신설 • 세계전기통신정책포럼 신설 • 민간 분야의 ITU활동 참여 확대

31) 반상권, "2014 ITU 전권회의 한국 개최, 그 의미를 찾다," *TTA Journal* 145(2013), p.21.

32) 한국 ITU연구위원회, 「ITU 활동안내서」(2013), p.17의 표 수정, http://www.koreaitu. or.kr/itur/board/publication_view.jsp(검색일: 2015.8.1).

제15차	1998	미국 미네아폴리스	• 연구반 최종결정권한 부여 • 수익자부담원칙 적용 결정
제16차	2002	모로코 마라케시	• ITU의 개혁 내부역량 강화
제17차	2006	터키 안탈랴	• ITU의 목적 및 기능 재검토
제18차	2010	멕시코 과달라하라	• ITU의 목적 및 기능 강화
제19차	2014	한국 부산	• Connect2020, IoT 결의안 채택

주: 지역별 전권회의 개최국 현황(추가 회의 포함, 총 20회)
　- 유럽(B지역) 11회, 미주(A지역) 5회, 아프리카(D지역) 2회, 아시아태평양(E지역) 2회

우선, 전권회의는 ITU의 목적을 달성하기 위한 전반적인 정책을 결정한다. ITU의 모든 활동과 연관된 전략적 정책 및 기획에 대한 이사회의 보고를 검토하고 적절한 모든 결정을 채택한다. 또한 차기 전권회의까지의 예산기준을 책정하고, 재정지출의 상한선을 정하며, 회계계산서를 검토하고 승인한다. 또한 사무국의 직원채용 및 보수지급기준도 결정한다. 다음으로 전권회의는 이사국, 전파통신규칙위원회Radio Regulations Board: RRB의 위원과 ITU의 사무총장, 사무차장 및 각 부문의 국장도 선출한다. 2014년 부산에서 열렸던 ITU 전권회의(PP-14)에서 한국의 이재섭 박사가 ITU 표준화총국장에 선출된 바 있다. 또한 전권회의는 각 회원국들이 요구한 헌장 및 협약의 개정안을 검토하고 채택하고, 타 국제기구와의 협정 체결 혹은 개정한다. 마지막으로 헌장은 전권회의가 필요하다고 인정되는 모든 전기통신 문제를 처리할 수 있도록 규정하여 명실상부한 전권회의의 최고위성을 인정하고 있다.[33] 〈표 3〉은 ITU 역대 전권회의의 개최연도, 개최지, 그리고 주요 내용을 간략히 보여주고 있다.

---

33) 전권회의는 ITU헌장 제8조 47호-59호에 규정되어 있다.

2. 이사회

이사회 Council 는 〈표 4〉와 같이 ITU가 구분하고 있는 세계 5개 지역의 회원국수에 비례하여 전권회의가 선출한 이사국으로 구성되며 매년 ITU 본부 소재지에서 개최된다. 또한 독자적 의사규칙을 갖고, 전권회의의 휴회기간 동안 전권회의의 위임 범위 안에서 전권회의를 대신하여 연합의 관리단체의 역할을 한다. 또한 이사회는 기본적으로 헌장과 협약이 규정하고 있는 업무 규칙과 전권회의의 결정사항, 그리고 ITU 내 다른 회의의 결정사항의 시행을 위한 조치를 취하고, 전권회의가 부과한 모든 임무를 수행한다. 또한 이사회는 사무국과 3개 부문에 대한 재정적 관리도 담당한다. 마지막으로 이사회는 변화하는 전기통신환경에 ITU가 대응할 수 있도록 정책의 쟁점들을 검토하고, 유엔과의 협업 등을 통해 개발도상국의 전기통신 발전에 기여할 수 있는 모든 방법을 추구한다(ITU헌장 제10조 65호-72호). 또한 PP-06

〈표 4〉			지역별 ITU 이사국(2014·2018)
지역	회원국	이사국	이사국명
미주 (Region A)	35	9	아르헨티나, 브라질, 캐나다, 코스타리카, 쿠바, 멕시코, 미국, 파라과이, 베네수엘라
서유럽 (Region B)	33	8	프랑스, 이탈리아, 독일, 그리스, 리투아니아, 스페인, 스위스, 터키
동유럽과 북아시아 (Region C)	21	5	아제르바이잔, 불가리아, 폴란드, 루마니아, 러시아
아프리카 (Region D)	54	13	알제리, 부르키나파소, 이집트, 가나, 케냐, 말리, 모로코, 나이지리아, 르완다, 세네갈, 탄자니아, 튀니지, 우간다
아시아와 호주 (Region E)	50	13	호주, 방글라데시, 중국, 인도, 일본, 한국, 쿠웨이트, 파키스탄, 필리핀, 사우디아라비아, 태국, 아랍에미리트
합계	193	48	

자료: ITU Council Membership, http://www.itu.int/en/council/Pages/members.aspx(검색일: 2015.8.3)

에서 개정된 ITU헌장은 부문회원이 이사회에 참관인 자격으로 참가할 수 있는 권리와 이사회가 ITU의 예산을 검토할 것도 규정하고 있다.

3. 국제전기통신세계회의(WCIT)

국제전기통신세계회의 World Conferences on International Telecommunication: WCIT 는 전권회의의 결정에 따라 개최되어, 부분적으로 또는 예외적인 경우는 전체적으로 국제전기통신규칙 International Telecommunication Regulations: ITRs을 개정하고, 회의의 의제와 관련된 모든 전기통신 관련 범세계적 이슈들을 처리한다. 단, 이 회의의 결정은 항상 헌장 및 협약과 합치하여야 하고, 전권회의가 규정한 재정 한도를 준수하여야 한다(헌장 제25조).

가장 최근의 WCIT는 2012년 12월 아랍에미리트 두바이에서 열렸는데, 1988년 이후 처음으로 ITRs을 개정하였다. 이는 최근의 인터넷, 모바일 환경에 맞춰 ITRs를 개정하기 위한 회의였으나, 인터넷 규제와 관련된 내용들 때문에 합의에 난항을 겪었다. 결국, 총 193개국 중 89개국만이 찬성하였으며, 미국을 비롯한 55개국은 반대한 상태로 ITRs이 개정되었다.

4. 전파통신부문(ITU-R)[34]

ITU-R Radiocommunication Sector은 모든 전파통신업무에 있어서 무선주파수 스펙트럼의 합리적이고 공평하며 효율적이고 경제적인 활용을 보장하고, 모든 주파수 연구를 수행하여 전파통신에 관한 권고를 채택한다. ITU-R은 〈그림 2〉에서 볼 수 있는 바와 같이 세계 및 지역전파통신회의 World/

---

34) 전파통신부문에 관해서는 ITU헌장 제12조-제16조의 내용을 참조. 한편 ITU헌장의 전파통신부문과 관련해서는 제14조 전파규칙위원회에 관한 조항이 PP-02에서 개정되었고, PP-06에서는 제13조가 개정되었다.

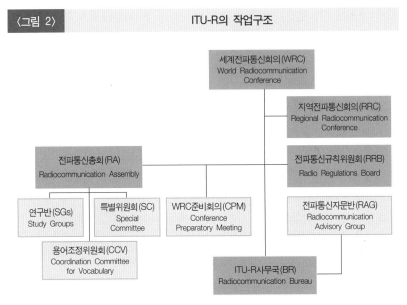

<그림 2>   ITU-R의 작업구조

자료: 한국정보통신기술협회(2015), p.50

Regional Radiocommunication Conference: WRC/RRC, 전파통신총회Radiocommunication Assemblies: RA, 전파통신규칙위원회Radio Regulations Board: RRB, 전파통신연구반Radiocommunication Study Group: RSG, 전파통신자문반Radiocommunication Advisory Group: RAG, 그리고 선출직 국장을 수석으로 하는 전파통신사무국Radiocommunication, BR으로 구성된다. 한편, WRC는 통상 매 3~4년마다 개최된다. 그러나 협약의 관련규정에 따라 회의가 소집되지 않거나 추가 회의가 소집될 수도 있다(PP-06 개정 헌장 제13조 90호). RA도 통상 매 3~4년마다 열리며, 전파통신 부분의 효율성 및 유효성을 향상시키기 위해 일시와 장소를 WRC와 연계하여 결정하고, WRC를 위한 기술적 기반제공 등 WRC의 모든 요청에 응하도록 하고 있다(헌장 제13조 91호). ITU-R의 주요 회의와 기능은 <표 5>에서 간략하게 정리하고 있다.

5. 전기통신표준화부문(ITU-T)

ITU-T^{Telecommunication Standardization Sector}는 세계전기통신표준화총회^{World Telecommunication Standarzation Assembly: WTSA}, 전기통신표준화연구반^{Telecommunication Standardization Study Groups: SG}, 전기통신표준화자문반^{Telecommunciation Standardization Advisory Group: TSAG}, 그리고 선출된 국장이 관장하는 전기통신표준화국^{Telecommunication Standardization Bureau: TSB}으로 구성된다. 〈그림 3〉은 ITU-T의 작업구조를 간략하게 도식화한 것이다.

헌장은 ITU-T의 기능에 대해 기술, 운영 및 요금 문제를 연구하여 범세계적인 전기통신 표준화를 위한 권고를 채택하는 것이라고 규정하고 있다(17조 104호). 또한 헌장은 WTSA의 모든 결정은 항상 헌장과 협약, 그리고 ITU 업무규칙에 부합할 것과 재정적 소요를 고려한 결의 및 결정을 할 것을 요구하고 있다. WTSA와 SG의 구체적 임무는 따로 ITU협약에 규정하고 있는데, 〈표 5〉와 같이 간략하게 정리할 수 있다.

〈그림 3〉 **ITU-T의 작업구조**

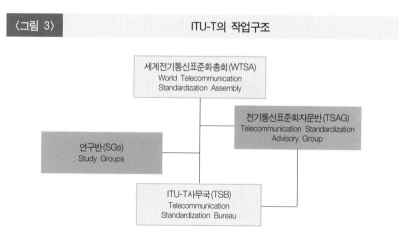

자료: 한국정보통신기술협회(2015), p.70

6. 전기통신개발부문(ITU-D)

ITU-D Telecommunication Development Sector는 기술협력과 지원활동을 통해 전기통신 발전을 촉진하고 강화하기위한 개발사업을 이행하는 유엔 전문기구 및 집행기구로서의 임무를 수행한다. ITU-D는 〈그림 4〉와 같이 세계/지역전기통신개발회의 World Telecommunication Development Conference: WTDC, 전기통신개발자문반 Telecommunication Development Advisory Group: TDAG, 연구반 SG, 전기통신개발국 Telecommunication Development Bureau, BDT 으로 구성된다.

한편, ITU헌장은 다른 부문과는 다르게 ITU-D의 헌장에서 비교적 상세하게 규정하고 있는데, 우선 국가의 사회 및 경제개발계획에 있어서 전기통신의 중요성에 대해 의사결정자에게 정보와 조언을 제공하고, 특히 개발도상국에서는 인력개발, 기획, 관리, 자원동원 및 연구개발을 강화하여 전기통신 기능의 발전을 촉진한다. 또한 ITU-D는 지역전기통신기구 및 세계 혹은 지역개발 금융기관과의 협력을 통해 전기통신 발전을 촉진하며 특히 개발도상국에 대한 자원동원과 기술이전이 가속화될 수 있도록 촉진 및 조정한다.

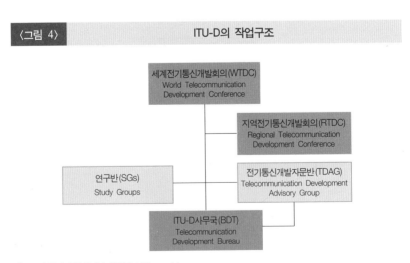

〈그림 4〉 ITU-D의 작업구조

자료: 한국정보통신기술협회(2015), p.44

뿐만 아니라 ITU-D는 전기통신부문의 기술적·경제적·재정적·관리적·규정적 및 정책적 쟁점에 대한 연구를 자문·수행 및 후원한다. 특히, 헌장은 ITU-D가 이러한 모든 활동들을 할 때 특히 개발도상국의 요구에 특별한 관심을 가질 것으로 요구하고 있다(헌장 제4장 21조 120호-129호).

또한 ITU-D는 아시아·태평양, 미주, 유럽 독립국가연합^{CIS}, 아랍연방의 5개 지역에 지역사무소^{Regional Office: RO}를 두고 ITU 회원국 간의 협력을 지원하는 한편 개발도상국의 ICT 개발을 지원하고 있다.[35]

〈표 5〉 ITU-R / ITU-T / ITU-D 주요 회의의 역할 및 기능

부문	회의	역할 및 기능
ITU-R	세계전파통신회의 (WRC)	• 전파규칙 개정 • 전파규칙위원회(RRB)와 전파통신국(BR) 활동에 관련된 안건 및 활동 검토 • 전파통신부문의 활동에 관한 전파통신국장의 보고서 검토, 승인 및 이사회에 상정할 안건 권고
	지역전파통신회의 (RRC)	• 전파규칙위원회와 전파통신국의 해당지역 활동에 관한 지시 등을 포함한 지역적 성격을 가진 특정 전파통신 문제를 규정
	전파통신총회 (RA)	• ITU-R 부문의 기술총회 • 각 연구반(SG) 보고서 검토, 권고안·연구과제 검토 및 승인 • 연구반의 유지·종료, 신규 조직 필요성 검토 및 결정 • 연구반 의장단 선출
	전파규칙위원회 (RRB)	• 전파이용에 관한 절차규칙(Rules of Procedure) 승인 • 회원국 요청하에 전파통신국에서 해결하지 못하는 유해한 전파혼신에 관한 검토 및 해결방안 권고
	전파통신연구반 (SG)	• 전파통신총회(RA)에서 결정된 절차에 따른 연구과제 수행 및 권고안 개발

---

35) ITU-D의 지역사무소는 에티오피아 아디스아바바(아프리카), 태국 방콕(아시아·태평양), 브라질 브라질리아(미주), 스위스 제네바(유럽 CIS), 그리고 이집트 카이로(아랍)에 소재하고 있다. http://www.itu.int/en/ITU-D/Pages/Regional-Presence.aspx(검색일: 2015.8.2).

ITU-T	세계전기통신 표준화총회 (WTSA)	• 지상 및 우주전파통신상 무선주파수스펙트럼과 지구정지위 성 및 기타위성의 이용, 전파통신시스템의 특성 및 성능 무 선국의 운용 등에 대한 사항 관장
		• ITU-T 부문의 기술총회로 각 연구반(SG)에서 제출한 보고서 검토 후 권고안과 연구과제 검토 및 승인 • 연구반의 유지·종료, 신규 조직 필요성 검토 및 결정 • 전기통신표준화자문위원회(TSAG)에 권고안 승인, 연구과제 신설·폐지, 연구반 신설·폐지 등에 대한 권한 위임 및 관리 • 연구반 의장단 선출
	연구반 (SG)	• 전기통신기술, 운용 및 요금에 관련된 권고안 개발 • WTSA에서 결정된 절차에 따른 연구과제 수행 후 권고안 개발 • 연구과제의 진척상황과 작성한 신규·개정 권고안을 포함한 보고서 작성 및 WTSA 보고
ITU-D	세계전기통신 개발회의 (WTDC)	• 연구계획 설정 및 전기통신개발 문제 선정을 통해 우선순위를 규정하기 위한 지침 확립 • 전기통신개발부문 연구계획의 방향 및 지침 제공
	전기통신개발 연구반 (SG)	• 개발도상국 통신망의 현대화정책 및 기술적·재정적 문제에 대한 권고안 마련 • 작업 진행상황과 세계전기통신개발회의에서 검토될 신규 및 개정 권고안에 대한 보고서 준비

자료: 한국 ITU연구위원회, 「ITU 활동안내서」(2013), pp. 20-21

7. 사무국

사무국General Secretariat 의 역할은 ITU 회원들에게 효율적인 서비스를 제공하며, ITU 내 각 부분들의 활동을 지원 및 조정하는 등 ITU의 일반관리적인 사항들을 포함하여 ITU를 실질적으로 관리 운영하는 역할을 한다. 사무국은 사무총장이 총괄하며, 사무총장은 ITU의 법률상 대표자로 활동한다. 사무총장은 사무차장과 조정위원회의 보좌를 받아 ITU의 전략적 정책 및 계획을 조정하고, ITU의 활동을 실질적으로 조정한다(헌장 제11조). ITU협약은 사무총장의 역할을 매우 세세하게 규정하고 있는데, 개괄적으로 정리하면 우선, 사무총장은 사무차장이나 각국의 국장에게 위임하는 경우를 제

〈표 6〉		역대 ITU 사무총장(1869~현재)	

번호	성명	출신국	재임기간
1	Louis CURCHOD	Switzerland	1869.01.01~1872.05.24
2	Charles LENDI	Switzerland	1872.05.24~1873.01.12
3	Louis CURCHOD	Switzerland	1973.02.23~1889.10.18
4	Auguste FREY	Switzerland	1890.02.25~1890.06.28
5	Timothie ROTHEN	Switzerland	1890.11.25~1897.02.11
6	Emile FREY	Switzerland	1897.03.11~1921.08.01
7	Henri ETIENNE	Switzerland	1921.08.02~1927.12.16
8	Joseph RABER	Switzerland	1928.02.01~1934.10.30
9	Franz VON ERNST	Switzerland	1935.01.01~1947.12.31 1948.01.01~1949.12.31
10	Leon MULATIER	France	1950.01.01~1953.12.31
11	Marco Aurelio ANDRADA	Argentina	1954.01.01~1958.06.18
12	Gerald C. GROSS	United States	1958.06.20~1959.12.31(대행) 1960.01.01~1965.08.29
13	Manohar Balaji SARWAE	India	1965.08.30~1967.02.19
14	Mohamed Ezzedine MILI	Tunisia	1967.02.20~1973.12.31(임시) 1974.01.01~1982.12.31
15	Richard E. BUTLER	Australia	1983.01.01~1989.08.31
16	Pekka TARJANNE	Finland	1989.09.01~1999.01.31
17	Yoshio UTSUMI	Japan	1999.02.01~2006.12.31
18	Hamadoun TOURE	Mali	2007.01.01~2014.12.31
19	Houlin ZHAO	China	2015.01.01~현재

자료: ITU 공식홈페이지(http://www.itu.int/en/history/Pages/SeniorOfficials.aspx, 검색일: 2015. 6.8)

외하고는 ITU의 자원을 총괄적으로 관리하며, 이를 위해 조정위원회의 보좌를 받고, 사무국과 각 부분의 역할을 조정한다. 또한 ITU는 조정위원회의 보좌를 받아 2년 단위의 예산초안과 재정운영에 관한 연차보고서를 이사회에 제출한다. 또한 ITU가 직면하고 있는 전기통신환경의 변화 추세 및 그에 대한 ITU 전략에 대한 보고서를 작성하여 이사회에 제출한다(제5조).

〈표 6〉에서 볼 수 있는 바와 같이 1869년 이래 ITU는 총 18명이 사무총장으로 봉직하였으며, 그 출신국은 1950년 이전에는 압도적으로 전원이 모두 스위스 출신이었으나, 1950년 이후부터는 유럽, 미주, 아프리카, 아시아 출신들도 사무총장으로 선출되고 있다. 또한 UNICEF나 WFP 등 타 국제기구에 비해 선진국(특히 미국)출신의 사무총장이 많지 않은 것 역시 특징적이다. 현 사무총장은 중국 출신의 Houlin ZHAO로 30여 년간 국제통신 분야에서 활약한 중국의 대표적인 ICT 전문가이며, 2006년에 사무차장에 선출, 한 차례 연임하고 그 다음에 바로 사무총장에 당선되었다. 일각에서는 Houlin ZHAO의 사무총장 당선으로 인터넷 거버넌스를 둘러싼 미-중 간의 갈등이 중국의 쪽에 더 유리해지는 것이 아닌가 하는 전망을 내어놓기도 하는데, 이는 ITU 내에서 사무총장의 실질적 역할과 영향력이 매우 크기 때문에 가능한 얘기이다.[36]

---

36) 『이코노믹 리뷰』, 2014년 10월 23일, http://www.econovill.com/news/articleVIe w.html?idxno=222757(검색일: 2015.8.10).

V. 도전과 대응: ITU의 미래전략

1. ITU에 대한 도전요인

1865년 국제전신연합International Telegraph Union이 설립된 이래, ITU는 2015년 현재 창설 150주년을 맞이했다. 그동안 ITU를 둘러싼 전기통신환경은 지속적으로 급속한 변화를 이루었고, 그에 따라 ITU도 헌장 및 협약의 개정과 조직개편, 그리고 그 외 규칙들의 개정을 통해 변화에 적응해왔다. 하지만 환경은 계속해서 변화하고 있고, ITU에 대한 도전들도 여전히 존재하고 있다.

우선 전기통신 및 ICT 분야에서 가장 눈에 띄는 움직임은 바로 급속한 신기술의 발전과 적용 분야의 확대이다. 불과 몇십 년 전만 해도 공상과학 영화에서나 볼 수 있을 법했던 일들이 지금 우리 생활에서 현실화되고 있다. 서론에서도 잠깐 언급했던 바와 같이 가장 대표적인 것이 바로 인터넷의 확산에 따른 모바일 브로드밴드의 성장과 스마트폰의 사용이고, 스마트홈으로 대변되는 사물인터넷IoT과 M2MMachine to Machine도 더 이상 낯선 일이 아니다.[37] 이렇듯 전기통신 및 ICT가 급속하게 발전하고, 일상생활에 밀접하게 연관되면서 ICT의 발전이 곧 경제와 사회개발에도 연관되게 되었다. 즉, ICT의 발전이 기존에 구축되어 있는 영역들의 경계를 모두 허물고 있다. 예를 들면, 국가적 혹은 전지구적 문제 해결에 ICT가 도구가 되는 것 ―ICT를 통한 국제개발, ICT를 통한 기후변화대응 등은 물론이고 ICT의 발전 속도의 차이가 국가의 발전은 물론 삶의 질의 수준에도 영향을 줄 정도가 되었다. 그리고 이는 곧 디지털 격차와 소외Digital divide and exclusion 문제로 직결된다.

과거에도 디지털 격차와 소외 문제는 중요하게 대두되었으나, ICT가 발

---

37) 이는 한국이 개최 및 주도했던 ITU PP-14의 주요 의제로 다루어진 바 있다.

ITU와 장애인 접근성

2006년 유엔장애인권리협약(UN Convention on the Rights of Persons with Disabilities: UN CRPD)이 제정된 이래 전 세계적으로 장애인에 대한 차별금지를 위한 법이 제정되고, 이러한 추세는 ICT 분야로 확산되어 장애인에 대한 정보통신 접근성 준수를 위한 표준제정노력으로 결실을 맺고 있다. ITU는 정보통신 접근성을 중점추진과제로 지정하고 2개의 SG가 활발히 연구한 결과 다음의 권고안을 산출하였다.

• 표준개발자를 위한 통신 접근성 체크리스트
 (Telecommunication Accessibility checklist for standards writers)
표준개발 초기 단계에서 체크리스트를 적용하여 가능한 한 많은 이용자가 서비스와 기능을 이용할 수 있도록 하기 위한 체크리스트로, 특히 개발 초기부터 장애인에 대한 고려가 포함되도록 할 수 있다는 점에서 매우 긍정적이다(2006년 11월).

• 고령층 및 장애인을 위한 통신접근성 가이드라인
 (Telecommunication Accessibility guidelines for older persons
 and persons with disabilities)
정보통신 접근성과 관련하여 가장 취약한 계층이 바로 고령자와 장애인일 것이다. 이 권고안은 이 두 취약자들을 위한 통신 접근성 향상을 위한 가이드라인을 제공하는 것을 목적으로 한다. 이 가이드라인은 고령자 혹은 장애인과 같은 취약자들이 정보통신에 좀 더 쉽게 접근할 수 있도록 하기 위해 통신장비나 소프트웨어뿐만 아니라 모든 연관서비스에 이들 취약자들에 대한 고려를 포함하도록 하는 지침을 제공하고 있다(2001년 1월).

위의 권고안에서도 볼 수 있는 바와 같이 ITU는 새로운 정보통신 기술의 표준화 초기 단계부터 장애인들에 대한 고려가 내재화될 수 있도록 하고 있으며, 이를 위해 공통의 체크리스트와 가이드라인을 제공함으로써 모든 기술과 서비스에서 일관되게 장애인 접근성이 보장되도록 하는 목표를 달성하고 있다.

자료: 홍경순, "국제 표준화 기구의 정보통신 접근성 표준화 동향," *TTA Journal* 137
 (2011) pp.37-38

전되고 일상생활에 더 밀접하게 결합되면서 그 심각성이 날로 더해지고 있다. 2018년까지 전 세계 40억 명 이상이 스마트폰을 사용하고, 모바일 브로드밴드는 약 70억 명이 사용할 것으로 예측되는 가운데, 최빈개도국의 인구의 92%, 그리고 전 세계 44억 명의 인구는 여전히 인터넷 접근이 어려운 것으로 조사되었고, 이외에도 성별 간의 그리고 정상인과 장애인 간의 디지털 격차는 더욱더 심각해질 것으로 전망되고 있다.[38) 즉, 전기통신과 ICT가 국가개발에 가장 중요한 수단이 될 수 있음에도 개발도상국이, 혹은 장애인이 지원을 받을 수 없어 가난과 곤궁의 악순환이 일어나고 있는 실정인 것이다. 악순환의 고리를 끊고 일단 뒤처진 속도를 따라잡을 수 있는 지원이 절실한 상황이다.

다음으로 전기통신과 ICT기술의 발전은 새로운 분야를 탄생시키는 원동력이 된다. 즉, 기후변화대응에 있어서의 위성통신기술과 빅데이터의 활용, 모바일인터넷과 사물인터넷의 결합 등 새로운 분야들이 계속해서 등장함에 따라 새로운 기술과 부가가치의 창출이 가능해지는 장점이 있다. 한편, 이렇게 융합적 영역이 계속해서 발생하면서 기존의 정책과 규정에 대한 적합성은 낮아지고 개선의 필요성은 더욱 높아지고 있다. 뿐만 아니라 이들 새로운 분야로부터 파생되는 위험들 즉 사이버 범죄와 해킹 등 보안 문제, 그리고 아동이나 청소년에게 악영향을 끼치는 유해콘텐츠의 문제들 등 전기통신과 ICT의 발전은 새로운 영역과 기회를 창출하는 동시에 새로운 문제도 더불어 노출시킨다. 그리고 이 두 경우 모두가 ITU에게는 도전일 수밖에 없기에 ITU의 효과적인 대응이 절실한 상황이다. 어떤 경우에는 조직차원의 개선이나 변경이 필요하기도 하다. 따라서 환경의 변화는 다시 ITU의 내부적·조직적 문제로 회귀하게 된다.

마지막으로, ITU의 조직과 관련한 도전으로서 급속한 환경의 변화는 ITU

---

38) 박민정, "국제전기통신연합(ITU) 2016-2019 전략계획 수립,"『동향』 27(1), p.29, http://www.kisdi.re.kr/kisdi/fp/kr/publication/selectResearch.do?cmd=fpSelect Research&sMenuType=2&controlNoSer=2&controlNo=13527&langdiv=1(검색일: 2015.8.8).

인터넷 거버넌스를 둘러싼 논쟁과 갈등

ICT의 발전으로 인해 새롭게 등장하는 문제 중의 하나로 국가 간 갈등 양상까지 빚어지고 있는 것이 바로 인터넷 거버넌스이다. 인터넷 개발 초기에는 누구도 인터넷이 이렇게 중요해질지 상상 못하였을 것이나 현재 인터넷은 일상생활은 물론 국가의 핵심 기반으로 인정받고 있다. 해킹으로 적국의 기간시설을 파괴한다거나 하는 일은 이제 더 이상 영화 속에만 있는 일이 아니다. 실제 미국은 2010년 스턱스넷(stuxnet)이라는 컴퓨터 바이러스를 이용 이란의 핵개발프로그램을 공격한 바 있고, 최근 같은 프로그램으로 북한의 핵시설을 무력화하려고 했다가 실패했다는 소식이 들려오기도 하였다.[39] 따라서 이제 인터넷만 장악할 수 있다면 세계를 제패할 수 있다는 말도 큰 과장이 아닌 시대가 되었다. 그렇기에 인터넷 거버넌스를 둘러싼 국가들의 이해가 첨예하게 갈리고, 이를 둘러싼 끊임없는 갈등이 나타나는 것이다. 그러한 갈등이 첨예하게 드러났던 것이 바로 2012년 두바이에서 있었던 국제전기통신세계회의(WCIT-12)였다.

WCIT-12에서는 1988년에 제정되었던 ITRs를 24년 만에 개정하였는데, 특히 인터넷 관련 의제가 포함되어 큰 갈등을 낳았고, 그동안의 합의제 전통을 깨고 투표로 진행되어 193개 회원국 중 한국을 포함한 89개국이 서명해서 통과되었고, 미국 등 55개국은 서명을 거부했다. 찬성표를 던진 국가들은 러시아, 중국 등 사회주의 국가들과 이슬람권의 권위주의 정부 등이 주를 이룬 반면 반대국가들은 북미와 서구의 민주화 정도가 높은 국가들이어서 그 논란은 더욱 주목받았다. 이 개정안은 국제인터넷로밍을 비롯해 스팸방지 등의 조항이 포함되었으며 국제인터넷 네트워크사업자들 간의 트래픽 처리 문제와 관련한 조항도 반영되었다. 하지만 실제 갈등의 본질은 미국 중심으로 유지되어온 국제인터넷주소관리기구(Internet Corporation for Assigned Names and Numbers: ICANN)와 인터넷의 성장으로 인해 이 부분으로 영역을 확장하려는 ITU로 대변되는 두 세력의 갈등이었다. 사실 이러한 갈등은 1998년 ICANN 창립시기부터 존재하여왔다가, 2012년 ITRs 개정을 둘러싸고 쟁점화되었던 것으로, 결과는 보다시피 합의의 실패였다.

이 사례를 통해 인터넷 거버넌스와 연계된 국제사회의 관심은 관련 글로벌기업의 이익과 원천기술을 지닌 기업이 속한 국가 그리고 민주화 정도에 따른 사회적 인식의 차이 등에 따라 항시 국제 갈등의 요인으로

발전할 수 있음을 볼 수 있고, 특히 ICT의 발전과 중요성이 높아질수록
이런 사례는 더 많아질 것이라고 예측가능하다.

자료: 박민정, "ITU와 글로벌 인터넷 논의의 추이와 현황,"『초점』 25(10) (2013), p.2

의 정책결정이 신속하고 비용 효율적일 것을 요구한다. 전통적으로 ITU의
정책결정은 컨센서스에 기초하고 있기에 결정과정의 비효율성이 높은 편이
다. 또한 내부의 각 부문들 간의 업무의 중복이나 혼선으로 인한 낭비도
초래될 수 있다. 즉, ITU의 조직 구조가 연방제와 유사한 구조이므로 만약
선출직 국장들을 수장으로 하는 개별국Bureau들 간의 협력이나 조정이 부재
할 경우, ITU의 전반적인 의사결정에 지장을 초래하거나, 업무가 중복되거
나 혹은 아예 무시되는 비효율이 발생할 수 있다. 또한 ITU에 있는 700여
개의 부문회원들에 대한 문제로 비록 PP-98에서 이들 민간회원들의 권리를
강화하기는 하였으나, 여전히 ITU는 회원국 중심의 정부간기구이므로 부문
회원들의 수요에 적절히 대응하지 못하는 경우가 발생하고 있다. 특히 급속
하게 발전하는 ICT 환경을 고려할 때 민간부문의 변화에 대한 적응 속도에
ITU가 따라가지 못하는 것이다. 이로 인해 부문회원들의 불만과 함께 분담
금 축소 움직임을 보이고 있고, 이는 기구의 재정기반이 악화되는 문제와
직결되고 있다.[40]

39) 『경향신문』, 2015년 5월 30일, http://www.yonhapnews.co.kr/bulletin/2015/05/
30/0200000000AKR20150530021500009.HTML? input=1179m(검색일: 2015.8.1).
40) 서보현 외, "국제기구의 주요정보통신정책이슈에 대한 효과적 대응방안연구,"『연구
보고』 02-06(충북: 정보통신정책연구원, 2002), pp.55-56.

2. ITU의 대응전략

우선, 구체적인 ITU의 대응전략을 논하기에 앞서 유엔의 전문기구로서의 ITU의 위상과 정당성에 대해 다시 한번 생각해볼 필요가 있다. 국제기구는 국가들로부터 그 정당성을 위임받아 법인격을 갖고 활동하기에, 유엔의 전기통신 분야 전문기구로서 ITU는 타 기관이나 민간에 비해서 훨씬 더 상위의 정당성을 갖고 있다. 그러므로 ITU는 기구가 직면한 전기통신 및 ICT 환경의 변화에 대응함에 있어서도 이러한 기구의 정체성을 십분 활용할 수 있다. 예를 들면, 국제개발이나 기후변화적응을 위한 ICT의 적용 등의 분야에서도 ITU가 주도적으로 개발목표를 설정하여 추진한다면 전 세계적인 의제화나 실천이 훨씬 더 용이해질 것이다. 따라서 이하에서 살펴볼 ITU의 전략은 ITU 자체의 조직적 대응일 뿐만 아니라 전지구적인 영향을 미칠 수 있는 유엔차원의 전략으로도 볼 수 있기에 그 중요성은 더욱 크다고 하겠다.

ITU는 급속한 전기통신 및 ICT의 발전, 그에 따른 영역 경계의 붕괴와 새로운 영역의 출현 등 ITU에 대한 환경적 변화의 도전에 대응하기 위한 여러 노력을 하고 있다. 예를 들면 ITU의 미래전략이 용 집되어 있는 2016~2019 ITU 전략계획[41]은 ITU의 비전으로 "상호 연결된 세상으로부터 권한을 받은, 전기통신/ICT가 사회·경제·환경적 지속가능한 성장과 개발을 가능하게 하고 가속화하는 정보사회"를 제시하면서 그를 위한 미션으로 "전기통신/ICT 네트워크, 서비스, 어플리케이션의 적정가격과 보편적 접근, 그리고 사회·경제·환경적 지속가능한 성장과 개발을 위한 이의 사용을 증진 촉진 및 조성"할 것을 규정하고 있다. 그리고 미션 실행을 위한 전략목표로서 크게, "전기통신/ICT에 대한 접속 및 사용증진 조성(성장), 정보격차해소 및 모든 이에게 브로드밴드 제공(포용성), 전기통신/ICT 개발에 따른 도전과제 처리(지속가능성), 그리고 변화하는 전기통신/ICT환경을 주도, 개선

---

41) ITU 전략계획은 ITU의 최종목표를 달성하기 위한 4년간의 활동방향을 제시하는 로드맵으로서, 이번 전략계획은 PP-14에서 채택된 것이다.

및 적응(혁신 및 파트너십)"의 네 가지 전략을 제시하고 있다. 좀 더 구체적으로 살펴보면, ITU-R은 "항공용 원격측정 및 원격명령시스템, 위성서비스, 모바일 통신, 해상조난 및 안전신호, 디지털 방송, 기상위성과 자연재해 예측 및 탐지" 등이 무선전파통신 영역에 포함되므로 이를 "재해완화 및 구호활동에 쓰이는 전파통신의 지속개발, 기후변화대응을 위한 ICT" 등을 개발하는데 활용하고자 하였다. 또한 ITU-T도 새로운 환경에 대응하기 위해 "수요중심의 고품질 국제표준을 신속하게 개발"하고 "신규 서비스/어플리케이션 제공과 정보사회 구축을 촉진할 핵심기술 검토, 산업 및 학계의 신규 회원 유치, 표준화 격차해소를 위해 표준화 과정에 개도국의 참여증진, 타 표준화 관련 기구 등과의 협력" 등의 대응방안을 제시하였다. 마지막으로 국제개발영역과 가장 관련이 높은 ITU-D도 "브로드밴드 등 인프라 개발과 ICT 어플리케이션 및 서비스 제공"을 우선순위로 두고, 국제협력을 강조하며 ITU-D가 적극적 역할을 할 것을 주장하였다. 또한 "긴급통신과 성(gender) 관련 이슈" "최빈개도국, 군소도서국, 내륙국, 시장경제전환국" 등 상대적으로 ICT의 발전이 비약한 지역에 대한 개선의지를 피력하고 있다.[42]

이러한 ITU의 대응전략들은 2014년 부산에서 개최되었던 ITU 전권회의(PP-14)에서 좀 더 구체적으로 논의되고 의결되었다. 우선 새로운 영역에서의 ICT 사용을 위한 예로 회원국들은 2014년 3월 세계를 경악시켰던 말레이시아 항공 여객기 실종사건을 계기로 항공기 운항정보의 추적을 위한 ICT 개발에 관한 결의안을 채택하고, 이를 위해 항공기 추적용 위성용 주파수 분배에 대한 안건을 세계전파통신회의(WRC-15)에서 논의하기로 결정했다. 또한, 전권회의 개최 당시에도 확산되고 있던 에볼라 바이러스와 같은 질병의 예방 및 확산방지를 위한 ICT 기술 활용을 결의하였다. 그리고 기후변화 대처와 관련된 ITU의 임무를 확대하기 위해 기존 결의를 개정하고, 기후변화대처를 위한 ICT 기술 개발뿐만 아니라, ICT 분야의 탄소배출 현황에 대한 점검도 같이하도록 결의하였다. 다음으로, ICT의 발전으로 인해 파생된

---

42) 박민정(2015), pp.31-34.

부작용 중의 하나인 사이버안전과 관련한 ICT 분야의 실효성을 높이기 위해 ITU-T와 ITU-D에 추가적인 임무를 부여하고, ICT의 부정사용에 대한 경각심을 고취하기 위한 협력 확대도 추진하기로 결의하였다. 마지막으로 정보격차해소Bridging Digital Divide를 위해서는 아프리카 국가들의 Smart African Manifesto[43]를 지원할 것을 결정하고, 기금조성 등과 같은 각종 조치를 취할 것을 독려하였다. 또한 ICT를 통한 양성평등을 위한 협력확대도 결의하였다. 한편, ITU 내부적으로도 문서를 대중에 공개함으로써 ITU의 재정 및 운영의 투명성을 제고하기로 하였고, 재정적인 면에서도 "ITU 사무국의 지출예산 축소(3.4백만 CHE), 국제번호자원 관련 사업비 삭감(2백만), 기금펀딩 축소(2백만), 기타 경비 축소(제네바 사무국 인력재배치, 중복되는 작업반/회의의 통합) 등의 지출 효율화 방안을 마련하고, 이에 기초한 균형재정중기예산안(4년간 635.7백만 CHE)"을 수립하였다.[44]

　이외에도 역사적으로 ITU는 시대와 환경, 그리고 ICT의 기술변화에 대응하기 위한전략을 모색해왔다. 1932년 기존의 ITUInternational Telegraph Union와 IRU의 통합으로 현재의 ITU가 탄생하였고, 1992년에는 변화된 환경에 대응하기 위해 ITU헌장과 협약을 개성하고, 조직을 선면적으로 개편하였다. 그리고 1998년에는 ITU가 회원국들을 중심으로 하는 정부간기구임에도 불구하고 부문회원의 권한을 강화하고 대체승인제도(AAP)를 도입하는 등의 기구 내에서의 민간의 권한을 강화하는 혁신적 조치를 취하였다. 그리고 이러한 ITU의 대응들은 기술과 환경이 날로 더 급속도로 발전·변화하고 있는 오늘날도 계속되고 있으며 이러한 노력이 계속되는지의 여하에 따라 ITU의 미래는 달라질 것이다.

---

43) Smart African Manifesto는 낙후한 아프리카의 국가들의 사회·경제적 발전을 위한 핵심적 수단으로서의 ICT 활용을 의미하는 것으로, ITU는 이 사업에 대해 적극적으로 관심을 표명하고 지원해왔다. http://www.itu.int/en/osg/speeches/Pages/2013-10-29.aspx(검색일: 2015.8.3).

44) 민원기(2015), pp.11-13.

VI. 한국과 ITU

1952년 한참 전쟁의 한가운데에 있던 한국의 체신부가 ITU에 가입함으로써, 공식적인 한국의 ITU 활동이 시작되었다.[45] 국내적으로는 1984년부터 한국전기통신공사(현 KT)가 ITU 연구단을 설립하고 표준화 분야의 활동을 하였고, 현재는 미래창조과학부 국립전파연구원에서 '한국ITU연구위원회'를 구성하여 ITU-R, ITU-T, 및 ITU-D 등 ITU의 구성에 체계적으로 대응하며 활동하고 있다.[46]

한편, 〈표 7〉에서 볼 수 있는 바와 같이 한국은 PP-89에서 최초로 이사국에 진출한 이후 PP-14에 이르기까지 연속으로 7회나 이사국으로 선출되었을 뿐만 아니라, 2014년 마침내 아시아에서 두 번째로[47] 부산에서 전권회의를 개최하고, 전권회의의 의장국이 되었다. 뿐만 아니라 인적 활동 면에서도 1981년 전파전문가 이기수 씨가 ITU 사무국 직원으로 채용된 이래, 1999년에는 표준화전문가 최영한 씨가 ITU 사무국 직원으로 채용되었고, 이종순 APT 사무총장이 통신개발자문위원회Telecommunication Development Advisory Group: TDAG 의장으로 진출하기도 했다. 그 이후에도 2004년 박기식 씨가 최초로 ITU 연구반장에 진출하였고, 마침내 2014년에 이재섭 박사가 ITU 표준화부문 국장으로 선출되었다. 헌장에 규정된 ITU의 고위선출직은 ITU 사무총장, 사무차장, 그리고 전파통신ITU-R, 표준ITU-T, 개발ITU-D 부분국장으로 ITU 전권회의에서 193개 회원국의 직접선거를 통해서 선출되는 것이 원칙이다. ITU 표준화국장은 사실상 ITU-T의 업무를 총괄하여 ICT의 글로벌

---

45) 하지만 한국이 ITU에 가입하였다 하더라도 법적으로는 ITU헌장, 협약 및 그 외 하위 규칙들은 헌법이 규정하고 있는 체결·공포된 조약이 아니어서 국회에서 비준된 것이 아니기 때문에 국내법보다 하위의 규범으로서의 효력을 가진다. 유현용(2011), p.391.

46) 한국IT연구위원회 공식웹사이트, http://www.koreaitu.or.kr/itur/info/info.jsp(검색일: 2015.8.5).

47) 1994년 전권회의가 아시아에서는 최초로 일본 교토에서 개최되었다.

표준에 대한 실질적 결정권을 갖고 있으며, 2018년 임기 만료 이후에도 본
인의 의사에 따라 1차례 더 연임할 수 있다. 따라서 이재섭 표준화부문 총국
장의 당선은 1952년 가입 이래 처음으로 고위선출직에 진출한 사례임과 동
시에 한국의 ITU 내에서의 리더십 발휘 및 한국이 ICT 세계 표준화를 주도
하는 데 큰 역할을 할 수 있다는 점에서 매우 큰 의미를 갖는다.[48] 이와
함께, 민원기 PP-14 의장이 2015년 ITU 임시이사회에서 2015년 이사회의
의장으로 선출되어 한 해 동안 ITU 이사회를 주재하게 되었다.[49] 이렇게
한국의 ICT 전문가들이 ITU 내의 고위직으로 진출함으로써 ITU 의제 채택
과정에서의 한국의 리더십과 ICT 강국으로서의 한국의 위상이 더욱더 고양
될 것으로 기대된다.

또한 기술적인 면에서도 한국은 정부가 중심이 되어 산·학·연과의 협력
체계를 구축하여 한국의 ICT 기술을 세계의 표준에 반영시키고자 적극적인
활동을 추진하고 있다. 예를 들면 한국은 자력으로 개발한 휴대인터넷서비
스를 위한 와이브로 WiBro 기술을 국제표준에 반영하고자 노력하여 마침내
2005년 IEEE802.16 표준에 반영되고, 2007년에는 ITU-R의 6번째 IMT-
2000 표준채택에 성공하였다. 또한 한국이 상용서비스를 제공하는 와이브
로 주파수 대역인 2.3~2.4GHz 대역이 IMT(4G)의 전 세계 공통대역으로
확정되어 한국의 원천기술로 개발한 와이브로의 시장 개척의 기반을 마련하
였고, 나아가 전파통신 총회(RA-12)에서 와이브로 에볼루션이 4세대(4G)
이동통신 국제 표준으로 채택되는데도 큰 도움이 되었다. 또한, 2007년 국
내 지상파 DMB 기술이 ITU 국제표준에 반영되는 등 방송 분야에서도 큰
성과를 얻었다.[50]

이러한 기술적인 면의 성과들은 ICT 전문가들의 활약상과 함께 한국이

---

48) 『연합뉴스』, 2014년 10월 24일, http://www.yonhapnews.co.kr/bulletin/2014/10/
24/0200000000AKR20141024069852017.HTML?input=1179m(검색일: 2015.8.3).
49) 『세계일보』, 2014년 11월 7일, http://fn.segye.com/articles/article.asp?aid=20141
107020384&cid=0501010000000?OutUrl=daum(검색일: 2015.8.3).
50) 한국정보통신기술협회(2015), p.41.

ICT 강국으로서의 면모를 탄탄히 구축하고 있음을 증명하는 사례라고 볼
수 있는데, 이러한 활약상에 정점을 찍은 것이 바로 2014년 부산 전권회의
(PP-14) 개최이다. 역대 최대 규모의 대표단(약 2,500여 명)이 참석한 부산
전권회의는 모든 안건을 모두 합의Consensus로 처리한 매우 성공적인 회의로
평가받고 있다. 특히 이번 전권회의장에서 직접 선보일 수 있었던 최첨단
ICT 인프라는 한국의 ICT 능력을 다시 한번 과시할 수 있었던 계기가 되었
다. 또한 한국은 의장국으로서 Connect2020 아젠다를 제시하여 ITU 발전
에 대한 비전을 제시할 수 있었고, 앞에서 언급한 바 있는 다양한 의제들이
논의·결정되는 데 있어 원활한 회의진행 능력과 유연한 리더십을 발휘하여
ICT 강국으로서 한국의 위상을 더욱더 높일 수 있었다.[51] 그리고 이러한
성과를 이어받아 앞으로 7선 이사국에 걸맞은 국제사회에 대한 책임과 임무
를 수행한다면 전 세계적인 ICT 방향설정과 발전에 기여할 수 있는 더욱더
명실상부한 ICT 강국이 될 수 있을 것이다.

〈표 7〉	한국의 ITU활동 주요 연혁
연도	주요 내용
1952	ITU 가입(당시 체신부), PP 참석(Buenos Aires)
1958	CCITT(현재의 ITU-T) 참석
1959	PP 참석(Geneva), 무선통신주관청회의(Administrative Radio Conference) 참석
1981	ITU 사무국 직원에 우리나라의 전파전문가 채용(이기수)
1984	한국전기통신공사(1981년 설립, 현재의 KT)가 ITU국내연구단을 설립하고 CCITT 분야의 활동을 담당
1989	TTA에 표준화위원회와 ITU위원회 (산하에 CCIR분과위원회와 CCITT분과위원회) 구성
	프랑스 니스 PP에서 우리나라 최초로 ITU 이사국 진출

---

51) 민원기(2015), pp.13-15.

1993	WTSC-93에서 국내 최초로 ITU 연구반 의장단 진출 (ITU-T SG 7 부의장, 임주환)
1994	ITU 이사국 재선. ITU-T SG 7 개최(최초의 ITU회의 국내 개최)
1998	ITU 이사국 3선
1999	TDAG 의장에 이종순 APT사무총장 진출. ITU 사무국 직원에 우리나라의 표준화전문가 채용(최영한), 전파연구소에 ITU-R연구위원회 설립
2001	TTA를 ITU-T의 표준참조기관으로 지정
2002	ITU 이사국 4선. ITU-R RRB 위원 진출(이기수)
2004	WTSA-04에서 ITU 연구반 의장으로 최초 진출(ITU-T SG 3 의장, 박기식) ITU-R WP8F회의 개최. ITU TELECOM Asia 부산 개최. 한국ITU연구위원회 통합·재구성(전파연구소)
2005	ITU-T Focus Group on NGN회의/ITU-R JTG 6-8-9회의/ WSIS 주제회의 개최
2006	ITU 이사국 5선. ITU-T SG 17회의 개최
2007	우리나라 T-DMB기술과 WiBro 기술이 ITU-R권고에 반영. 2.3~2.4GHz대를 전 세계 4G 공통 대역으로 신규 분배
2008	ITU-T SG 11/SG 13/SG 19 (NGN-GSI)회의 개최
2009	ITU 기후변화 국제 영상 심포지엄 개최. ITU에 IEEE 802.16m과 LTE-advanced 규격을 4G 국제표준으로 제안
2010	ITU 이사국 6선. 우리나라를 2014년 PP 개최국으로 결의
2011	ITU-T SG5(환경 및 기후변화)회의 및 기후변화 국제 심포지엄 개최
2012	방통위-ITU, 2014년 ITU 전권회의 개최 양해각서 체결. 와이브로 에볼루션과 LTE-advanced 국내 기술을 4G 국제표준에 다수 반영
2014	2014 ITU 전권회의 개최, ITU 이사국 7선, ITU 표준화부문 국장으로 선출 (이재섭)

자료: 한국정보통신기술협회(2015), pp.40-41

VII. 결론

ITU는 유엔 산하의 전문기구 중 가장 높은 수준의 산업 및 과학기술과 연계된 기구이다. 대다수의 미래학자들과 연구기관들이 지구사회의 미래와 개별 국가의 경쟁력을 결정지을 최대 변수로 ICT 기술의 활용과 적용을 위한 기반 경쟁력을 제시하고 있다는 점을 감안하면, 이 기구에 대한 이해와 도전과제에 대응하기 위한 기구의 전략적 과제들을 이해하는 것을 필연적이라고 볼 수 있다.

국가사회의 개방화와 민주화 그리고 국제경제로의 편입을 통한 성장과 발전의 추구 과정에서 ICT 능력은 국가능력의 잣대로 인식되기도 한다. 더구나 ICT의 급속한 발전과 더불어 ITU의 기능과 역할이 향후 지속적으로 확대·발전할 것이 자명하기에 ITU는 다자외교의 가장 중요한 현장으로서 정책입안자나 사회과학자 더 나아가 과학자들에게도 항시적으로 더 큰 주목을 받을 가능성이 높다.

또한 ITU는 기본적으로 상당한 규제를 창출하는 국제기구이다. 규제창출의 의사결정과정은 기본적으로 정부간조약기구의 특성상 국가 중심의 회원국체제를 통해 실현될 것이지만, 관련 산업의 초고속적인 성장과 발전, 그리고 기술 활용의 확산속도와 지구사회 구성원의 기본소비와 도구 적응의 무한대적 잠재성을 고려할 때, 기능과 역할은 더욱 증대될 것이 명확하다. 이는 국가는 물론 개인이 ITU라는 기구에 의존하고 반영해야 할 이익이 증대할 것을 의미한다.

따라서 ITU 전략계획에서도 소개된 바와 같이 ITU는 향후 증대하는 국제개발 문제에서 ICT가 차지하는 위상에 걸 맞는 공익적 역할의 수행과 제반 회원국은 물론 국제사회 구성원이 전반적으로 동의하는 민주적 ICT 거버넌스의 구축, ICT 4D와 같은 개발의제의 확대와 투자 등에 있어서 더욱 개혁적인 접근을 통해 국제사회의 기술패러다임과 규범을 최적화하여 조화시키는 기능을 수행해야 한다.

　더 나아가 국제보편가치인 민주화와 인권보호를 위한 새로운 역할을 자임하는 전문기구로서의 활약과 이를 위한 새로운 가치창출의 모범을 보일 것 역시 매우 기대되는 중요한 국제기구이다.

📖 한국ITU연구위원회. 「ITU 활동안내서」. 경기: 한국정보통신기술협회, 2013.

한국ITU연구위원회는 정부의 지원으로 ITU 각 분야의 활동에 대해 총체적으로 대응하고 있는 한국 내에서 ITU에 관해서는 가장 전문성이 높은 기관의 하나이다. 이 기관이 편찬한 ITU 활동안내서는 ITU에 관해서는 A부터 Z까지 모든 부분을 다 알려주는 ITU에 관한 백과사전 혹은 백서 형식의 책으로서, 매우 기술적이고 전문적인 부분까지 세세히 알려주고 있다(http://www.koreaitu.or.kr/itur/board/publication _view.jsp).

📖 한국정보통신기술협회. 『ICT표준화 추진체계 분석서』. 국제 표준화기구 편. 경기: 한국정보통신기술협회, 2015.

이 책은 주로 표준화기구의 하나로 ITU를 소개하고 있지만, 그 내용면에서 ITU 단일기구를 다룬 어떤 서적보다도 상세한 설명을 담고 있다. 또한 최신판으로서 가장 최근의 것으로 갱신된 정보를 얻을 수 있어서 더욱더 유용하다(http://www.tta.or.kr/data/reportlist.jsp?kind_num=4).

제 2 장

세계기상기구(WMO)와
한국 기상청의 역할

김정인·박현준*

I _____ 기후변화 현황

II _____ 세계기상기구의 역사

III _____ 기능 및 조직

IV _____ WMO의 향후 활동 방향

V _____ 기후변화에 관한 정부간협의체의 역할과 기능

VI _____ 태풍위원회의 역할과 기능

VII _____ 기상 관련 국제기구와 기상청의 역할과 기능

VIII _____ 한국 기상청과 WMO의 협력 및 파트너십 강화를
위한 제언

I. 기후변화 현황

지난 수십 년간 기후변화는 모든 대륙과 해양, 그리고 인간에게 영향을 주고 있다. 기후변화는 빙하, 눈, 하천, 호수, 해양침식, 해수면상승 등의 물리적 환경에 중대한 변화를 가져오고, 육상생태계와 야생동물, 해양의 산성화 등 해양생태계에 부정적 영향을 야기한다. 기후변화는 전 세계적인 현상이지만 지역에 따라 다른 영향이 나타나는데, 특히 아시아 지역은 기후변화로 인해 빙하와 얼음융해, 그리고 육상생태계에 주는 영향이 가장 뚜렷하게 나타나고 있다.

기후변화에 대한 과학적인 규명은 이뤄지고 있지만 경제적 영향을 평가한 것은 드물다. 기후변화로 인해 발생하는 경제적 영향에 대한 대표적인 분석은 Nicholas Stern(2007)의 것으로 기후변화에 대한 대책을 실행하지 않을 경우 피해비용을 전 세계 1인당 평균 소비수준의 5~20%로 분석하였다.

또한 국가별 통합연구 분석에 따르면 기후변화에 의한 경제적 피해비용은 2100년 GDP를 기준으로 미국 3.6%, 호주 8%, 동남아시아 6.7%로 나타나고 있다. 이외에 호주를 대상으로 한 Garnaut(2008), 미국의 NRDC(2008),

* 중앙대학교 산업경제학·환경경제학 석사과정.

〈표 1〉		기후변화의 경제적 영향(추정)		
보고서	순수 시간 선호도	소득의 한계효용 탄력도	1인당 GDP 증가율	사회적 할인율(%)
Stern Review	0.1	1	1.3	1.3
Garnaut	0	1~2	1.3	1.3~2.6
Nordhaus	1.5	2	2	5.5
한국 2010~30	0	1	2.76	2.76
한국 2031~50	0	1	1.45	1.45
한국 2051 이후	0	1	0.62	0.62
한국 PAGE 09	Triangle (0, 1, 1, 2)	Triangle (0, 5, 1, 2)	0.6~2.76	

주: 한국은 한국환경정책·평가연구원,『우리나라 기후변화의 경제학적 분석』(2012) 기준

동남아시아 지역 대상의 ADB(2009)가 있다.

기후변화에 대한 과학적·경제적 영향은 기후변화를 평가하는 기관에 따라 상이하기 때문에, IPCC에서 발간한 것을 기준으로 하는 것이 국제적으로 널리 통용되고 있다. IPCC 제5차 평가보고서는 약 6년간에 걸쳐 130여 개국에서 약 2,500명의 과학자가 참여[1]하였으며, 기후변화의 과학적 근거를 담당하는 실무그룹 I(WG I)의 제12차회의('13.9.23~9.26, 스톡홀름)에서 「정책결정자를 위한 요약본」이 승인되었다.

IPCC 5차 평가보고서에서 기후시스템의 온난화는 명백하며, 또한 이런 기후시스템에 대한 인류의 영향은 매우 분명하다고 결론내렸다. 2011년 CO_2 농도는 391ppm으로 산업화 이전과 비교했을 때 40%가 증가했으며, 이 결과 다양한 기후변화가 관측되고 있다. 지구 평균 기온은 지난 133년간 (1880~2012년) 0.85℃ 상승했으며, 평균해수면 또한 1901년 이후 110년

---

1) 제5차 IPCC보고서에 전 세계 836명의 집필진이 참여하였으며, 한국은 6명이 참여하였음.

RCP

RCP(Representative Concentration Pathway)는 대표농도경로라는 의미로 IPCC에서 개발된 온실가스 배출 시나리오이다. 기존에 IPCC보고서에서 이용되고 있던 시나리오는 SRES로 온실가스 농도를 지속가능발전형 사회인 B1, 고성장 사회인 A1B, 다원화 사회를 의미하는 A2로 구분하였다. IPCC 5차 보고서에서는 RCP를 적용하여 인간활동이 대기에 미치는 복사량을 토대로 온실가스 농도를 설정하였다. 시간의 변화를 의미하는 경로(Pathway)와 다양한 사회-경제시나리오 중 하나의 복사강제력을 대표(Representative)한다는 것이다.

RCP 시나리오는 최근의 온실가스 농도변화를 반영하여 대표적인 4가지 온실가스 농도인 2.6과 4.5와 6.0 그리고 8.5를 적용하였다. 사회·경제적 가정을 미래에 기후변화 대응정책 수행여부를 바탕으로 온실가스 농도를 산출하였다.

RCP와 SRES의 비교

RCP	SRES
RCP 2.6 인간활동에 의한 영향을 지구 스스로 회복가능	
RCP 4.5 온실가스 감축정책이 상당히 실현	B1 지역 간 격차가 적고 인구는 감소하며 청정자원 절약기술이 도입되는 상태
RCP 6.0 온실가스 감축정책이 어느 정도 실현	A1B 화석에너지와 비화석에너지원 사용이 균형을 이루고 있고 신기술과 고효율화 기술이 도입 되는 상태
RCP 8.5 온실가스 감축정책 시행 없이 현재 추세대로 온실가스 배출	A2 인구가 증가하지만 환경에 대한 관심이 적고 낮은 경제성장이 이루어지는 상태

동안 19cm 상승했다. 또한 IPCC는 현재 추세로 온실가스가 배출되어, 이산화탄소 농도가 2100년에 936ppm에 도달한다면, 21세기 말 지구의 평균 기

온은 1986년~2005년 기간의 평균 기온 대비 3.7℃ 상승할 것이며, 해수면 또한 63cm 상승할 것으로 전망했다. 이산화탄소의 대기 중 농도는 체계적인 측정이 시작된 1958년 이후 최근까지 20% 이상 증가한 것으로 파악되었다. 지구온난화로 인한 지구 평균 기온은 지난 133년 동안(1880~2012년) 0.85℃ 상승(범위는 0.65~1.06℃를 보임)한 것으로 나타났다. 이는 AR4(수정 필요)에서 보고되었던 지난 100년(1906~2005년) 동안의 전지구적 평균 기온 상승치인 0.74℃(범위는 0.56~0.92℃)와 비교되는 결과이다.[2]

평균 강수량의 경우 변화는 뚜렷하지 않으나 1901년 이후 북반구 중위도 지역의 육지에서 강수량이 증가한 것으로 보고되었다. 그리고 평균 해수면의 경우 지난 110년 동안(1901~2010년) 19cm 정도(범위는 17~21cm를 보임) 상승한 것으로 나타났다. 1901년부터 2010년의 110년 동안 전지구 해수면 상승률은 1.7mm/yr 정도(범위는 1.5~1.9mm/yr를 보임)인 데 반해 1993~2010년의 상승률은 3.2mm/yr 정도(범위는 2.8~3.6mm/yr를 보임)인 것으로 나타나 해수면의 상승이 가속되고 있는 것으로 보고되었다.

한편 지구의 빙상과 빙하의 양은 온난화의 영향으로 감소하고 있는 것으로 나타났다. 지난 34년 동안(1979~2012년) 북극의 해빙은 연평균 면적이 10년에 3.5~4.1%의 비율로 줄어들었을 가능성이 높고, 남극 해빙의 경우 1.2~1.8%의 비율로 증가했을 가능성이 매우 높은 것으로 나타났다. 지구의 평균 기온이 계속해서 상승함에도 불구하고 남극의 해빙 면적이 증가 경향을 보이는 것은 의외의 결과로 볼 수 있으며, 평균적인 온난화 경향에도 불구하고 지역에 따라서는 온난화의 정도 지향성이 다르게 나타날 수 있음을 나타내는 결과로 생각해 볼 수 있다.

최근 기상청의 한반도 기후변화 전망보고서(2012)를 보면, 지난 30년 동안(1981~2010년) 한반도의 연평균 기온은 1.2℃ 상승했으며, 모든 계절에서 온도 상승이 관찰되었다. 온도 상승은 지역에 따라 큰 편차를 보이며 수도권, 영서 및 영남 내륙 지방의 온도가 상대적으로 높게 상승하고 있다.

---

2) 기상청(2013a), "IPCC, 기후변화 영향 및 적응에 관한 보고서 승인"(2013.3.31).

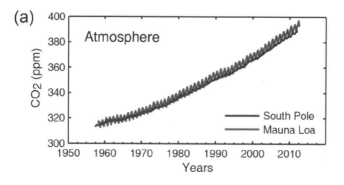

전지구 탄소순환 관측지표

자료: 최한창(2014)

지난 43년 동안(1964~2006년) 한반도 주변 해역의 해수면은 약 8cm 상승했으며, 이는 세계 평균 상승 속도(1.9mm/yr)보다 빠르다. 특히 남해안 지역이 상대적으로 큰 상승폭(14.6cm)을 보였다.

　이러한 기후변화는 우리나라의 산림, 농업, 해양 및 수산 등 광범위한 영역에 영향을 미치는 것으로 파악되고 있으며, 특히 많은 연구가 국내에서 연평균 기온 상승으로 인한 지역별 산림 구성 변화, 작물의 생육 가능 기간의 연장과 작물의 재배 시기와 장소의 변화, 지구온난화로 인한 해수면 상승, 해류 변화, 해양 산성화, 용존 기체 감소, 수온상승으로 인한 해역의 먹이사슬의 변화, 주요 어획어종의 변화, 폭염으로 인한 환자 및 사망자의 증가를 확인하였다.[3] 과거 30년 동안의 온난화 경향은 2100년까지 꾸준히 지속될 것으로 예상되고 있다. 한편 기후변화의 영향으로 농작물 가격이 급등하고 있으며, 식량 생산에 차질을 빚고 있다. 인간 건강 측면에서 더위 관련 사망률은 증가하고, 추위로 인한 사망률은 감소하여 기후변화가 경제적으로 변화를 주고 있다는 것이 밝혀지고 있다.

---

3) 기상청, 『한국 기후변화 평가보고서 2014: 기후변화 영향 및 적응』(2014).

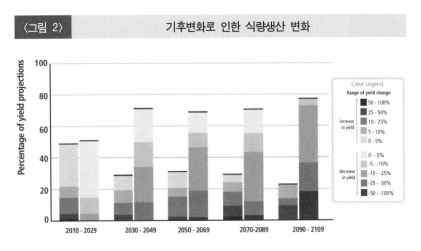

자료: 최한창(2014)

IPCC 제5차 보고서에 의하면, 동아시아 지역은 RCP 4.5를 기준으로 21세기 말 평균 기온은 2.4℃ 증가하고 강수량은 7% 증가할 것으로 전망된다. 여름 몬순의 강수량은 증가하며, 해안에 상륙한 태풍으로 인하여 극심한 강우가 증가하며, 온대성 저기압의 억제로 한겨울이 줄어들 것으로 예측하고 있다.

한국은 온실가스 배출추세(RCP 8.5)를 유지하는 경우 21세기 후반

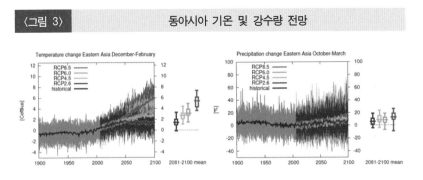

자료: 기상청(2013b)

〈표 2〉	2100년 기후변화로 인한 한국의 경제적 피해

(단위: 억 원)

부문	수자원	산림생태계	식량	건강	연안	합계
피해액	1,076	3,301	6,135	14,377	63,053	100,176

자료: 한국 환경정책·평가연구원(2012)

(2071~2100) 한반도 기온은 현재(1981~2010)보다 5.7℃ 상승하며, 북한의 기온상승(+6.0℃)이 남한보다(+5.3℃) 더 클 것으로 전망된다. 이로 인해 21세기 후반 평양의 기온이 현재 서귀포의 기온(16.6℃)과 유사해질 것으로 예상된다. 또한 강원도 산간지방 일부를 제외한 남한 대부분의 지역과 황해도 연안까지 아열대 기후구가 될 것으로 분석하고 있다.

특히 열대야 등 극한기후 지수는 기후변화에 따라 더 증가할 전망이다. 폭염일수는 현재 한반도 평균 7.3일에서 온실가스 고배출 시 21세기 후반에 30.2일로 한 달 정도 발생할 것이며, 남한보다 북한의 기온상승, 폭염, 열대

〈표 3〉	지역별 적응 옵션

지역	기후변화 영향	적응 옵션
아프리카	• (담수) 수자원에 대한 남용과 수질 저하(현재), 수자원의 수요 증가(미래)로 심각한 부담에 직면 • (식량안보) 해충·질병 피해 증가, 식량시스템 인프라에 대한 홍수 영향 증가로 농작물 생산성 저하 • (인류건강) 매개인자성·수인성 발병율과 지리적 분포 변화	• 수요 관리, 지하수 평가, 담수·폐수 통합 계획 등 제도적 역량 강화 • 내성 농작물 품종 개량 등 기술적 적응 대책마련 • 공중보건 기능 향상 및 취약성 지도 작성, 조기 경보시스템
유럽	• (담수) 하천수와 지하수 자원의 격감, 배수·빗물 감소 • (연안) 하천유역·연안 지역 홍수로 경제·인적 손실 증가	• 물 효율 기술과 절수 전략 • 홍수 방지 구조물 설치

	• (주요경제 및 공공 분야) 극한 혹서로 인한 경제적·인적 손실 증가	• 경보시스템 및 대기질 향상 배출량 감축
아시아	• (주요경제 및 공공 분야) 홍수 증가로 사회기반 시설과 거주지에 피해 증가 • (인류건강) 폭염 관련 사망 위험 증가 • (식량안보) 가뭄 관련 물·식량 부족 위험 증가	• 토지이용 계획, 선별적 이주 등을 통한 노출 저감 • 폭염 건강 경보시스템, 열섬효과 저감 도시계획 • 조기경보체계
호주	• (해양시스템) 산호초·산간생태계의 공동체 구성 및 구조에 중대한 변화, 호주 일부 재래종에 대한 멸종 위험 • (주요경제 및 공공 분야) 홍수로 인한 사회기반 시설과 거주지 피해 빈도 및 강도 증가 • (연안시스템) 해수면 상승으로 연안 기반시설, 저지대 생태 위험 증가	• 오염, 관광업, 외래 해충의 경감과 조기경보시스템의 개선 • 토지이용 통제 및 거주지 이전
북미	• (생태계, 인류건강) 산불로 인한 생태계 통합성 손실, 인간 질병 및 사망 증가 • (인류 건강) 폭염 관련 인간의 사망 • (주요경제 및 공공 분야, 도시 지역) 재산사회기반 시설 피해, 생태계·사회시스템의 붕괴, 하천·연안의 도시 홍수로 인한 수질 악화	• 회복력 있는 식물 도입 • 냉방시설 도입 • 지하수 함유량 향상을 위한 불투수면 저감, 녹색인프라 조성, 강우설계표준 재설정
중남미	• (도시 및 농촌 지역) 반 건조 지역과 융빙수 의존 지역의 급수 이용성 저하 및 극한 강수량으로 인한 도시 지역 홍수 증가 • (식량안보) 식량 생산량 감소 및 식품의 품질 저하	• 도시 홍수관리(인프라 포함), 조기경보시스템, 기상 예보 개선 • 신품종 개발
군소 도서	• (주요경제 및 공공 분야) 생계·연안 거주지·사회 기반시설의 손실, 저지대 연안 지역의 위협	• 해안 지형·생태계 유지 복원, 토양·담수자원의 관리 개선, 적절한 건축 법규
해양	• (해양시스템) 저위도 지역의 어획 잠재량 감소, 열 관련 생물다양성·어류의 수 및 산호초 감소, 해안 범람 및 서식지 유실	• 어업 장소변경, 양식 확대 • 수질관리 및 관광·어업 제한 • 하천유역, 연안 지역 산림황폐화 최소화 및 재조림

자료: 기상청(2013a)

야, 호우 증가량이 더 클 것으로 전망된다. 온실가스의 감축으로 인한 기후변화 완화효과는 기온, 강수량보다 폭염과 열대야에서 더 크게 나타날 것이다.

기후변화에 따른 우리나라의 경제적 피해는 2100년에 약 10조 176억 원에 이를 것으로 추정되었는데, 이는 GDP의 0.86%에 이르는 수치이다. 특히 연안 지역의 피해가 가장 크게 나타났으며 건강, 식량, 산림생태계, 수자원순으로 피해가 나타났다. 이러한 기후변화로 발생하는 미래 영향에 대비하고 취약성을 개선하기 위해서 IPCC에서 제시한 지역별 적응 옵션은 다음과 같다.

이처럼 기후변화에 대한 과학적인 증거는 보다 명백해지고 있다. IPCC 뿐 아니라 세계기상기구 또한 이런 기후변화에 대한 관측과 대응에 중요한 역할을 수행하고 있다. 본 장에서는 세계기상기구와 한국 기상청의 역할과 그 기능에 대해서 살펴보고, 향후 기후변화대응과 관련해 이 두 기관의 파트너십 및 협력 강화에 대한 제언을 하고자 한다.

II. 세계기상기구의 역사

세계기상기구World Meteorological Organization: WMO는 기상 관측을 위한 세계 협력을 목적으로 설립된 유엔의 기상전문기구로 스위스 제네바에 본부를 두고 있다. WMO의 전신은 1873년 설립된 국제기상기구International Meteorological Organization: IMO의 1947년 이사회에서 새로운 국제기구 설립에 관한 세계기상협약을 채택했고 이 결과 1950년 세계기상기구가 수립되었으며, 1951년 UN 산하의 기상전문기구로 편입되었다.

2015년 2월 기준으로 185개 국가와 7개 지역4)이 WMO의 회원으로 가입

---

4) British Caribbean Territories, French Polynesia, Hong King, Macao, Curacao와

〈표 4〉	세계기상기구 관련 연대표
1853년	최초 세계기상회의 개최(Brussels)
1873년	WMO 전신인 국제기상기구 설립
1950년	세계기상기구협약 발효
1951년	세계기상기구가 UN 전문기구로 편입
1956년	한국 세계기상기구 가입
1957년	전지구오존관측시스템 구축
1975년	북한 세계기상기구 가입
1979년	제1차 세계기후회의(IPCC 설립, 세계기후프로그램, 세계기후연구프로그램 시작)
1989년	전지구대기감시스템 구축
1990년	제2차 세계기후회의(전지구관측시스템 시작)
1992년	전지구기후관측시스템 구축
1993년	세계물순환관측시스템 개시
1995년	기후정보및예측서비스 구축
2003년	자연재해예방 및 저감프로그램, 우주프로그램, 최빈국프로그램 개시
2009년	제3차 세계기후회의(전지구기후서비스체제 구축)

해 있으며, 한국은 1956년 2월 15일 북한은 1975년 5월 27일 가입하였다. 1950년 설립 이래로 WMO는 기후 및 연관 환경 분야에 대해 이니셔티브를 가지고 선도적으로 활동해왔다. 특히 기후변화 이슈는 WMO의 역할이 매우 컸음을 알 수 있다.[5] 즉 WMO는 기후변화에 관한 최초의 주된 국제회의라 할 수 있는 제1차 세계기후회의World Climate Conference: WCC를 1979년에 개최하여 기후변화 과학 분야에 대한 필요성을 강조했다. 그 결과 세계기후프로그램World Climate Programme: WCP6)과 세계기후연구프로그램이 수립되었다.

Sint Maarten과 New Caledonia가 여기에 해당한다.
5) WMO, "The World Meteorological Organization at a glance"(2009).

이 협약의 결과 WMO와 UNEP는 1988년 기후변화에 관한 정부간 패널 Intergovernmental Panel on Climate Change: IPCC을 설립하였다. 1990년에 개최된 제2차 WCC를 위해 IPCC의 평가보고서가 완성되어, 기후변화 위험에 대한 관심을 집중시켰다. 이 협약은 UN 기후변화협약United Nations Framework Convention on Climate Change: UNFCCC을 위한 동력을 제공했다. 또한 이를 위해, 기후와 기후 관련 관측을 위한 전지구관측시스템Global Climate Observing System 이 구축되기도 하였다. 2009년 개최된 제3차 WCC 결과, 기후자료 제공자와 최종 수요자를 연결시키는 전지구기후서비스체제Global Framework for Climate Services: GFCS 구축을 추진하게 되었다.

III. 기능 및 조직

1. 조직

날씨와 기상 및 물 순환에는 국경이 존재하지 않기 때문에, 지구적인 차원의 국제 협력이 기상학과 수문학 발전에 매우 중요한 역할을 하며 이들 학문의 활용을 통해 막대한 이익을 얻을 수 있다. WMO는 국가 기상 및 수문 서비스National Meteorological and Hydrology Services: NMHS의 대표들을 포함

---

6) WCP는 WMO가 이행하는 여러 과학적이고 기술적인 프로그램 중 하나로 기후서비스를 개선하는 것을 주된 목적으로 사용자 상호작용에 초점을 맞추고 있다. 이 프로그램은 최적의 사회·경제적 이익을 유도할 수 있도록 기후 정보를 유용하게 활용하고 이 결과 전지구기후서비스체계(GFCS)를 뒷받침한다. WCP에는 세계기후연구프로그램(World Climate Research Programme: WCRP), 전지구기후관측시스템(Global Climate Observing System: GCOS), 세계기후서비스프로그램(WCSP), 기후변화 취약성, 영향과 적응에 대한 전지구연구프로그램(Global Programme on Climate Change Vulnerability, Impacts and Adaptation, PRO-VIA)을 포함한다.

하는 회원국들이 기후, 기상 및 물과 관련된 모든 이슈를 효과적으로 논의하고 협력할 수 있는 기반을 제공하고 있다.

회원국 대표들로 구성되는 WMO 총회World Meteorological Congress는 최소한 4년마다 소집된다. 총회에서는 일반 정책과 규칙들을 입안하고, 회원 자격을 검토하며, WMO 구성 조직들의 활동을 계획하고 조정하는 역할을 수행할 뿐 아니라 장기계획 및 예산에 대한 승인도 담당한다. 또한 이 총회에서는 집행위원회Executive Council 의 회장Presidents 및 부회장Vice-Presidents을 비롯한 구성원들을 선출하고 사무총장Secretary-General 을 임명한다.

37명으로7) 구성된 집행위원회는 매년 모여서 총회의 결정을 이행하고, 프로그램들을 조정하고 재원 이용 방안을 조사하고 지역협의회regional associations 및 기술위원회technical commission 의 권고사항을 고려해 실행하고, WMO 활동 분야에 기술 및 지원을 제공하기도 한다. 한국은 2007년 제15차 WMO 총회에서 기상청장이 집행 이사에 당선되어 집행이사국 지위를 이어가고 있다.8)

WMO에는 아프리카, 아시아, 남아메리카, 북아메리카, 중앙아메리카와 캐리비안, 남서태평양과 유럽의 여섯 지역협의회가 있다. 이 지역협의회들은 해당 지역의 회원들로 구성되는데 지역 내에서 기상이나 수문학 또는 관련 활동을 조정한다.

이외에도 기술위원회는 8개 위원회9)로 구성되어 있다. 이 위원회는 WMO

---

7) 이 집행위원회는 총회가 선출한 회장(President)과 세 명의 부회장(Vice-President)과 여섯 지역협의회의 장과 총회가 선출한 27명의 회원으로 구성된다.

8) 기상청, 「고윤화 기상청장, 세계기상기구(WMO) 집행이사 당선」(2014a).

9) 8개의 위원회에는 항공기상위원회(Commission for Aeronautical Meteorology), 농업기상위원회(Commission for Agricultural Meteorology), 대기과학위원회(Commission for Atmospheric Sciences), 기본시스템위원회(Commission for Basic Systems), 기후학위원회(Commission for Climatology), 수문학위원회(Commission for Hydrology), 관측기법 및 장비위원회(Commission for Instruments and Methods of Observation)와 WMO-IOC 공동해양학 및 해양기상학위원회(Joint WMO-IOC Commission for Oceanography and Marine Meteorology)가 있다.

〈그림 4〉 WMO 조직 구성

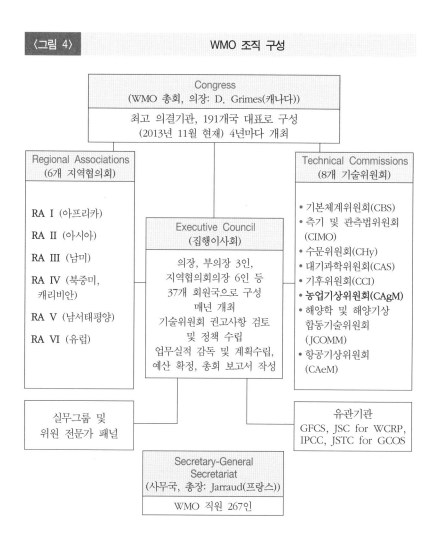

회원들이 지명한 전문가로 구성되어 있으며, 기상 및 수문학시스템과 적용을 연구하고, 집행위원회와 총회에 권고사항을 제출한다. 현재 농업기상학위원회 Commission for Agricultural Meteorology 에도 회장을 역임하고 있다.

이외에도 총회가 임명하는 사무총장이 이끄는 WMO 사무국은 제네바에 본부를 두고 있으며, 행정조직의 중심적인 기능을 담당한다. 또한 WMO의 기록 및 정보센터의 역할을 수행하며, 해결 필요가 있는 이슈나 국제적인 긴급 상황을 발표하고 운영 중인 프로그램을 제공한다.

8개의 위원회 중 중요한 위원회의 역할과 업무를 소개하고자 한다. 우선 기본체계위원회는 WMO 산하의 8개 기술위원회 중 하나로 세계 기상관측, 통신, 예보, 자료 분석 및 원격탐사 활동 등 기상업무 수행에 필요한 제반 문제를 연구 및 검토하여 집행이사회에 권고하는 중요한 기구로, 지구관측시스템GOS, 전지구통신시스템GTS, 자료처리 및 예보시스템DPFS, 통합관측시스템, 운영정보서비스, 공공기상서비스 등을 관장하는 기술위원회이다. 세계 각국의 기상업무가 이 위원회의 결정을 바탕으로 이루어지며, 정기회의는 매 4년마다 개최되며, 정기회의 사이에 특별회의가 개최된다.

농업기상위원회는 140여 개의 회원국으로 구성되어 있다. 기상과 기후가 농업에 미치는 영향에 대한 조사 연구, 회원국의 농업기상발전을 통한 식량·자원·환경 문제 해결 등을 목적으로 한다. 또한, 유엔식량농업기구United Nations Food and Agriculture Organization 등 관련 국제기구와 농업 생산성, 안정성 제고를 위한 협력 방안도 구축하고 있다. 기구 산하위원회는 선출직이며 임기는 4년이다. 한국은 2018년까지 의장직을 수행하게 된다(〈표 5〉 참조).

항공기상위원회는 항공기상 분야에 대한 국제규약, 기술개발, 세계표준의 항공기상업무 절차, 연구 및 협력방안 등을 협의, 결정하는 위원회로 매 4년마다 정기회의를 개최한다. 그리고 세계 공역예보체제, 운항 기상정보의 위성송신/수신, 착빙, 난류에 관한 특별 WAFS 생산물, 국제항공로 화산감시, 공항의 기상관측시스템, 항공기상 분야의 교육훈련, 항공기상부호, 품질관리, 항공기상 장기계획, ICAO 부속서 3의 재구성 및 국제항공 항행을 위한 기상업무의 제공에 관한 제도적 변화 및 경향 등을 주요 의제로 한다.

동 회의에서는 지난 4년간의 활동 심의를 통한 계획수립, 정책입안 및 임무수행을 위한 결의안과 권고안을 채택·인준하고 이에 대한 국제협력 분담내용 등을 결의하며, 12년마다 국제민간항공기구ICAO 기상분과회의와 합동으로 개최되어 항공기상 관련 분야에 관한 현안 문제를 포함한 양기구 간의 협력사항 등을 심도 있게 논의·조정한다.

〈표 5〉	WMO 8개 기술위원회		
기술위원회	의장국	부의장국
기본체계위원회 (Commission for Basic Systems)	미국	호주
측기 및 관측법위원회 (Commission for Instruments and Methods of Observation)	스위스	미국
수문위원회 (Commission for Hydrology)	미국	중국
대기과학위원회 (Commission for Atmospheric Sciences)	노르웨이	**대한민국 (남재철)**
항공기상위원회 (Commission for Aeronautical Meteorology)	홍콩	영국
농업기상위원회 (Commission for Agricultural Meteorology)	**대한민국 (이병열)**	이탈리아
기후위원회 (Commission for Climatology)	미국	터키
해양학 및 해양기상 합동위원회 (Joint WMO-IOC Commission for Oceanography and Marine Meteorology)	인도, 남아공	※ 부의장 없음

수문위원회의 역할은 회원국들의 중요 업무에 대하여 광범위하고 과학적인 전문가의 의견과 지침을 제공하는 것이다. 활동 분야는 수문 관측망, 수문 예보시스템, 자연재해와 환경 문제에 대한 수문 측면, 물 사용에 대한 평가, 그리고 최신 수문기술을 포함한다. 이와 같은 정보들은 국가 수문서비스 기관들이 사용하는 기술표준과 지침에 관한 보고서로 연결된다. 제13차 (1999) 세계기상기구총회 WMO Congress 에서는 수문위원회에 대한 권한의 범위를 개정하였다. 수문위원회의 새로운 권한의 범위는 관측과 자료 교환을 위한 방법과 기자재의 규제와 표준화로부터 사회·경제적인 개발과 환경보호 측면의 좀 더 광범위한 수문과 수자원 문제로 전환되었다.

국제적으로 경험과 기술을 교환하고, 수문 정보, 예보와 경보를 국제적으로 배포하고, 물에 대한 사회적·경제적 그리고 환경적 중요성을 알리는 데 새롭게 초점이 맞춰졌다. 수문위원회 권한의 범위는 다음 사항을 포함하는데, 제한을 두지는 않는다. 1) 수문순환의 수량, 수질, 유사의 특성을 나타내는 기본적인 변수에 대한 측정, 2) 유역, 하천, 그리고 내륙 수체에 대한 성질을 나타내는 데 관련된 특성에 대한 자료의 획득, 3) 자료와 정보에 대한 수집, 전달, 처리, 저장, 품질 관리, 컴퓨터 파일의 관리, 재생과 배포, 4) 자연 조건 또는 사고에 의한 수문예보와 경보, 5) 위 사항에 필요한 방법과 기술의 개발과 개선, 6) 수자원의 평가, 효과적인 관리, 지속가능한 개발, 그리고 수문재해 위험으로부터 사회를 보호하는 데 수자원과 관련된 자료와 정보의 적용, 7) 국가 수문 서비스와 프로그램의 관리와 일반대중의 인식을 포함한 서비스 기능을 담당하는 단체들의 수요를 충족시키기 위한 경험, 기술이전, 연구에 대한 이해, 교육, 훈련과 개발의 국제적인 교류를 증진시키고 용이하게 하는 것, 8) 정보, 기술용어, 자료, 표준, 예보와 경보의 국제적인 교환과 배포를 증진시키고 용이하게 하는 것, 9) 수문실무, 기상, 그리고 환경관리 사이의 협력과 연결을 증진시기고 용이하게 하는 것, 10) 좀 더 광범위한 커뮤니티 내에서 물의 사회적·경제적 그리고 환경적 심각성에 대하여 인식하도록 하고, 수문재해 위험의 저감과 물의 개발과 관리에서 수문의 역할을 증진하는 것, 11) WMO, UNESCO의 IHP, IAHS International Hydrological Programme, International Association of Hydrological Sciences , 그리고 다른 정부와 비정부단체들 간의 수문과 수자원에 관련된 업무에 대한 협조를 지원하는 것, 12) 수문에 대한 지역실무그룹의 활동을 포함한 WMO의 지구 내 물 관련 사항의 협력과 조정에 대하여 지원을 하고 적절한 곳에서는 주도를 하는 것 등이다.

수문위원회는 매 4년마다 정기회의를 개최하는데, 수문위원회의 활동은 실무자문그룹을 비롯한 수자원실무그룹과 수문 예보 및 예측 실무그룹에 소속된 20명의 전문가에 의하여 실질적으로 수행된다.

수문위원회에는 WMO 146개의 회원국과 수문위원회 294개 회원국이 회원자격을 가지고 있다. 회원국들은 지역분류 방식에 따라 6개의 지역으로 구분되어 있다. 한국은 일본이나 중국 등 아시아 국가들과 함께 제2지역으로 분류되어 있다. 수문위원회의 프로그램은 WMO의 다른 프로그램과 긴밀하게 연계되어 운영되고 있다. 이들을 열거해 보면 다음과 같다. World Weather Watch, Natural Disaster Prevention and Mitigation Programme, World Climate Programme, Tropical Cyclone Programme, Education and Training Programme, Regional Programme Technical Cooperation Programme 등이다.

수문 수자원프로그램The Hydrology and Water Resources Programme: HWRP 은 수문위원회가 주관하는 WMO의 주요 프로그램 중 하나이다. HWRP의 역할은 수문과 기상관측소 관측망의 기본 수문요소의 측정에 집중되어 있다. 지표수와 지하수에 대한 수량과 수질자료를 포함한 수문자료의 수집, 처리, 보관, 재생 그리고 발간; 수자원 프로젝트의 계획과 운영에 사용하기 위한 그와 같은 자료와 정보의 준비와 제공; 그리고 수문 예보시스템의 설치와 운영이다. HWRP는 또한 기술 이전과 기술 협력을 통하여 개발도상국가들의 능력을 증진시킴으로써 그들이 자신들의 능력으로 수자원을 지속적으로 평가하고 홍수와 가뭄에 대응함으로써 결과적으로 여러 가지 범위에 걸쳐 물의 수요와 관리에 대한 요구사항을 충족할 수 있도록 하고 있다.

2. 기능

설립 이래로 WMO는 인류의 안전과 복지를 위해 유일무이하고 중요한 역할을 수행해왔다. WMO의 기능은 다음과 같이 다섯 가지로 살펴볼 수 있다.

1) 데이터 수집 및 제공
WMO센터의 강력한 컴퓨터는 수문 지역과 관측 위성에서 수집된 데이터

를 처리한다. 과학자들은 물리 법칙에 기반한 다양한 수치 모델을 이용하고
개발해 기상 및 공기질을 예측하고 기후를 예측하고 위험성을 평가하고 기
상재해에 대한 조기 경보를 발표하며, 전지구의 의사결정자와 대중을 위한
여러 분야의 서비스를 제공하고 있다. WTO를 통해 많은 데이터와 정보가
WMO센터와 각국의 기상 서비스 간에 또, 세계 여러 나라 사이에서 매일
자유롭게 교환되고 이용될 수 있다.

2) 미래 기후예측

WMO의 후원하에 다른 지역과 국제기구 및 프로그램과의 협력을 통해
NMHS가 수집, 관리 분석된 정보는 모든 지역사회의 현재 및 미래 기후 상
황에 대한 대처방안을 마련할 수 있도록 지원한다. 예를 들어, WMO의 지
역기후예측포럼은 단기기후예측 정보를 제공을 통해 건강과 농업 분야에서
기후로 인한 위험을 줄일 수 있도록 돕는다. 다른 기구와 함께 WMO는 기
후 모니터링, 기후변화 감지, 계절 및 연간 예측과 기후변화 영향 평가에
대한 필요를 충족시키기 위한 여러 노력을 조정하고 있다. WMO는 또한
지구의 기후 및 기상시스템에 대한 우리의 이해도를 증진시키기 위한 연구
를 장려하고 있다.

NMHS는 기후변화 모니터링과 감지에 기여하고 기후 관측을 유지하며,
기후변화의 원인을 파악하고 인간활동으로 인한 기후변화와 지역적인 변동,
관련 해수면 상승의 정도와 크기를 예측하기 위해 일한다. 이외에도 WMO
와 UNEP가 공동으로 후원하는 IPCC는 이용가능한 과학, 기술 및 사회·
경제적인 정보를 평가해 인간활동으로 인한 기후변화의 위험과 잠재적인 영
향과 가능한 적응 및 저감 수단들을 파악한다. "인간이 유발한 기후변화에
대해 더 많은 지식을 축적하고 확산하고 기후변화 대응에 필요한 수단의
근거를 마련하기 위한 노력들"을 인정받아, IPCC는 2007년 노벨평화상을
수상하였다. 2007년 발표된 IPCC 제4차 평가보고서는 지구온난화의 원인
이 인간활동임이 매우 확실하다고 언급했다. 또한 IPCC는 수자원과 식량자
원, 기상재해와 사회·경제적 발전 등에 영향을 미치는 기후로 인한 위험을

예측한다. 이러한 문제의 해결을 위해 WMO는 계절 혹은 연간 예측을 강화하고 모든 수준의 의사결정과 모든 사회·경제적인 분야에서 기후정보 이용과 예측을 개선하기 위한 노력을 지속하고 있다.

3) 연구

WMO는 다양한 연구프로그램들을 조직하고 조정하여, 대기 및 해양에서 지속적으로 변화하는 물리적·화학적 절차뿐 아니라 지구시스템의 다양한 요소들 간의 상호작용에 대한 과학적인 이해를 증진한다. 이 결과 많은 기후예측의 질과 정확도의 높은 수준의 개선이 이루어졌고 이는 다시 기후예측과, 기상재해 경보, 계절예측 및 기후변화 예측과 환경적인 예측의 정확성과 그 자료의 유용성을 개선하기도 하였다.

WMO는 물리적인 기후시스템과 기후 프로세스에 대해 근간이 되는 과학적인 이해를 증진시키는 연구를 장려하며, 대기조성 변화나 이에 따른 기후 및 기상, 도시환경 및 해양 및 토양생태계에 대한 영향에 관한 이해를 돕는 대기과학 개선에 힘쓰고 있다.

WMO의 대기 연구 및 환경프로그램Atmospheric Research and Environment Programme은 다음 여섯 시간 동안과 하루에서 2주 동안을 예측하는 "현재예보nowcasting"의 개선을 가속화했다. 이 프로그램은 열대성 태풍과 몬순에 초점을 두고 있다. 다른 프로그램들은 대기 중 온실가스와 다른 기후변화 입자들과 화학물질들의 영향을 이해하고 측정을 목표로 하고 있다.

전지구에서 지역적인 규모와 수 주에서 수 세기 동안에 걸친 기후에 대한 연구는 WMO와 UNESCO의 정부간해양학위원회Intergovernmental Oceanographic Commission와 과학위원회International Council for Science가 공동으로 후원하는 세계기후연구프로그램World Climate Research Programme: WCRP을 통해 조직되고 있다. 이는 지구시스템에 있어서 변화 및 변동에 대한 예측과 분석을 장려함으로써, WCRP는 UNFCCC와 IPCC 평가보고서의 필요성을 직접적으로 뒷받침한다.

WMO는 '국제 극지의 해International Polar Year'의 리더 중 하나였다. 이 국

제 극지의 해는 지구의 극지방에 대한 학제 간 과학 연구와 관측을 국제적
으로 조직하기 위한 캠페인으로 미래 기후에 대한 우리의 이해를 증진시키
기 위해서 기획되었다. 빙하 코어를 통해 극지방은 행성의 과거 기후에 대
한 창을 제공하고, 또 한편으로는 기후변화에 매우 민감한 빙하와 빙판과
다른 얼음과 같이 현재 우리 기후에 대한 창을 제공한다.

4) 지식 공유와 역량 구축

WMO는 NMHS가 각 국가의 개발계획 수립에 기여할 수 있도록 지원하
며 전지구적인 협력에 있어서 이들이 파트너십을 형성할 수 있도록 돕는다.
WMO는 교육, 교육자재 제공 및 장학금 제공 등을 통해서 회원국의 인재
양성을 지원한다. WMO는 협력대학 및 훈련기관과의 네트워크와 더불어
30개 이상의 지역교육센터를 운영하고 있다. 또한 WMO는 기술이전뿐 아
니라 여러 지역에서 특수기관 설립과 개발을 장려하고 지원하고 있으며, 세
계 곳곳에 지역 사무소를 설립해, 회원국들의 지속가능한 발전을 효과적으
로 지원하고 있다.

5) 적용

기후, 기상 그리고 물은 농업, 어업, 에너지, 교통, 건강, 보험, 스포츠를
비롯한 관광 등 여러 사회·경제적인 부문에 영향을 미친다. 이런 이유에서
기상, 기후, 물과 해양에 대한 정보를 인간활동에 적용함을 장려하려는
WMO의 노력은 큰 의미를 가진다고 할 수 있다.

■ 재해 방지 및 저감

대략 90% 정도의 자연재해가 기후, 기상 및 물과 관련되어 있다. 자연재
해로 인해 발생하는 인명과 재산상 손해는 지속가능한 발전에 주된 장애일
뿐 아니라 전 세계 안전과 안보를 저해할 수도 있다. 다른 국제적·지역적·
국가기구와 더불어, WMO는 예보서비스와 조기경보시스템을 개선하려는
NMHS의 노력을 조정하며, 이는 열대성 태풍, 홍수, 가뭄, 폭서, 혹한 그리

고 산불과 같은 자연 재해로부터 생명과 재산을 보호할 수 있게 해준다. 공공안전 외에, 이러한 재해는 물과 식량 공급을 넘어 환경과 교통, 건강과 여러 다른 사회·경제적 분야에도 영향을 미친다.

그러므로 재해 위험 관리에 관한 정보의 통합과 경보시스템 개선이 강조되어진다. WMO는 2019년까지 기상·기후 및 물 관련 재해로 발생한 평균 사망률을 지난 1994년에서 2003년까지 10년 동안에 비해 절반으로 낮추는 것을 목표로 하고 있다.

■ 수자원 평가 및 관리

전지구의 담수 자원은 인구와 기후 스트레스로 인해 감소하고 그 질이 저하되고 있다. WMO는 수자원 평가를 장려하고 물 저장, 농업활동 및 도시개발을 계획할 때 필요한 예측을 제공한다. WMO는 물 관리에 있어서 통합된 다차원적인 접근방식을 지지한다.

■ 농업 및 식량 안보

농업 분야는 시기적절하고 정확한 기상, 기후 및 물 정보에 매우 의존적이다. WMO 회원국들이 생산하는 관측 값, 분석 및 예측 값들은 농업 공동체가 수확 및 파종 시기를 계획하고, 가축 및 작물 생산량을 늘리고, 병충해를 줄일 수 있게 한다. 규칙적인 지역기후예측포럼과 WMO의 훈련 및 조정 서비스와 자원은 다양한 서비스를 제공해, 농업 생산량과 지속가능성 개선을 통해 세계 식량 안보에 기여한다고 할 수 있다.

■ 공중 보건

회원국들을 통해서 WMO는 기후와 날씨 서비스를 공중 보건 공동체에 제공한다. 유행성 질병에 대한 조기 경보와 재난 방지 및 저감과 공기질 서비스는 모두 사람들의 건강과 안녕을 목표로 하고 있다. 일부 지역기후예측포럼은 아프리카 지역에서 현재 말라리아 감시와 경보시스템을 지원하고 있다. 열 관련 건강 권고 서비스는 폭서에 관한 조기 경보를 제공하기도 한다. 지역적, 국가적 또는 국제적 차원의 보건 분야 파트너와의 협력이 기후와 기상 정보의 효과적인 이용을 더 증진시킬 것이다.

■ 교통

항공 분야는 기상 상황에 대한 다양한 정보를 필요로 한다. 강수량, 바람, 소용돌이, 안개를 비롯한 여러 요인들이 매일 매일의 항공운영에 영향을 미친다. WMO는 안전하고, 정기적이며 효율적인 항공운영의 지원을 위해 효율적인 비용과 즉각 반응하는 기후서비스를 보장한다. 이처럼 WMO는 해양 및 육지 교통안전을 위한 서비스를 제공한다. 이러한 서비스는 먼 바다의 석유 및 천연가스 기반시설에 조기 경보를 제공해 에너지 안보와 교통을 지원하기도 한다.

■ 해양

시기적절한 해양 기후 및 해양 자료의 수집과 배분을 통해서 WMO는 해양 환경 보호와 해양 자원의 효율적인 관리를 장려한다. WMO는 회원국들이 국가 및 지역적으로 잘 조직화된 시스템을 수립해 열대성 태풍으로 인한 인명 및 재산 손실을 최소화할 수 있도록 지원한다. 또한 WMO는 기상 및 기후 관측과 분석을 통해 지속가능한 어업의 운영도 지원한다.

■ 에너지

기후, 기상 및 물 정보는 수력, 풍력, 태양 및 바이오 에너지와 같은 재생가능 에너지 자원이 이용되고 최적으로 개발되도록 돕는다. 이러한 정보는 또한 원자력이나 석탄 및 다른 형태의 에너지 발전과 같은 기존의 운영방식에도 도움이 된다. WMO는 에너지 개발자와 관리자들이 에너지 수요 변화와 지역 에너지시스템 개발과 환경 규제 순응에 따라 더 나은 계획을 세울 수 있도록 정보 교환을 용이하게 한다.

■ 사회·경제적 발전

다양한 활동을 통해서, WMO는 개발도상국이 자원을 관리하고 기후 변동성과 변화에 적응하고 재해를 예방할 수 있도록 지원한다. 제14차 세계기상총회는 2003년 5월 최빈국을 위한 WMO프로그램Programme for the Least Developed Countries을 수립했다. 이 프로그램은 이 국가들의 특수한 문제와 필요를 해결하고 NMHS의 역량을 개선해 사회·경제적인 발전에 효과적으로 기여하는 것을 목표로 한다. 2001년부터 2010년까지 지난 세기 동안 제3차 최빈국에 대한 UN회의United Nations Conference on the Least Developed Countries 에서 채택된 최빈국을 위한 행동프로그램Programme of Action for the Least Developed Countries과 같은 맥락에서 WMO의 프로그램은 다음의 다섯 가지 전략 분야를 포함하고 있다. 1) 인본주의적인 정책 기반 양성; 2) 생산 역량 강화; 3) 인간과 제도적인 역량 구축; 4) 환경 보존 및 취약성 저감; 5) 자원의 동원.

또한 해수면 상승과 기상재해 증가와 결부된 지속가능하지 않은 발전은 소도서 국가들을 완전히 파괴에 노출시킨다. 이러한 위험에 대비해 소도서 국가들을 보호하고, 지속가능한 경제를 구축하기 위해서, WMO는 회원국들 가운데 특히 31개의 소도서 개발 국가들이 "소도서 개발 국가들의 지속가능한 발전을 위한 행동프로그램의 심화 이행을 위한 모리셔스 전략2005 Mauritius Strategy for the Further Implementation of the Programme of Action for the Sustainable Development of Small Island Developing States"에 명시된 우선 사항들을 달성할 수 있도록 지원해 왔다. 특별지원이 이러한 소도서 개발도상국들의 NMHS의 개발과 현대화에 할당되었으며 특히 조기경보시스템 강화에 지원되었다.

이 국가들에서 NMHS의 역량을 증진해 WMO는 앞서 언급한 것처럼 개발도상국 가운데 특히 최빈국과 소도서 개발 국가들의 사회·경제적 발전과 빈곤 퇴치를 지원한다. 가장 취약한 공동체는 역량 구축을 통해 기후, 기상 및 물 환경을 모니터링하고 미래 상황에 대한 계획 능력을 키울 수 있다. 이와 같이 기후 정보에 대한 1달러 투자는 사회·경제적 발전 측면에서 10달러의 이익을 가져오는 것으로 밝혀져 있다. 이러한 활동은 특히 극심한 빈곤과 기아의 척결과 같은 2015년까지의 UN 새천년 개발 목표MDG의 달성에 기여할 것으로 기대된다.

185개 국가와 6개 지역에서의 WMO는 국가 기상 및 수문 서비스^{NMHS} 활동을 조정하여 기본적인 기상, 기후 및 물 서비스를 필요로 하는 사람 누구나 필요로 하는 시기에 이용가능하게 한다. 이러한 조정을 통해, 다양한 실시간 또는 비실시간 자료와 정보에 대한 전 세계의 접속을 달성할 수 있는 능력을 1950년에 갖추었고, 그 이래로 그 활동 범위와 신뢰도와 정확성을 지속적으로 개선해나가고 있다. 또한 WMO는 기상 및 수문, 그리고 그와 관련된 실제 적용에 있어서 연구와 교육을 장려하고 기상 및 기후 관련 위험 영향 저감에 기여하고 있다. 이외에도 기상관측 또는 기상학과 관련된 기타 지구물리학적 관측을 위한 관측망 구성에 있어서 필요한 범세계적 협력관계를 도모하고, 각국의 기상관측기관 설립 유도 및 신속한 기상관측 정보교환체제를 구성한다. 기상학을 항공, 항해, 치수, 농업 등 인간활동에 응용할 수 있도록 각국의 기상조사 및 훈련 촉진, 국가 간 협력관계 조정에 기여한다.[10]

IV. WMO의 향후 활동 방향

1. WMO전략계획

제네바에서 열린 제16차 세계기상총회^{World Meteorological Congress}에서는 WMO의 전략계획^{WMO Strategic Plan 2012~2015}이 승인되었다. 이 계획은 2015년 6월 제17차 총회 이전까지 2012년부터 2015년 동안 WMO의 의사결정의 기준으로 사용된다. 이 계획은 전지구적인 사회의 요구를 해결하기 위해 5가지 전략 취지를 설정하고 있다. 그리고 이 전략 취지의 달성에 따라 기대

---

10) WMO, "The World Meteorological Organization at a glance"(2009).

| 〈표 6〉 | | WMO전략계획 2012~2015의 구조 |

세 가지 전지구적 사회 요구	다섯 가지 전략 취지	여덟 가지 예상 결과
생명과 재산 보호 개선	서비스 질과 전달 개선	이용자 필요에 따라 양질의 기후, 기상 및 물과 관련 환경 예측 정보 및 경보를 제공하고 서비스 접근성을 개선하며 관련 사회 분야에서 이러한 정보가 의사결정에 이용될 수 있도록 한다.
		회원들의 역량을 개선해 기후, 기상 및 물과 관련 환경 요소에서 발생할 수 있는 잠재적인 위험 영향과 리스크를 저감한다.
빈곤 경감, 지속가 능한 삶과 경제 성 장과 시민의 사회적 안녕과 건강 증진	과학 연구 및 적용 향상과 기술의 이행과 발전	회원국들의 기후, 기상 및 물과 관련 환경에 대한 예측 정보 및 경보 제공 능력을 개선해 특정 재해 위험을 경감하고 기후 영향 및 적응 전략을 지원한다.
		회원들의 역량을 증진해 관련 환경 및 우주 기상 관측 값과 기상, 기후 및 물 관련 관측 값을 위해 통합된 지구와 우주에 기반을 둔 관측시스템에 접근할 수 있고, 이를 개발하고 이행 및 사용할 수 있도록 한다.
		회원들의 역량을 증진해, 기후, 기상 및 물과 관련 환경 과학 및 기술 발전을 위한 전지구적인 연구에 기여하고 또 그 결과 이익을 얻을 수 있도록 한다.
	역량 구축 및 강화	특히 개도국 및 저개발국가에서 국가기상서비스(NMHS) 역량을 개선해 각 국가가 그 권한을 이행할 수 있도록 한다.
자연 자원의 지속가능한 이용과 환경 질 개선	파트너십과 협동의 개선 및 구축	UN시스템과 관련 국제협약 및 국가 전력 이슈에 있어서 WMO의 기여 가치를 높이고 NMHS의 성능을 개선하기 위해 파트너십과 협력 활동을 강화한다.
	좋은 거버넌스 강화	효과적이고 효율적인 WMO

자료: WMO(2011)

가능한 8가지 결과를 〈표 6〉과 같이 제시하고 있다.

이 전략계획은 회계 기간인 2012년에서 2015년 동안에 초점을 맞추고 있지만 WMO가 직면하고 있는 장기적인 사회, 경제, 기술적인 문제들 또한 고려하고 있다. 이 전략계획은 WMO 운영계획과 WMO의 예산과 성과 모니터링 및 평가 활동의 기준이 된다. WMO 전략계획에서 5가지 분야가 성과를 내는 데 기여를 할 것으로 기대된다.

1) 전지구기후서비스체제Global Framework for Climate Services: GFCS
2) 항공기후서비스
3) 개발도상국 및 최빈국의 역량 구축
4) WMO 통합 전지구관측시스템과 WMO 정보시스템의 이행
5) 재해 위험 경감

2. 전지구 기후서비스체계

전지구 기후서비스체계는 WMO의 주된 이니셔티브로, 제3차 세계기후회의에서 각국의 수장들이 과학적 근거를 기반으로 한 "기후예측 및 서비스의 생산, 이용가능성, 전달과 적용을 강화하기 위해" 이 체계를 설립하기로 결정했다. 이 체계는 앞서 언급한 8가지 예상되는 결과 중 대부분을 달성하는 데 기여하고, 또 반대로 여기서 이익을 얻을 것이다.

관측과 기후 연구 및 모델링 예측 외에, 기후서비스 정보시스템과 기후 사용자 인터페이스프로그램Climate User Interface Programme을 포함해 이 체계가 구성된다. 세계기후프로그램WCP을 통해 수년 동안 회원국과 각국의 NMHS가 개발한 시스템과 진보가 GFCS 개발의 근간이 될 것이다.

기후 정보와 예측 값에 대한 이용은 매우 빠르게 성장하고 있지만 여전히 70개 개발도상국들은 그들이 필요로 하는 재원과 전문지식이 부족한 실정이다. GFCS는 이러한 국가들을 지원해 기후서비스를 개발하고 이용할 수 있도록 하는 것을 목표로 한다. 또한 이 체계는 국제적 협력을 강화시키고,

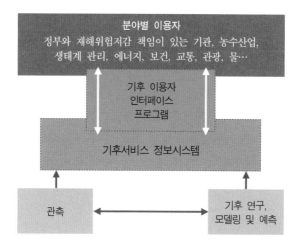

〈그림 5〉 전지구 기후서비스체계의 구성 요소

자료: WMO(2011)

재원과 전문지식을 한데 모으는 역할을 수행할 뿐 아니라 모범 사례에 대한 정보 공유를 지원한다.

GFCS는 후원국과 파트너 기관들로부터의 지원을 조직화해서 전 세계의 기후서비스 이용을 개선하고 있다. 최근에는 아프리카 지역에서의 기후서비스 적응프로그램과 아이티, 캐리비안과 아시아 지역에서의 프로젝트와 여러 차례 국가 및 지역 차원의 협의를 수행하기도 했다.

GFCS는 UN 전체에 해당하는 이니셔티브로 WMO 회원국과 정부간, 비정부, 지역 및 국가 그리고 지방 이해관계자들이 파트너십으로 참여해 기후서비스를 개발하게 된다. 이 이니셔티브는 개발도상국뿐만 아니라 선진국의 강력한 지지를 받고 있다.

V. 기후변화에 관한 정부간협의체의 역할과 기능

기후변화에 관한 정부간협의체[IPCC]는 1988년 세계기상기구와 유엔환경계획[UNEP]이 공동으로 기후변화에 대한 현재 밝혀진 내용과 기후변화로 인한 잠재적인 환경 및 사회경제 전반에 걸친 영향에 대해 명확한 과학적인 견해를 제공하기 위해 설립되었다. IPCC는 UN 산하의 과학적인 기구로 기후변화와 관련된 전 세계에서 발표된 최신 과학, 기술 및 사회·경제적인 정보를 검토하고 평가한다. 그러나 IPCC는 자체적으로 연구 사업을 수행하거나 기후 관련 자료와 변수들을 모니터링하지는 않는다.

전 세계 수천 명의 과학자들이 자발적으로 IPCC의 업무에 기여하고 있으며, 검토가 IPCC의 업무 중 가장 중요한 부분으로 이는 현재 상황에 대한 정보를 객관적이고 광범위하게 평가하는 작업이다. 이 과정에서 IPCC는 광범위한 견해와 전문지식을 반영하려고 노력한다. 사무국은 IPCC의 모든 작

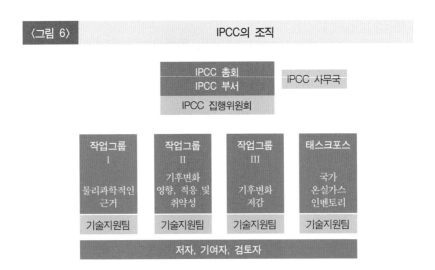

〈그림 6〉 IPCC의 조직

자료: IPCC(n.d.)

업을 조정하고 이와 관련해 정부들과 협력한다.

　명칭에서도 알 수 있듯이 IPCC는 정부간조직으로 UN과 WMO의 모든 회원국에 열려 있다. 현재 IPCC의 가입국은 우리나라를 포함해 195개국으로 구성되어 있다. 과학자 외에도 정부 또한 검토 과정과 총회 세션Plenary Session에 참석한다. 이 총회에서는 IPCC의 프로그램에 관한 주요 결정과 IPCC보고서가 수용, 채택, 승인된다.

　IPCC는 전 세계 수천 명의 과학자들이 참여하지만 조직 규모로는 작은 기구이다. 이 과학자들은 IPCC 평가보고서 작성에 있어서 저자, 참여자 또는 검토자로 참여하나 이를 대가로 돈을 지불받지 않는다.

　현재 IPCC는 3개의 작업그룹Working Group과 1개의 태스크포스Task Force로 구성되어 있으며, 이들 하위 그룹들은 기술지원팀Technical Support Unit이라고 불리는 조직의 지원을 받아 활동한다. 작업그룹 I은 "기후변화의 물리과학적 근거," 작업그룹 II는 "기후변화 영향, 적응 및 취약성," 작업그룹 III은 "기후변화 저감"을 담당하며 국가 온실가스 인벤토리에 대한 태스크포스는 국가 온실가스 배출량 및 제거의 계산 및 보고 방법론을 개발하고 정교화하는 작업을 수행한다. IPCC는 모든 회원국의 정부 대표자들이 모이는 총회 세션에 매년 회의를 갖는데, 이 회의에서는 IPCC 조직의 의장선출과, IPCC의 작업계획 및 예산, IPCC보고서의 범위 및 개요와 보고서의 승인, 채택 수용 여부 등이 논의된다.

VI. 태풍위원회의 역할과 기능

　태풍위원회Typhoon Committee: TC는 UN 아시아태평양경제사회위원회Economic and Social Commission for Asia and the Pacific: ESCAP와 WMO가 공동으로 1968년 설립한 기구로 관할 지역의 태풍피해 저감을 위해 국가 간 공동 노

력을 목표로 한다. 이 위원회는 태풍피해 방지를 위한 각 회원국의 노력을 정기적으로 검토하고, 기상 및 수문시설의 개선을 위한 협력과 재해예방과 공동대처 방안을 연구하고, 태풍 예보 및 경보와 홍수 시 수문 및 통제 분야에 대한 훈련과 연구 협력을 수행한다. ESCAP이 위원회 운영의 전반을 책임지고 있으며, WMO는 기상과 관련된 기술적인 부분을 담당한다.

아시아 태평양 지역 중 태풍의 영향을 받는 14개 국가[11]가 회원국으로 가입되어 있으며, 1968년에 가입하였다. 2005년 제38차 총회 이후, 태풍으로 인한 피해의 심각성과 기상이변으로 인한 대규모 피해 빈도 증가로, 태풍위원회는 기존 기상과 수문에 관한 두 개의 실무분과와 자문분과Advisory Working Group: AWG, 태풍연구기획분과Typhoon Research Coordination Group: TRCG 외에 방재분과Working Group on Disaster Prevention and Preparedness: WGDPP를 조직했고, 우리나라가 이 분과의 초대 의장국이 되었다.

〈표 7〉	태풍위원회 전략계획의 주요 성과 분야
KRA 1	태풍 관련 재해로 인한 생명 손실의 감소
KRA 2	태풍 관련 사회 및 경제 영향을 최소화
KRA 3	삶의 질 개선을 위한 태풍의 좋은 영향 개선
KRA 4	다양한 분야에서 태풍 관련 재해 위험 관리 개선
KRA 5	태풍 관련 재해에 대한 지역사회의 복원력(resilience) 강화
KRA 6	태풍 관련 위협에 관한 정확하고, 시기적절하고, 이해하기 쉬운 정보 생산 및 제공할 능력 함양
KRA 7	태풍위원회의 효과성, 효율성 및 내부 협력을 증진

자료: Typhoon Committee(2012)

---

11) 14개 회원국과 가입연도는 다음과 같다. 대한민국(1968), 라오스(1968), 말레이시아(1968), 베트남(1968), 일본(1968), 중국(1968), 캄보디아(1968), 태국(1968), 필리핀(1968), 홍콩(1968), 마카오(1992), 북한(1992), 싱가포르(1997), 미국(1998).

태풍위원회의 전략계획 Strategic Plan 2012~2016 에 따르면, 태풍위원회는 2012 년에서 2016년까지 5년 동안 중점적인 행동 목표를 7가지로 제시하고 있다. 이를 주요 성과 분야 Key Results Areas: KRA 라고 하는데 태풍위원회가 특별히 관심을 가지는 우선 활동 분야이다. KRA 중 목표가 수치화되어 있는 내용을 좀 더 자세히 살펴보면, 위원회 회원국 간의 협력을 증진해 과거 2006년에서 2015년 기간 동안 태풍 관련 재해로 인한 사망자 수를 과거 1990년에서 1999년 동안의 사망자 대비 절반으로 줄이는 것을 목표로 하고 있다 (KRA 1). 또한 태풍 관련 사회 및 경제 영향을 2015년까지 10년 동안 일인 당 GDP의 20%까지 줄이는 것을 목표로 한다(KRA 2).

5년의 계획 기간 동안 매년 자문분과 Advisory Working Group: AWG 와 위원회 당사국 Typhoon Committee Secretariat 은 연간 운영계획을 작성하게 되며, 5개의 연간 운영계획 달성을 통해서 위원회와 회원국들은 KRA전략 목표와 활동들을 모두 달성하게 된다. 태풍위원회는 프로그램의 이행과 관련해 1987년에 수립된 태풍위원회신탁기금 Typhoon Committee Trust Fund 에서 재정적 지원을 받고 있는데, 이 기금은 매년 각 회원국이 $12,000씩 기여해 누적되어 운용된다. 자문분과가 연간운영계획의 항목별 예산 계획과 이전 연도의 성과를 제출하고, 태풍위원회는 예산을 승인해준다.

태풍위원회 외에 회원국의 활동을 살펴보면, 미국의 경우 국립허리케인센터를 기상청 산하에 운영하고 있다. 이 센터는 독특하게도 플로리다, 마이애미에 위치한 플로리다 국제대학의 환경예측 국가센터 National Centers for Environmental Protection 의 부속기관이기도 하다. 이 센터의 기능은 우리나라의 국가태풍센터와 유사하다. 이 기구의 목표는 위험한 열대성 기상 상태의 분석, 예측, 경보 및 감시와 관련 위험에 대한 이해를 증진시켜 경제적 효율성을 개선하고, 재산상의 손실을 줄이고 생명을 구하는 것을 목표로 한다. 사이클론 예측 및 해양 기상 예측을 비롯해 예측 정확성 개선을 위한 실험 및 연구를 수행하기도 하고, 다양한 교육 및 홍보프로그램을 운영하고 있다. 흥미로운 점은 대중에게 허리케인과 관련된 대비 및 준비와 관련된 정보를 제공하기 위해, 오디오를 통한 약식보고서를 제공한다는 점이다(National

Hurricane Center, n.d).

마이애미에 위치한 국립허리케인센터 외에 하와이에 위치한 중앙 태평양 허리케인센터Central Pacific Hurricane Center 또한 기상청 호놀룰루 삼림사무소 산하에서 운영되고 있다. 이 CPHC는 경도 140도에서 국제날짜변경선 범위에서 열대성 사이클론을 감시하고 이에 대한 경보, 주의, 권고 등을 발행하고 있다. 통상적으로 태평양 지역에서 허리케인은 6월 1일부터 11월 30일 사이 기간에 발생하지만, 열대성 사이클론의 경우 기간과 관계없이 연중 발생할 수 있다. 이런 사이클론이 발생하면, 기상청 삼림사무소는 동태평양에서 중앙태평양 지역으로 열대성 사이클론이 움직이는 중앙태평양에서 사이클론이 발생하는 시기에 CPHC를 작동한다.

이외에도 스톰예측센터Storm Prediction Center가 기상청과 환경예측국가센터의 부속기구로 운영되고 있다. SPC는 뇌우와 토네이도를 비롯한 겨울철 폭설이나 산불과 같은 상황도 모니터한다. 감시 및 예측 외에 SPC는 기상재해에 관한 연구를 수행하고, 기술보고서를 작성하고 이와 관련된 교육 자재를 개발하고, 지역 및 전국적으로 세미나 또는 프레젠테이션을 하기도 한다.

이외에 미국 기상청은 홍콩관측소의 도움을 통해 일반대중의 기상재해에 대한 인식을 확대하기 위해 태풍위원회의 회원국들에 지역사회 기후정보 네트워크Community Weather Information Network를 확산사업의 일환으로 괌Guam의 Inarajan중학교에 자동 기후관측소를 설치했다. 이 결과 Inarajan중학교 학생들은 기후자료를 수집할 수 있는 자재를 가지고서 기후와 기상과 관련된 지식에 더 관심을 갖게 될 것으로 기대되고 있다. 태풍위원회의 재해위험경감에 대한 작업기구Working Group on Disaster Risk Reduction는 홍콩관측소와 함께 이러한 지역사회 기후정보네트워크프로그램을 다른 나라로 확대하기 위해 노력해왔다. 이 사업은 주로 학교를 비롯한 다른 기관들에 자동 기후관측소를 설립해주고 이를 이용해 기상 교육을 장려하고 대중에게 광범위한 기상정보를 제공하는 것을 목표로 한다.[12]

---

12) Pacific News Center, "2012 Guam DOE: Community Weather Information

VII. 기상 관련 국제기구와 기상청의 역할과 기능

1. 한국 기상청의 역사

우리나라의 근대기상관측은 1904년부터 일본 중앙기상대의 임시관측소 형태로 시작되었으며, 강수량을 포함한 기상요소를 관측 및 기록하고 이를 바탕으로 정기적인 자료집 발간이 시작되었다. 1949년 문교부 소속하에 인천에 국립중앙관상대가 발족되어, 14개 측후소와 2개의 출장소가 설치되어 기상 관련 업무가 수행되었다. 1956년에는 세계기상기구에 회원국으로 가입하였다. 1969년부터 기상레이더 관측을 시작했고, 1978년에는 기상연구소를 신설하였다. 1981년에는 그 명칭이 중앙기상대로 명칭이 바뀌었으며, 1989년에는 남극세종기지에서 기상관측을 시작하였다.

1990년에는 UN의 국제자연재해경감 10개년 계획을 시발점으로 기상재해 예방 및 기상 서비스에 대한 수요가 늘어나면서 기상의 중요성이 강조되는 상황에서 기상청으로 승격되었고, 1999년에는 슈퍼컴퓨터가 도입되어 기상 예측이 좀 더 정밀해졌다. 2007년에는 세계기상기구의 집행이사국으로 선출되었고, 2009년에는 WMO 장기예보선도센터를 유치하고, 2012년에는 전지구정보시스템센터를 서울에 유치하였다.

2. 한국 기상청의 역할과 기능

기상청은 대기를 관측 및 예보하며, 기상과 기후에 관한 정보를 수집 및 생산하며 이를 바탕으로 연구를 실시해, 기상재해로부터 국민의 생명과 재산을 보호하는 국가기상업무를 관장하는 기관이다. 기상청은 본청, 국립기

Network Being Established at Inarajan Middle School."

상연구소와 부산, 광주, 대전, 강원, 제주의 5개 지방기상청과 45개 기상대, 국가기상위성센터, 기상레이더센터, 항공기상청으로 조직되어 있다. 현재 총 1,311명의 인력으로 구성되며 이 중 약 87%에 해당하는 1,139명이 기술직과 연구직으로 근무하고 있다.

기상청의 업무는 크게 관측과 예보 두 가지로 나누어 볼 수 있는데 각각 은 다음과 같다. 기상청은 지상과, 레윈존데rawinsonde13)를 이용해 고층기상에서 활주로 사거리계를 이용해 공항과, 기상위성을 이용해 지구 밖, 기상레이더를 이용해 산 정상, 해상기상부와 기상관측선을 이용해 해양에서 다양한 기상정보를 관측한다. 이외에도 우리나라는 최근 중국의 사막화로 인한 황사 문제로 인해, 중국 내륙에 총 15개소의 한·중 공동 관측망과 몽골과 중국에 각각 2개와 1개의 황사 감시 기상탑 구축해 실시간으로 황사를 감시하고 있다.

이렇게 관측된 국내 기상관측자료들은 기상청의 중앙서버에 수집되어 세계기상기구 회원국과 실시간으로 공유된다. 슈퍼컴퓨터는 입력된 자료를 바탕으로 수치모델 결과를 제공하고 이를 바탕으로 예보관이 기상상황을 파악하고 이를 분석해 전국 예보관들과 영상회의를 통해 전달내용을 만들어긴다. 예보는 그 예보기간에 따라서 1시간 간격으로 기상상황을 알려주는 초단기 예보부터, 일 년에 한 번 혹은 계절과 관련하여 4번 발표되는 기후전망이 있다. 이외에도 기상청은 기후변화 예측시나리오를 작성하는데 이는 기후변화에 대한 적응 대책 수립의 근간이 된다.14)

---

13) 온도, 습도 센서를 장착한 기기를 헬륨이나 수소를 채운 풍선에 매달아 올려보내, 거기에서 수신된 측정 신호를 컴퓨터로 분석하는 라디오존데 측정 방법의 하나. 측정 데이터의 전송에 1,680메가헤르츠(MHz)대의 주파수를 사용하는 것으로, 자동 추적기인 라디오데오돌라이트(Radiotheodolite)를 사용한다. 기압 센서가 비교적 정확하고 악천후에도 관측이 가능하다. 측정 고도는 약 30km까지이다.

14) 기상청, 『2013 기후연감』(2014d).

VIII. 한국 기상청과 WMO의 협력 및 파트너십 강화를 위한 제언

1. 과거 한국 기상청의 국제 협력

1) WMO와의 협력

한국은 1956년에 68번째 회원국에 가입한 이후로, 1963년 제4차 총회부터 참석을 시작하였고, 아시아지역협의회에는 1959년부터 참석하였고 80년대에 들면서부터 기술위원회에 참석하였다. 1980년대에 들어서는 경제발전에 힘입어, WMO의 중요 회의에 보다 적극적으로 참여하고, WMO의 주요 활동 동향을 파악하고 주요 사업에도 참여하기 시작했다.[15]

2000년대에 들어서 우리 기상청은 기술 수혜국에서 벗어나 개발도상국을 지원하기 시작했다. 또한 2000년도와 2006년에는 제12차 WMO 아시아지역협의회와 WMO 기본체계위원회 Commission for Basic Systems: CBS 특별 총회를 서울에서 개최해, 우리나라 기상청의 기술 수준과 인력의 우수성을 세계에 알리는 역할을 하기도 했다. 이 결과 2007년 WMO 총회에서 우리나라는 가입 51년 만에 집행이사국이 될 수 있었고, 2011년 선거에서 또다시 집행이사국이 되었다.[16]

또한 2012년에는 세계에서 독일, 중국, 일본, 영국, 프랑스에 이어 6번째로 전지구정보시스템센터 Global Information System Center: GISC를 유치하는 성과를 거두기도 했다. 이 시스템은 WMO 회원국 간의 자료 공유와 전달을 위한 자료교환허브센터이다. 이전에는 전지구통신시스템을 근간으로 WMO의 정보와 자료가 분배되어졌는데, 이 자료는 세계기상센터에서 지역허브센터로 그 다음에 국가센터로 전달되어져, 상위 레벨일수록 많은 정보에 접근하

---

15) 문만용, 『WMO를 통한 기상협력』(2007).
16) 이일수, "기상청과 WMO의 관계," 『하늘사랑』(2009.03).

고 정책결정에 참여할 수 있었지만, 우리나라의 경우 국가센터로 자료를 받기 위해 중국, 일본 등의 협조가 필수적이었다. 그러나 GISC의 유치를 통해, 기존 GTS 체계에서 최상위 레벨에서만 획득할 수 있었던 수준의 정보를 우리나라가 확보할 수 있게 되었고, 새로운 세계기상자료 교환 패러다임인 전지구기후서비스체계GFCS에서 중심 역할을 수행할 수 있게 되었다.

이외에도 우리나라는 WMO의 장기예보 선도센터로 지정되었는데, 이는 전지구기후예측자료를 표준화하고 새로운 예측기법을 개발해 다양한 자료를 WMO 회원국에 정기적으로 제공하는 업무를 수행한다. 우리나라 기상청은 세계기상기구 지구대기 감시프로그램의 육불화황 세계표준센터로 지

Q. 육불화황(SF_6)이란?

A. 육불화황(SF_6)이란 무색, 무취, 불연성의 가스로 화학적으로 매우 안정된 상태의 불활성가스이다. 육불화황은 열적 안정성이 매우 뛰어나 약 500℃까지 분해되지 않는 특성을 가지고 있다. 또한 온실효과를 발생시키는 가장 큰 역할을 하여 기후변화에 큰 영향을 미치는 것으로 알려졌다. 이산화탄소의 온실효과를 1로 할 때, 육불화황의 온실효과는 23,900이고 일반적으로 육불화황은 반도체 제조 공정에서 발생한다.

기체별 지구온난화지수

온실가스	지구온난화지수
이산화탄소(CO_2)	1
메탄(CH_4)	21
이산화질소(N_2O)	310
수소불화탄소(HFCs)	140~11,700
과불화탄소(PFCs)	6,500~9,200
육불화황(SF_6)	23,900

정되어, 육불화황의 국제비교실험을 주관하고, 관측 자료의 품질관리 절차
를 개발해 세계 21개 육불화황 관측소에 교육 및 훈련을 제공하고, 표준가
스를 제공 및 보급하는 일도 수행하고 있다.

WMO에 대한 우리나라의 의무 분담률은 2013년 2.23%로 전체 회원 가
운데 11위에 해당한다. 2013년 지원 금액은 1,455,075 스위스 프랑이었다.
이 의무 분담금 외에도 우리나라는 WMO 자발적 협력프로그램($30,000),
WMO 항공기관측데이터중계프로그램($1,000), 기후서비스체계($132,743)
등 다양한 프로그램과 활동을 위해 신용기금에 기여하였다.[17] 이외에도 개
발도상국의 기상관측 및 예보지원 시연사업에 참여하는 한편, 개도국 지원
을 목적으로 수행되는 자발적 협력프로그램Voluntary Cooperation Program: VCP

〈표 8〉	기상청 참여 WMO 개도국 지원 사업			
사업명	대상국	시행기간	사업내용	
동아프리카 기후예측센터(RCC) 구축 지원을 위한 컴퓨터 클러스터 설치	케냐(ICPAC)	'09~'12.2	ICPAC 기후예측센터 RCC구축 지원을 위한 PC 클러스터 및 메인 홈페이지 제공, 관련 기술교육 실시	
WMO RA Ⅱ 도시상세수치예보 지원 사업	아시아 18개국 238개 도시	'06~현재	수치예보자료 무상지원 (인터넷 망 활용)	
WMO 동남아시아 재해기상 시연 사업	베트남, 태국, 캄보디아, 라오스	'11~현재	기상서비스 향상을 통한 재해예방 (수처리지원 + 교육지원)	
WMO 세계기상정보센터 구축 지원 사업	우즈베키스탄	'13	WIS(WMO Information System)센터(DCPC 타슈켄트) 구축 지원	

자료: 해외사업 매뉴얼(기상청, 2013)

---

17) 기상청, 『기상청과 친해지기』(2014b).

에도 참여하고 있다.

2) 태풍위원회의 협력

우리나라의 국립재난안전연구원은 주요 의장국으로서 회원국 정부기관의 재난관리 담당관을 대상으로 방재기술 및 제도교육Expert Mission을 실시18)하고 있다. 우리나라 기상청은 태풍위원회 총회에 참석하는 것 외에 제23회 (1990), 제32회(1999), 제43회(2011) 총회를 우리나라에서 개최하였으며 또한 2008년에는 국가태풍센터를 설립하고, 태풍에 관한 정보교류, 국제공동연구 및 개도국 지원 등 국제 활동에 참여하고 있다. 예를 들어, 태풍센터는 2009년 태풍위원회 태풍연구기획분과TRCG 워크숍을 개최해, TC 회원국들과의 교류협력을 강화하기도 하였다.

태풍위원회의 방재분과에서 수행하고 있는 주요 역할은 7가지로 요약할 수 있다. 다음은 태풍위원회 방재분과의 주요 역할을 서술한 것이다.

〈표 9〉	태풍위원회 방재분과의 주요 역할

- 태풍위원회 방재분과의 우선 현안 규명과 협력방안 모색
- 사례 공유와 역량 강화 촉구
- 회원국의 역량 강화를 위한 태풍위원회의 활동 및 프로그램 이행
- 태풍위원회 방재분과 관련 활동을 위한 인적 자원 및 재원 확보
- 복합위험에 대한 조기경보시스템 및 대중 인식 제고 프로그램 개발
- 방재분과의 전략계획 수립 이행상황 보고
- 회원국 간의 공동연구 추진

자료: 기상청(web.kma.go.kr)

---

18) 지난 전문가 교육(Expert Mission) 수행 내용은 다음과 같다. 베트남 교육·훈련 (2008, 2009), 태국 전문가 교육(2011), 라오스 전문가 교육(2011), 캄보디아 기상청 전문가 교육(2011), 필리핀 기상청 전문가 교육(2012), 괌 기상청 전문가 교육(2012), 말레이시아 국가안보위원회 전문가 교육(2012)(국립재난안전연구원, n.d.).

3) IPCC와의 협력

IPCC는 1988년 WMO와 UNEP가 공동으로 기후변화 문제에 대처하기 위해서 설립한 기구로, 195개국이 참여하고 있다. IPCC를 통해 전 세계 과학자가 참여해 기후변화 추세 및 원인을 규명하고 기후변화로 인한 생태계를 비롯한 사회·경제적인 영향 평가를 수행하고 있다.

기상청은 IPCC 주관 부처로 국가 간 연락업무를 수행하고 있으며, 1995년 총회부터 매년 정부대표단을 구성해 참석하고 있다. 2008년 총회에서는 이회성 박사가 부의장으로 선출되어 IPCC 부의장국이 되었으며,[19] 2010년에는 제32회 IPCC 총회를 부산에서 개최하였고, 제33차 총회에서는 부의장이 집행이사로 선출되어 집행이사국이 되어, IPCC 주요 의사결정에 참여하고 있다.[20]

2. 기상청의 국제 협력 및 파트너십 강화 방안

WMO는 우리 생활의 근간이 되는 환경의 주된 요소인, 대기와 물, 기상과 기후와 관련된 과학적인 문제에서부터 사회·경제적인 문제까지 광범위한 영역의 이슈들을 발굴해 왔다. 또한 이 문제 해결에 도움이 될 수 있는 정보를 생산하고 이러한 정보가 적절하게 공유되고 확산될 수 있도록 하는, 기술 및 교육 인프라를 제공하고 국제적인 협력을 도모하는 등 매우 광범위한 영역에서 활동하고 있다.

WMO 외에도 IPCC 또한 기후변화의 추세 및 원인규명과, 영향평가와 대응책 마련 등에 국제적인 협력을 이끌어 왔으며, 태풍위원회는 태풍 영향권 내에 있는 지역 국가들의 태풍으로 인한 피해 저감을 위해 함께 노력하

---

19) IPCC, "Structure: How does the IPCC work," http://www.ipcc.ch/organization/organization_structure.shtml#(검색일: 2015.2.22).

20) 기상청, "국제협력업무: 다자간기상협력," http://web.kma.go.kr/aboutkma/biz/cooper02.jsp(검색일: 2015.2.25).

고 있다. 이러한 국제적인 혹은 지역적인 기후 관련 노력에서 기상청은 주
도적인 역할을 수행하고 있는 것으로 나타났다.

기후시스템에 있어서 국제협력에 대한 중요성 인식에 있어 WMO나 IPCC
그리고 태풍위원회는 국제사회가 기후시스템에 대한 국제협력의 중요성을
인식하면서부터 시작되었다. 기후변화로 인한 영향이 점점 뚜렷해지고 있
고, 온실가스 저감을 위한 보다 강력한 국제적인 공동 노력에 대한 합의가
요원해지면서, 기후변화 적응에 대한 노력의 필요성이 대두되고 있다. 특히
긴밀히 연계된 기후 및 수문시스템의 특성상 국제협력의 필요성이 강조되고
있는 실정이다. 이러한 상황에서 국제 협력 및 파트너십 확대 및 강화를
위해 기상청의 역할을 다음과 같이 제언하고자 한다.

1) 세계기상기구 및 유관 기관의 위원회 적극 참여로 국가 위상 제고

이미 한국은 8개 위원회 중 2개 분야인 농업기상위원회에서 의장으로 활
동하고 대기과학위원회에서는 부의장으로 활동 중이다. 이런 점을 고려할
때 이러한 위원회의 의사결정에 참여할 수 있도록 한다면 전 세계적으로
한국의 기상 능력과 리더십을 발휘할 수 있을 것이다. 그러므로 정부와 민
간 차원에서 다각적인 외교노력과 함께 연구의 확충이 필요하다고 본다.

2) 인재 파견을 통한 국제기구와의 협력 증진

IPCC와 TC, WMO 등의 국제기구에 젊은 인력을 파견하여 이를 토대로
국제협력을 도모할 필요가 있다. 현재 기상청에는 국제협력 분야에 11명의
직원만이 근무하고 있다. 추가적으로 이들 조직에 한국 직원을 배치·파견
하여 보다 활발히 업무 공조를 이행하여야 한다. 이런 노력은 한국의 국제
협력업무 파악의 용이성과 함께 진출 인력의 확보가 유리하다는 점에서 조
직적인 지원이 필요하다.

그런 의미에서 기상 관련 전문 인력을 확충하면서 유엔이나 국제기구, 태
풍위원회로의 파견 등과 연계하여 다양한 지역전문가를 양성할 수 있는 기
상 특성화대학원을 위한 융합적인 접근으로의 육성이 필요하다고 본다.

3) 국내 전문인력 양성

현재 한국에는 10여 개 이상의 기후변화특성화대학원이 있다. 그러나 기후변화특성화대학원 현황을 살펴보면, 기후와 수문학적인 연구를 중점으로 하는 학과를 찾아볼 수 없었다. 고려대학교 기후환경학과가 환경기상학 기후변화환경평가 및 모델링, 기후변화원격탐사, 전지구환경변화 과목을 운영하고 있지만 기후 및 수문 영향 평가 및 적응대책에 관한 과목이 적어, 그 전문성의 수준은 그리 높지 않을 것으로 생각된다. 기상청과 대학이 연계해, 기후 및 수문 영향평가 및 적응대책에 관한 커리큘럼을 만들어 집중과정을 제공하고 이에 대한 인증서를 제공하는 등의 프로그램을 구축 및 운영한다면 향후 기후변화 예측이나 영향 평가에 있어서 인재 양성에 큰 도움이 될 것으로 기대된다.

4) 기후변화 적응 관련 협력 확대

현재 WMO는 전지구기후서비스체계프로그램을 강조하고 있으며, 이니셔티브는 농업 및 식량 안보 확보, 재해 위험 경감, 건강과 물에 우선순위를 두고 있다. 이 이슈들은 기후변화적응과 관련된 것이다. 즉, 기후변화에 대한 관측도 중요한 이슈지만, 이제는 영향과 그 적응에 대한 관심이 WMO 내에서도 매우 높아졌음을 의미한다.

WMO와의 협력에 있어서 기상청은 이러한 우선순위를 고려해 사업을 결정하여 계획해야 할 것이다. WMO의 사업에 기부금을 지원하는 것을 넘어, 특히 개발도상국이나 최빈국 기후변화 관측 및 적응대책과 관련하여 우리 기상청의 전문지식과 노하우를 활용하여 교육 및 훈련 사업에 적극적으로 참여할 필요가 있다.

5) 미세먼지와 황사 등 중국과의 국제협력

기후변화로 인해 중국 사막화현상이 가속화되고 있으며, 이 결과 황사가 우리나라에 미치는 영향 또한 심화되고 있다. 이를 해결하기 위한 사막화 방지를 위한 협약이 채택되었지만, 큰 효과를 보지 못한 채 중국의 사막화와 황사 심화로 인한 영향이 가속화되고 있는 상황이다. 이에 대비해 기상청은 중국 내륙에 한·중 공동 관측망과 황사 감시 기상탑을 구축해 황사 감시시스템을 운영 중이다. 기상청의 대응은 현재 관측 및 예·경보시스템에 머물러 있으나 사막화로 인한 황사에 대한 장기적인 예측을 위한 한·중 공동 연구 및 대응책 마련을 위한 기반조성이 필요하다.

📖 선도적 농림기상 국제협력을 통한 농업과 식량안보 분야 전지구기후 서비스체계 구축 전략 ― 이병열, 페데리카 로씨, 레이몬드 모타, 로버트 스테판스키

세계기상기구를 중심으로 전지구기후서비스체계 구축을 위한 회원국 간의 국제공조를 향후 10년간 이행하기 위한 노력과 전략에 대한 것을 농림 분야로 특정하여 소개하고 있다.

📖 한국 기후변화평가보고서 ― 환경부, 기상청

한국 기후변화평가보고서에는 한반도를 대상으로 2014년까지 발표된 한 2,500여 편의 논문과 보고서를 분석하여 기후변화의 영향과 전망을 수록하였다. 이 보고서는 분야별 전문가 155명이 참여하여 기후변화의 과학적 근거와 영향, 적응에 관한 내용으로 구성하였다.

📖 The Global Climate 2001-2010, A Decade of Climate Extremes ― WMO

세계기상기구가 발표한 보고서에서는 세계 및 지역별 기온 변화와 강수량 추이를 분석한 결과를 담고 있다. 이 보고서는 2001년부터 2010년까지 최근 10년간 세계는 빠르게 더워지고 있으며, 유례없는 극한 기후현상을 겪고 있다고 결론내리고 있다.

제 **3** 장

국제해사기구(IMO):
지속가능한 해운 추구

박창희

I   서론

II   기구 성립의 배경 및 발전과정

III   기구의 구성 및 주요 기능

IV   기구 내 주요 쟁점

V   한국의 대응전략

VI   결론

I. 서론

21세기 해양의 시대를 맞고 있다. 해양은 머핸^{Alfred T. Mahan}이 언급한대로
"바다의 고속도로^{sea highway}"로서 해운을 제공하고 국제교역을 가능케 하는
주요한 통로이다.[1] 해양에서의 활동은 그 특성상 한 국가의 영역에 머무는
것이 아니라 대양을 가로질러 전 세계를 무대로 하는 만큼 해양은 '글로벌
공역^{global common}'으로서 국제사회가 공동으로 관리해야 할 영역이다.

국가들의 해양사용이 증가함에 따라 해운에서 발생할 수 있는 모든 문제
를 다룰 국제기구의 필요성이 이미 오래전부터 제기되었다. 국제해사를 다
룰 수 있는 기구가 처음 논의되기 시작한 것은 제2차 세계대전이 끝난 직후
로 과거 식민지 강대국들이 여전히 부와 무역을 장악하고 있던 시기였다.
당시 강대국들은 선박건조, 안전, 그리고 인력운용 등에서 각자 자국의 기준
을 만들어 적용하고 있었으며, 이는 범세계적으로 해운활동의 안전을 유지
하는데 바람직하지 않은 상황을 조성하고 있었다. 특히, 일부 국가들은 안전
보다 이윤을 중시하여 선박건조 및 운용 과정에서 안전 분야에 대한 투자를

---

1) Alfred T. Mahan, *The Influence of Sea Power Upon History, 1660-1783* (Toronto: Dover, 1987), p.25.

소홀히 함으로써 해양안전 및 국제해상무역 전반에 걸쳐 심대한 위협으로 작용했다.[2)]

1948년 유엔이 주최한 회의에서 장기적 안목을 가진 국가들이 '해운의 표준'을 마련하기 위해 국제기구 창설에 대한 청사진을 제시했고, 이 회의에 참여한 국가들은 '정부간해사자문기구Intergovernmental Maritime Consultative Organization: IMCO' 설치에 관한 협약을 채택했다. 이에 따라 출범한 IMCO는 유엔 산하의 전문기구로 해운의 안전에 관한 규약을 국제적 틀로 정립하는 임무를 담당하게 되었다. IMCO는 1958년 3월 IMCO협약이 발효됨에 따라 1959년 1월 첫 회의를 갖고 정식으로 출범하게 되었다. 그리고 IMCO는 1982년 9월 '국제해사기구International Maritime Organization: IMO'로 그 명칭이 변경되어 현재에 이르고 있다.

오늘날 세계화의 영향으로 국제무역은 크게 변화하여 새로운 해운 강대국들이 등장하고 있으며, 해양활동이 증가함에 따라 국제해사 문제가 첨예한 이슈로 부상하고 있다. 이러한 가운데 IMO는 국제적 표준을 개발하고, 합의를 도출하고 이행함으로써 해운이라는 국제산업을 효과적으로 관리하고 규제하고 있으며, 해상에서 보다 안전하고 깨끗한 산업이 발전하고 번성할 수 있는 토대를 마련하는데 기여하고 있다. 현재 IMO는 약 50여 개의 협약과 이를 뒷받침하는 수백 개의 규칙, 지침, 그리고 권고안을 두고 있으며, 선박의 디자인, 건설, 장비 및 운용으로부터 선원의 훈련까지 해양산업의 면면을 모두 통제하고 있다. IMO의 주요 조약들은 세계 모든 선박의 98% 이상을 차지하는 국가들에 의해 비준되었다. IMO가 개발하고 채택한 범지구적 규약들은 이제 광범위한 네트워크를 이루면서 보다 안전한 수송, 깨끗하고 친환경적이며 에너지 효율이 높은 해운에 기여하고 있다.[3)]

한국은 1962년 4월 IMO의 정회원국으로 가입했으며, 1991년 11월 3일

---

2) IMO, "60th Anniversary of the Adoption of the IMO Convention," http://www.imo.org/About/HistoryOfIMO/Pages?60thAnniversary.aspx(검색일: 2014.12.17).

3) IMO, "Brief History of IMO," http://www.imo.org/About/HistoryOfIMO/Pages/Default.aspx(검색일: 2014.12.17).

제17차 총회에서 C그룹 이사국으로 선출되어 5차례 연임한 바 있다. 이후 2001년에는 IMO의 주요 정책을 결정하는 A그룹 이사국에 진출하여 현재까지 A그룹 이사국을 연임하고 있다. A그룹은 국제해운 서비스를 제공하는 데 가장 이익이 큰 10개 국가가 속한 그룹이다. 한국의 A그룹 연속 진출은 해운 규모뿐 아니라 IMO 내에서의 각종 위원회 활동, 개발도상국 지원, 소말리아 해적 퇴치 등에 적극적으로 참여함으로써 가능한 것으로 평가할 수 있다. IMO가 영국 런던에 위치하고 있기 때문에 주영국 대사관에서 한국 IMO 상주 대표부 역할을 수행하고 있다. 한국은 해양강국으로서 국익 증대는 물론, 해운에 종사하는 기업들이 안전하게 활동하고 국내 해운업 발전을 도모하며 국제사회의 공동번영에 기여한다는 차원에서 IMO에 적극적으로 참여해야 할 것이다.

이 연구는 IMO의 성립과 발전과정, IMO의 구성과 기능, 주요 쟁점 및 한국과의 관계 등을 중심으로 고찰함으로써 국제해사기구에 관한 전반적인 이해를 도모한다. 한국은 세계 10위권의 경제력을 가진 중견국가로서 지속적인 경제발전과 함께 국제사회에서 '글로벌 코리아'로 도약하기 위해 해양력을 강화하지 않을 수 없다. 이러한 맥락에서 한국이 IMO에 적극 참여하고 관계를 증진하는 것은 우리의 국가이익에 직결되는 매우 중요한 문제라 하지 않을 수 없다.

II. 기구 성립의 배경 및 발전과정

1. 기구의 성립

20세기 초 전 세계적으로 대형선박이 건조되고 국제교역이 활발해지면서 해사 관련 문제들이 야기되기 시작했다. 타이타닉^{Titanic} 호 침몰과 같은 대

타이타닉 호 침몰 사건

· ·

1911년 제작된 총 톤수 46,328톤의 대형 여객선이 영국 사우샘프턴 항에서 뉴욕 항으로 향하는 처녀항해 도중 1912년 4월 14일 밤 11시 40분 뉴펀들랜드 해역에서 부류빙산과 충돌하여 2시간 40분 만에 침몰한 사건. 이 사고로 승선자 2,208명 중 1,513명의 희생자가 발생했으며, 이후 배의 구조, 구명설비, 무선설비, 유빙감시 등의 문제와 관련하여 해상의 인명안전에 대한 국제회의가 소집됨.

형 해난사고가 빈번하게 발생하자 국가들은 선박의 건조, 안전운항 및 구명설비에 대한 기준을 설정하고 선박에 탑재하는 각종 기기 및 장비에 대한 표준화를 서두르지 않을 수 없게 되었다. 이에 따라 1914년에는 주요 국가들 간에 처음으로 '해상인명안전을 위한 국제협약International Convention for the Safety of Life at Sea: SOLAS'이 체결되었다.

제2차 세계대전이 끝난 뒤 탄생한 유엔은 국제협약만으로 해운 문제를 효과적으로 다룰 수 없다고 판단하여 이를 전담할 수 있는 국제기구의 창설을 검토하기 시작했다. 특히 해운이 갖는 기술적 측면을 감안하여 전문성을 갖춘 전담기구가 필요하다고 본 것이다. 그리하여 유엔은 1948년 2월 스위스 제네바에서 개최된 국제연합해사회의UN Maritime Conference를 열고 '정부간해사자문기구IMCO' 설치에 관한 협약을 채택하기에 이르렀다.[4]

국제해사 문제를 다룰 IMCO 설치를 논의하는 과정에서 선진국과 개발도상국들 간에 다양한 이견이 나타났다. 선진국들은 기득권을 유지하고자 가능한 한 통제기능이 약한 '자문' 성격의 기구를 선호하여 이러한 기구를 경

---

4) 임종식, "국제해사기구(IMO)의 조직과 활동,"『대한조선학회지』 제28권 4호(1991), pp.36-37.

제사회이사회 산하에 위원회 성격으로 설치할 것을 주장했다. 반면 개발도 상국들은 선진국들의 차별적 해운관행을 제어하기 위해 실질적인 권한을 행사할 수 있는 독립된 기구가 설치되어야 한다고 주장했다. 그 결과 IMCO는 이들의 상반된 견해를 동시에 수용하여 기술자문을 전담하는 독립적 기구로 탄생하게 되었다.[5]

1948년 IMCO협약이 채택되었다. 이 협약은 해운등록 톤수 기준으로 100만 톤 이상의 선적량을 보유한 7개국을 포함하여 총 21개국이 수락함으로써 발효가 가능한 것으로 규정했다. 1958년 3월 17일 이 요건이 충족되었고, 1959년 1월 첫 IMCO 총회가 런던에서 개최됨으로써 IMCO는 유엔 산하 12번째의 전문기구로 탄생할 수 있었다.

IMCO가 해운의 기술적 측면만을 다루기로 함에 따라 해운 관련 보험개방, 등록, 운임률, 운임동맹의 관행 등 상업적 문제를 다루기 위해 1965년 '유엔무역개발위원회UNCTAD' 산하에 '해운위원회'가 설치되었다. 그러나 시간이 지나면서 국제해운업무를 보다 능동적이고 적극적으로 수행해야 할 필요성이 제기되었고, 이에 따라 1982년 9월 22일 IMCO라는 명칭은 '국제해사기구IMO'로 개칭되었다. 비록 명칭은 변경되었음에도 불구하고 IMO는 IMCO의 기본 골격을 그대로 유지하고 있다.[6]

2. 기구의 발전과정

IMCO의 첫 임무는 해상안전에 관한 것으로 1914년 채택된 SOLAS협약을 새롭게 발전시키는 것이었다. 1914년 SOLAS는 타이타닉 호 사건을 계기로 선박 항행의 안전, 구조, 전신, 구명설비 등에 대해 규정했지만, 영국, 스페인, 네덜란드, 스웨덴, 노르웨이의 5개국만이 비준한 상태에서 제1차

---

5) 임종식, "국제해사기구(IMO)의 조직과 활동," p.37.
6) 임종식, "국제해사기구(IMO)의 조직과 활동," p.36.

세계대전이 발발하자 발효되지 못했다. 그 후 1929년에 런던의 국제회의에서 제1차 세계대전 후 비약적으로 발전한 조선기술에 따라 협약을 새롭게 제정할 필요성이 제기되어 새로운 SOLAS협약이 채택되었고 이는 1933년에 발효되었다. 1948년 IMCO는 시대의 변천과 조선기술, 항해기술의 진보를 반영하여 다시 새로운 SOLAS협약을 체결했다.

1948년 체결된 SOLAS는 1960년에 다시 개정되었고, 이어 1974년에 일부 내용을 최신화하여 또다시 협약을 체결함으로써 오늘에 이르고 있다. 이후 안전에 대한 요구가 증가하고 기술이 변화함에 따라 1978년에는 1974년 체결된 SOLAS와 관련한 의정서가 채택되었으며, 이 의정서는 안전기준을 더욱 강화하고 다양화하기 위해 수차례의 개정이 이루어졌다.[7]

비록 해양안전 문제가 IMO의 가장 중요한 임무로 간주되고 있지만, 해양 오염도 간과할 수 없는 중요한 문제로 다뤄지고 있다. 해상으로 운송되는 석유의 양이 부쩍 증가하고 이를 수송하는 선박의 크기가 커지면서 이에 대

토리 캐년 호 사건

미국회사 소유의 유조선 토리 캐년 호가 12만 톤의 원유를 적재하고 영국의 밀포드 헤반을 향해 항행하는 도중 1967년 3월 18일 영국 남서쪽의 실리 제도 동쪽의 공해상에서 암초에 좌초하여 원유가 유출된 사건. 이 사고로 영국의 해안과 프랑스의 브르타뉴 반도의 해안이 오염됨. 사고 후 영국 정부는 해난 구조작업을 시도했으나 악천후로 실패했고, 선체에서 원유를 빼내는 작업을 계획했으나 폭발 위험으로 단념함.

---

7) IMO, International Convention for Safety of Life at Sea(SOLAS)(1974), http://www.imo.org/About/Conventions/ListOfConventions/(검색일: 2014.12.17); "해상인명안전협약," 『21세기 정치학대사전』, http://terms.naver.com/print.nhn?docID=727853&cid=42140&categoryID=42140(검색일: 2015.1.8).

한 우려도 증폭되었다. 특히 1967년 토리 캐년Torrey Canyon 호에서 120,000 톤의 기름이 유출된 사건이 발생하자 해양오염에 대한 관심이 본격적으로 제기되었다. IMCO는 유조선의 사고를 방지하고 사고가 발생할 경우 피해를 최소화하기 위한 일련의 조치들을 강구했다. 이와 함께 선박 내부의 기름탱크 청소와 엔진룸의 폐오일 투기가 일반적으로 사고에 의한 오염보다 더 심각하다고 보고 이로부터 비롯되는 환경위협에 대해서도 본격적으로 다루기 시작했다.

이러한 조치들 가운데 가장 중요한 것은 1973년 '선박으로부터의 오염방지를 위한 국제협약International Convention for Prevention of Pollution from Ships: MARPOL'을 체결한 것이다. 1973년 협약은 이를 수정 및 보완하기 위해 1978년 작성된 의정서와 함께 'MARPOL 73/78'로 부르고 있으며 일명 MARPOL 협약이라고도 한다. MARPOL 73/78은 89개국이 서명했으며, 우발적이거나 일상적 기름오염뿐 아니라 화학물질, 용기에 담긴 상품, 하수, 쓰레기, 그리고 공기오염에 의한 오염까지도 규제 대상에 포함하고 있다.[8]

조약, 협약, 의정서의 차이

조약(treaty)이란 정치외교적으로 기본관계나 지위에 관한 실질적 합의를 의미한다. 협약이란 양자간조약에서 특정 분야나 기술적 사항에 관한 입법적 성격의 합의를 의미한다. 의정서란 기본이 되는 조약에 대해 부수적 혹은 보충적으로 부가되는 것을 의미한다.

---

[8] IMO, "Brief History of IMO"; IMO, International Convention for the Prevention of Pollution from Ships(MARPOL), http://www.imo.org/About/Conventions/List OfConventions/(검색일: 2014.12.17); "해상오염방지협약," 『21세기 정치학대사전』, http://terms.naver.com/print.nhn?docID=727864&cid=42140&categoryID=42140 (검색일: 2015.1.8).

IMO는 또한 오염으로 인한 재정적 피해를 입은 행위자들에게 보상을 제공할 수 있는 체계를 구축했다. 이와 관련하여 1969년과 1971년에 두 개의 조약이 마련되었는데, 이는 기름오염으로 인해 피해를 입은 행위자들이 이전보다 훨씬 간단하고 신속하게 보상을 받을 수 있도록 한 것이다. 두 조약은 1992년에, 그리고 다시 2000년에 추가로 수정되어 피해자들이 받을 수 있는 보상의 상한선을 보다 높게 책정했다. IMO는 이후 기름오염 이외의 다른 피해와 보상에 관한 이슈들도 다루어 다양한 법적 효력을 갖는 협약들을 마련했다.

1970년대에는 범지구적 수색 및 구조체계가 모색되었다. 비록 1974년 SOLAS와 같은 국제협약에는 모든 선박으로 하여금 조난당한 선박을 의무적으로 지원토록 명시하고 있지만, 1979년 '해양수색 및 구조에 관한 국제협약International Convention on Maritime Search and Rescue: SAR'이 채택되기 전까지 수색구조 활동을 담당할 국제체계가 마련되지 않았다.9) 이 협약에 따라 IMO 해사안전위원회는 전 세계의 바다를 13개의 수색구조 지역으로 나누고, 이에 해당하는 국가들로 하여금 각각 책임질 수 있는 수색구조 지역을 설정하도록 했다. 이 협약은 1998년과 2000년에 개정을 거치면서 각국 정부의 책임을 분명히 하고 해양 및 항공우주 수색구조활동 간의 협력을 강화하도록 했다.

수색구조와 관련하여 IMO는 1979년 런던에서 선박의 조난에 대비한 '국제이동위성기구International Mobile Satellite Organization'를 설치하여 1982년부터 해상선박들을 대상으로 위성통신 서비스를 제공하기 시작했다. 1988년에는 '세계해상조난 및 안전제도Global Maritime Distress and Safety System: GMDSS'를 도입하여 1992년 2월부터 7년간의 이행 준비기간을 거친 후 1999년 2월부터 300G/T 이상의 모든 선박에 적용할 것을 의무화하였다. 이를 통해 항해하는 선박들은 최신의 디지털 및 위성통신 기술을 이용하여 어느 해역에서

---

9) IMO, International Convention on Maritime Search and Rescue(SAR), http://www.imo.org/About/Conventions/ListOfConventions/(검색일: 2014.12.17).

조난을 당해도 지상의 구조기관이나 인근의 선박에게 신속하고 정확한 지원 요청이 가능하게 되었고, 또한 지상으로부터 항해안전에 관한 정보를 적시에 수신할 수 있게 되었다.10)

1982년 IMCO는 IMO로 이름을 바꾸고 지속적으로 다양한 해사 문제에 관한 새로운 기제들을 마련하고 기존의 협약들을 업데이트해 왔다. 여기에는 해양인명 안전과 해양오염뿐 아니라 항해의 안전, 수색 및 구조, 난파선 제거, 용적톤수 측량, 피해와 보상, 선박 재활용, 선원의 훈련 및 증명, 그리고 해적 등의 이슈들이 포함되었다.

1990년대에 와서 두 가지의 중요한 조치가 이루어져 IMO의 해운 관리 능력을 더욱 향상시켰다. 첫째는 1998년 7월 1일부터 효력을 발휘하기 시작한 '국제안전관리규약International Safety Management Code: ISM Code'이다. 이는 국제적으로 체계적인 선박안전관리의 필요성에 대한 인식이 확산됨에 따라 ISM Code를 강제적으로 시행하기 위해 1994년 5월 SOLAS협약 당사국회의에서 이를 SOLAS협약 제9장에 삽입하여 개정함으로써 가능하게 된 것이다.11) 이 규약은 선박을 운용하는 회사로 하여금 선박안전 및 오염방지를 감시할 수 있는 인원을 지정하도록 하고, 안전과 관련한 절차, 계획, 지침 등을 체크리스트화하며, 비상시 대응절차 마련 및 훈련 등을 요구하고 있다.12) ISM Code는 당장 여객선, 유조선 및 케미컬운반선, 벌크선, 가스운반선, 그리고 적재량 500톤 이상의 고속화물선에 적용되었으며, 2001년 7월 1일부터는 적재량 500톤 이상의 화물선 및 석유시추장비에도 적용되었다.

둘째는 1997년 2월 1일부터 '선원의 훈련, 자격증명 및 당직근무의 기준

---

10) IMO, "Brief History of IMO"; "세계해상조난 및 안전제도," 『선박항해용어사전』, http://terms.naver.com/print.nhn?docID=382637&cid=42382&categoryID=42382 (검색일: 2015.1.8).

11) "국제안전관리규약," 『선박항해용어사전』, http://terms.naver.com/print.nhn?docID= 382622&cid=42382&categoryID=42382(검색일: 2015.1.8).

12) IMO, ISM Code and Guidelines on Implementation of the ISM Code 2014, http://www.imo.org/OurWork/HumanElement/SafetyManagement(검색일: 2015.1.8).

에 관한 국제협약International Convention on Standards of Training, Certification and Watchkeeping for Seafares: STCW' 개정안이 발효된 것이다. 이 조치는 선원의 자격요건 및 근무에 관한 표준을 크게 개선했을 뿐 아니라, 최초로 참가국 정부로 하여금 협약의 이행과 관련한 정보를 제출하도록 함으로써 IMO가 정부를 견제할 수 있는 장치를 마련했다는 의미를 갖는다. 이후 STCW는 2010년 필리핀에서 "마닐라 수정안Manila Amendments to the STCW Convention and Code"을 채택함으로써 개정이 이루어진 바 있다.13) 이와 같은 조치로 인해 IMO는 회원국들의 선박안전 및 선원관리와 관련하여 어느 정도의 강제적 집행력을 갖게 되었다.

2000년대에는 해양환경과 관련한 새로운 협약이 채택되었다. 하나는 2001년에 마련된 '방오시스템anti-fouling systems'에 관한 것이고,14) 다른 하나는 2004년에 채택된 '외래종 침입을 방지하기 위한 평형수 관리ballast water management to prevent the invasion of alien species'에 관한 것이었으며, 마지막으로는 2009년 '선박 재활용ship recycling'에 관한 것이었다. 2000년대에는 또한 해양안보에 관한 관심이 두드러져 2004년 7월에는 '국제선박 및 항만보안규칙International Ship and Port Facility Security Code'과 같은 국제운송에 관한 새로운 포괄적 안보레짐이 2002년 개정된 SOLAS협약의 의무사항으로 마련되어 효력을 발휘하기 시작했다.15)

2005년 IMO는 항해의 안전을 위해 '불법적행위의억제를위한협약Convention for the Suppression of Unlawful Acts: SUA'에 관한 의정서를 채택했다.16) 이 협약은 1988년 10월 채택되어 1992년 3월 효력을 발휘한 것으로, 2005년

---

13) IMO, "Brief History of IMO"; IMO, International Convention on Standards of Training, Certification and Watchkeeping for Seafarers(STCW), http://www.imo. org/About/Conventions/ListOfConventions/(검색일: 2015.1.8).
14) 선박은 통상 밑바닥에 조개나 조류 등이 붙지 않도록 막는 유독성 도료를 사용하는데, 이로 인한 환경오염을 방지하기 위한 조치를 방오시스템이라 한다.
15) IMO, "Brief History of IMO."
16) IMO, "Brief History of IMO."

의정서는 생물학, 화학, 핵무기를 운반하기 위해 선박을 사용하는 것을 범죄로 규정하는 조항을 추가했다. 다만 NPT에 가입한 국가에 의해 이루어지는 핵물질 운반은 제외시켰다. 또한 이 의정서는 기름, 액화천연가스, 방사능 물질 등 유해물질을 바다에 버리는 행위와 항해 중인 선박에 그러한 무기 또는 물질을 사용하는 행위를 금지시켰다.

2010년대에 IMO가 관심을 두고 있는 주요 이슈는 다음과 같이 네 가지로 볼 수 있다. 첫째는 현대의 해적 문제에 대응하는 것이다. 특히 소말리아 근해, 아덴만, 기니만에서의 해적이 골칫거리로 작용하고 있다. 둘째는 선박으로부터 방출되는 온실가스를 줄이는 것이다. 이는 UN이 관심을 갖고 있는 기후변화 문제에의 해결에 기여할 수 있다는 것이다. 셋째는 지속가능한 해양수송체계를 구축하는 것이다. 요지는 안전하고 친환경적이며, 효과적이고 에너지 효율이 높은 해운을 추구하자는 것이다. 그리고 마지막으로는 바다에서의 인명 안전과 인간요소를 보다 잘 유지하고 관리하는 것이다. 이는 특히 선원의 안전과 관리에 중점을 두고 있다.

III. 기구의 구성 및 주요 기능

1. 기구의 구성

IMO는 런던에 본부를 두고 있는 유엔의 유일한 전문기구로서 170개 회원국과 3개의 준회원을 두고 있다. IMO가 출범하던 초창기에는 미국, 영국, 호주, 아르헨티나, 벨기에, 프랑스, 아일랜드, 이스라엘, 미얀마, 네덜란드 등이 가입했으며, 가장 늦게 가입한 국가는 파키스탄으로 2011년에 회원국이 되었다. 3개 준회원은 덴마크령 페로스Feroes 제도, 홍콩, 그리고 마카오이다.[17]

IMO는 총회, 이사회, 5개 위원회, 7개 전문위원회, 그리고 사무국으로 구성되어 있다. 총회는 최고 의결기관으로서 모든 회원국으로 구성된다. 매 2년마다 홀수 연도에 정기총회를 개최하지만, 특별한 경우 임시총회를 가질 수 있다. 주요 기능으로는 사업계획 및 예결산 승인, 이사회의 보고서 및

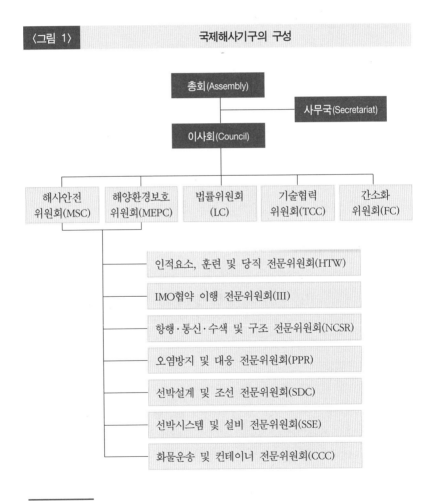

〈그림 1〉 국제해사기구의 구성

총회(Assembly)

사무국(Secretariat)

이사회(Council)

해사안전 위원회(MSC) | 해양환경보호 위원회(MEPC) | 법률위원회 (LC) | 기술협력 위원회(TCC) | 간소화 위원회(FC)

인적요소, 훈련 및 당직 전문위원회(HTW)

IMO협약 이행 전문위원회(III)

항행·통신·수색 및 구조 전문위원회(NCSR)

오염방지 및 대응 전문위원회(PPR)

선박설계 및 조선 전문위원회(SDC)

선박시스템 및 설비 전문위원회(SSE)

화물운송 및 컨테이너 전문위원회(CCC)

17) IMO, "Member States, IGOs and NGOs," http://www.imo.org/About/Member ship/(검색일: 2014.12.17).

〈표 1〉	IMO이사회 선출 기준 및 2014~2015 이사회 현황
범주 (a)	국제 해운 서비스를 제공하는 데 가장 이익이 큰 10개 국가 ＊중국, 그리스, 이탈리아, 일본, 노르웨이, 파나마, 한국, 러시아, 영국, 미국
범주 (b)	국제 해양무역에서 가장 큰 이익을 가진 10개의 다른 국가 ＊아르헨티나, 방글라데시, 브라질, 캐나다, 프랑스, 독일, 인도, 네덜란드, 스페인, 스웨덴
범주 (c)	상기 (a) 및 (b)에 포함되지 않았으나 해양수송 또는 항해에 특별한 관심을 가진 국가로서 지리적으로 각 지역을 대표할 수 있는 20개 국가 ＊호주, 바하마, 벨기에, 칠레, 사이프러스, 덴마크, 인도네시아, 자메이카, 케냐, 라이베리아, 말레이시아, 몰타, 멕시코, 모로코, 페루, 필리핀, 싱가 포르, 남아프리카공화국, 태국, 터키

출처: IMO, "Structure of IMO," http://www.imo.org/About/Pages/Structure.aspx(검색일: 2015.
1.8)

상정안에 대한 심의 및 결의, 이사국 선출 및 사무총장의 승인, 협약 채택을
위한 국제회의 소집 등의 임무를 수행한다.

이사회는 총회에서 선출되는 40개 국가로 구성되며, 이사국은 매 정기총
회가 끝난 후부터 2년 동안의 임기가 부여된다. 이사회는 총회가 열리지
않는 기간 중 기구의 제반 기능을 수행하며, 주요 기능은 IMO 각 조직의
활동 조정, 사업계획 초안 및 예산 검토 및 총회 제출, 각 위원회의 보고서
와 제안 검토 및 총회 제출, 총회의 승인을 받아 사무총장 임명, 그리고 총
회의 승인을 받아 다른 기구와의 관계를 설정하는 협약 또는 협약을 체결하
는 것이다. 이사국은 선복량, 교역량, 그리고 지역적 안배를 기준으로 하여
총회에서 선출된다. 이사회는 (a), (b), (c)의 3개 범주로 구성되는데, 그
기준과 2014~2015년 이사국으로 선출된 국가를 보면 〈표 1〉과 같다.

IMO는 기술적 기구이므로 대부분의 업무는 다양한 위원회와 전문위원회
에서 수행된다. 먼저 IMO는 산하에 5개의 위원회로 해사안전위원회Maritime
Safety Committee, 해양환경보호위원회Marine Environment Protection Committee, 법
률위원회Legal Committee, 기술협력위원회Technical Cooperation Committee, 간소

화위원회Facilitation Committee를 두고 있다.

이 가운데 해사안전위원회MSC는 총회 및 이사회와 함께 IMO의 주요 기구들 가운데 하나로 1948년 IMCO에 관한 협약에 의해 창설되었다. 오늘날 MSC는 해양안보 이슈 및 해적약탈행위 등 해사의 안전에 관한 모든 문제를 다루고 있다. 주요 관심 분야로는 선박의 항해 지원, 선박건조 및 장비, 안전관점에서의 인력배치, 충돌방지를 위한 규정, 위험한 화물의 처리, 해양안전 절차 및 요건, 수위도hydrograph 정보, 항해일지 및 항해기록, 해양사고 조사, 수색 및 구조, 그리고 해양안전에 직접적으로 영향을 미치는 제반 문제들이다.[18]

해양환경보호위원회MEPC는 1973년 11월 총회의 결정에 의해 설립되었다. 이 위원회는 1967년 토리 캐년 호의 좌초로 인한 해양오염사고를 계기로 구성되었으며, 따라서 선박으로부터 기인하는 환경오염을 방지하고 통제하는 IMO의 활동을 각 국가들과 협조하는 책임을 맡고 있다. 특히 MEPC는 환경 관련 협약 및 기타 규정의 채택 및 수정, 그리고 이를 이행할 수 있도록 강제하는 조치들을 마련하는 임무를 수행한다.[19]

법률위원회LC는 원래 1967년의 도리 캐년 호 사건에 따른 법직 문제를 다루기 위한 보조기구로 설치되었으나 이후 영구적인 위원회로 남게 되었다. 법률위원회는 IMO 내의 모든 법적인 문제를 다룰 권한을 갖는다.

기술협력위원회TCC는 IMO가 실행기관 혹은 협력기관으로서 해사 관련 사업을 이행하는 데 필요한 기술적 문제, 그리고 타 기관과의 협력에 관한 모든 문제를 다룬다. TCC는 1969년 이사회의 보조기구로 설립되었으나 1984년 발효된 IMO협약 개정에 따라 제도화되었다. 이 위원회는 해사 관련 전문가가 부족한 개도국에 전문가를 파견하고, 장학금 지급 및 장비보급 등과 같은 개도국에 대한 기술과 지식 전달 업무도 수행하고 있다.[20]

---

18) IMO, "Structure of IMO," http://www.imo.org/About/Pages/Structure.aspx(검색일: 2015.1.8).

19) IMO, "Structure of IMO"; 이윤철, "국제해사기구 결의의 효력," 『한국마린엔지니어링학회지』 제31권 5호(2007년 7월), p.23.

간소화위원회[FC]는 1972년 5월 이사회의 보조기구로 설립되었다가 IMO 협약 개정에 따라 2008년 12월 정식 제도로 인정을 받았다. 주요 업무는 국제해운 분야에서 불필요한 '관료적 형식주의'를 청산하는 것으로 선박의 운송, 수속 등에 따른 요식행위 등을 단순화하고 표준화하여 해상교통을 원활하게 하는 데 목적을 두고 있다. 주로 1965년 '국제해상교통간소화협약 Convention on Facilitation of International Maritime Traffic: FAL'에 명시된 바와 같이 입출항 절차를 국제적으로 통일하여 선박의 입출항에 따른 지체를 줄이는 등 국제해양교통 간소화와 관련한 IMO의 업무를 이행한다. 특히, 최근에는 총회의 지침에 입각하여 해양안보와 국제해양무역 간소화 간의 적정 균형점을 찾는 데 관심을 기울이고 있다.[21]

사무국은 사무총장과 약 300명의 직원으로 구성된다. 사무국 직원들은 사무총장을 도와 IMO의 모든 업무가 유기적으로 이루어질 수 있도록 한다. 현재 사무총장은 일본인인 코지 세키미즈[Koji Sekimizu]로 2012년 1월 1일부터 임무를 수행하고 있다. 사무국은 런던에 두고 있다.

이외에도 IMO는 전 세계의 5개 지역에 조정 및 자문단을 두어 기술적 협력 활동을 증진하고 있다. 이러한 지역으로는 코트디부아르, 가나, 케냐,

임기택 차기 사무총장 선출

2015년 7월 2일의 언론보도에 의하면 임기택 부산항만공사 사장이 지난 2015년 6월 30일 영국 런던에 있는 IMO 본부에서 열린 차기 사무총장선거에서 덴마크 등 다른 5개국 후보를 물리치고 사무총장직에 선출되어, 2016년 1월에 임기 4년의 총장직에 공식 취임하게 되었다.

---

20) 이윤철·두현욱, "선박기인 온실가스 배출에 대한 IMO의 규제와 이행방안,"『한국항 해항만학회지』제35권 5호(2011), p.378.

21) IMO, "Structure of IMO."

필리핀, 그리고 트리니다드토바고이다.

이 가운데 MSC와 MEPC는 산하에 다양한 전문위원회를 두고 있다. 현재
는 7개의 전문위원회를 두고 있는데, 이들 전문위원회에서는 전문 분야별
세부사항을 검토하는 역할을 담당한다. 위원회는 전문위원회에서 올라온 상
정안을 검토하고 국제기준을 채택하는 등의 업무를 수행한다. 전문위원회에
는 모든 회원국들이 참여할 수 있다. 7개의 전문위원회로는 '인적요소, 훈련
및 당직Human Element, Training and Watchkeeping', 'IMO협약 이행Implementation
of IMO Instrument', '항행·통신·수색 및 구조Navigation, Communications and Search
and Rescue', '오염방지 및 대응Pollution Prevention and Response', '선박설계 및 조
선Ship Design and Construction', '선박시스템 및 설비Ship Systems and Equipment,'
그리고 '화물운송 및 컨테이너Carriage of Cargoes and Containers'를 담당하는 전
문위원회로 구성되어 있다.[22]

2. 기구의 주요 기능

IMO의 주요 기능은 이 기구가 내건 슬로건인 '안전, 안보, 그리고 청정해
역에서의 효율적인 해운'으로 요약할 수 있다. 1948년 협약의 제1조를 보면
IMO는 1) 국제무역에서의 해운에 영향을 주는 모든 종류의 기술적 문제에
대한 규약 및 이행과 관련하여 정부들 간의 협력을 위한 기제를 제공하는
것, 그리고 2) 해양안보, 항해의 효율성, 그리고 선박에 의한 해양오염 방지
및 통제에 관한 문제에 대해 가장 상위의 이행 가능한 표준을 채택하도록
권고하고 촉구하는 것"을 주요 목적으로 한다.[23] 이러한 측면에서 IMO의

---

22) 2013년까지는 9개의 전문위원회를 두고 있었다. 이는 기국준수전문위원회(FSI), 선적
액체가스화물전문위원회(BLG), 위험물·고체화물 및 컨테이너전문위원회(DSC), 방
화전문위원회(FP), 무선통신 및 수색·구조전문위원회(COMSAR), 항해안전전문위원
회(NAV), 선박설계·설비전문위원회(DE), 복원성·만재흘수선·어선안전전문위원회
(닐), 그리고 선원훈련·당직기준전문위원회(STW)이다. IMO, "Structure of IMO."

주요 기능을 안전, 해양안보, 오염방지, 그리고 지속가능한 해양수송 분야로 구분하여 살펴보면 다음과 같다.

1) 안전(safety)

SOLAS는 해양안전을 다루는 대표적인 협약이다. 1960년 IMCO가 소집한 최초의 회의에서 해양안전에 관한 문제가 다루어졌고, 이 회의에서 새로운 SOLAS협약이 채택되었다. 이 협약은 1965년에 효력을 발휘하여 1948년에 개정된 이전의 SOLAS협약을 대체했다. 1960년 SOLAS협약은 해운의 안전을 개선하기 위한 광범위한 조치들을 담았다. 여기에는 구획 및 복원성, 기관 및 전기설비, 방화·화재탐지·소화, 구명설비 및 장치, 무선전신, 항해의 안전, 위험물 운송, 원자력선 등에 대한 내용을 규정했다.[24]

1978년 IMCO는 새로운 버전의 SOLAS협약을 채택했다. 이는 1960년 협약을 개정했을 뿐 아니라 '묵시 수락 절차'를 도입하여 채택된 협약을 일정한 수의 국가들이 반대하지 않을 경우 명시된 기한부터 자동적으로 효력을 발휘하도록 했다. 1974년의 SOLAS협약은 이후 1980년 5월부터 효력을 발휘했으며, 이후에도 기술적 진보와 산업의 변화로 인해 수차례에 걸쳐 개정이 이루어진 바 있다.

SOLAS 외에 IMO에서 다룬 해양안전과 관련한 협약으로는 1966년 '국제만재흘수선협약International Convention on Load Lines,' 1969년 '국제선박톤수측정협약International Convention on Tonnage Measurement of Ships,' 1972년 '해양충돌방지에 관한 국제협약International Convention on Preventing Collisions at Sea,' 1979년 '해양수색구조Maritime Search and Rescue에 관한 협약' 등이 있다.

해양안전과 관련하여 IMO는 선원의 훈련에 각별한 중요성을 부여해 왔다. 1978년 IMO는 회의를 소집하여 앞에서 언급한 바와 같이 처음으로 STCW에 관한 국제협약을 채택했다. STCW협약은 1984년 4월부터 효력을

---

23) IMO, "60th Anniversary of the Adoption of the IMO Convention."
24) IMO, *IMO: What It Is* (London: IMO Publishing Service, 2013), p.5.

발휘함으로써 처음으로 선원의 자격에 대한 최소한의 기준을 마련했다. 이 협약은 1995년 개정되어 1997년부터 효력을 발휘하게 되었는데, 개정된 협약은 IMO가 회원국의 선원에 대한 훈련 및 인증, 행정절차에 대한 감사 권한을 갖도록 했다. 이후 광범위한 검토를 거친 끝에 2010년 필리핀에서 열린 회의에서는 STCW의 추가 개정 내용 및 관련 STCW 규칙이 채택되었는데, 이를 두고 일각에서는 "마닐라 개정^{Manila Amendments}"이라고 부르고 있다.[25]

2) 해양안보(maritime security)

1985년 10월 이집트 알렉산드리아 항에 정박 중이던 이탈리아 유람선 아킬레 라우로^{Achille Lauro} 호가 팔레스타인해방전선^{PLF} 소속 테러범들에 의해 납치되는 사건이 발생한 직후 IMO는 해양안보를 의제로 채택하면서 관심을 끌었다. 1986년 IMO는 선박의 안전과 승객 및 승무원의 안보를 위협하는 불법적 행동을 방지하기 위한 결의안을 채택했으며, 1988년에는 SUA에 관한 국제협약을 채택했다.

1990년대 이후 국제테러가 기승을 부리자 항구 및 선박의 안보에 대한 관심이 높아졌다. 2002년 IMO는 잔인한 테러공격으로부터 해양안보를 확보하기 위해 일련의 조치를 취하여 2004년 7월부터 발효하도록 했다. 이 가운데 가장 중요한 것은 '국제선박 및 항구시설 안전규칙^{International Ship and Port Facility Security Code}'이다. 이 규칙은 국가들로 하여금 항구에 대한 안보위협 수준을 평가하고 선박 및 항구에 안보요원을 배치하는 등 정식으로 안보계획을 수립하여 시행할 것을 요구하고 있다.

IMO는 2004년 증가하는 해적 및 무장강도의 공격에 대비하여 '아시아해적퇴치지역협력협약^{Regional Cooperation Agreement on Combating Armed Robbery and Piracy: ReCAAP}'을 아시아 16개국과 체결했다.[26] 이는 해적과 관련한 정보를

---

25) IMO, *IMO: What It Is*, p.6.
26) 공식명칭은 "아시아에서의 해적행위 및 선박에 대한 무장강도 행위 퇴치에 관한 지역

공유할 수 있는 체계를 구축하는 것으로 아시아뿐 아니라 다른 지역에서도 적용할 수 있는 지역협력의 성공사례로 간주되고 있다. 2009년에는 지부티에서 지역국가들 간에 중요한 협약이 채택되었는데, 이는 '서인도양 및 아덴만에서의 해적 및 무장강도 진압에 관한 행동규칙Code of Conduct concerning the repression of piracy and armed robbery against ships in the Western Indian Ocean and the gulf of Aden'이다. IMO는 이 사업을 추진하기 위해 전담부서를 두고 구체적 이행계획을 수립하는 한편, 행동규칙에 서명한 20개의 국가들과 함께 '지부티규칙 신뢰기금Djibouti Code Trust Fund'을 구성하여 재원을 마련했다. 지부티 행동규칙은 범법자의 조사·체포·기소, 수상한 선박의 차단 및 나포, 해적 및 무장강도에 피납된 선박·인원·재산의 구조, 공동작전의 수행 등에 대한 국가들의 협력을 규정하고 있다.[27]

3) 오염방지 및 보상 제공

1954년에 '유류오염방지협약International Convention for the Prevention of Pollution of the Sea by Oil: OILPOL'이 체결되어 1962년 개정을 거쳤음에도 불구하고 1967년 토리 캐년 호의 기름유출 사건은 보다 강화된 일련의 다른 협약들을 낳는 계기가 되었다. 해양오염 방지를 위해 1969년 '공법협약Intervention on the High Seas in Cases of Oil Pollution Casualties'이 체결되어 1975년 발효되었는데,[28] 이에 의하면 연안 국가들은 기름오염의 우려가 있을 경우 사전 허락 없이 공해상에서의 사고에 개입할 수 있게 되었다. 이와 함께 1969년과 1971년에는 기름오염 피해를 보상하는 협약도 채택되었다. 1954년의 OILPOL이 선박으로 인한 해양오염 문제를 다루는 데 한계가 있다는 판단하에 1973년 IMO

협력 협약"이다.

[27] IMO, *IMO: What It Is*, pp.8-9.

[28] 공식명칭은 "유류오염 사고에 대한 공해상의 조치에 관한 국제협약"이다. 사고에 의해 해양오염의 중대한 위험이 있을 경우 관련 국가는 피해를 방지하거나 경감하기 위해 필요한 조치를 공해상에서 취할 수 있도록 했다. "유류오염사고에 대한 공해상의 조치에 관한 국제협약," 『21세기 정치학대사전』, http://terms.naver.com/print.nhn?docID=728893&cid=42140&categoryID=42140(검색일: 2015.1.8).

는 회의를 소집하여 처음으로 포괄적인 반오염협약이라 할 수 있는 '국제해
양오염방지협약International Convention for the Prevention of Marine Pollution from
Ships: MARPOL'을 체결했다.

　1978년 IMO는 유조선 안전 및 오염방지 방안을 논의하기 위해 회의를
소집하고 1973년의 MARPOL협약에 대한 의정서를 채택했다. 이는 통상적
으로 MARPOL 73/78로 불리며 1983년 10월 발효된 이후 수차례의 개정을
거쳐 왔다. MARPOL은 기름에 의한 오염뿐 아니라 화학물질에서부터 쓰레
기, 하수, 기타 유해물질에 의한 해양오염을 규제 대상에 추가했다. 최근
합의된 2011년 개정안에 의하면 모든 선박에 온실가스 감축과 함께 에너지
효율을 높이는 방안을 의무적으로 적용하도록 규정하고 있다.[29]

　1990년 IMO는 '유류오염 대비·대응·협력에 관한 국제협약International
Convention on Oil Pollution Preparedness, Response and Cooperation: OPRC'을 채택하여
유사시 국가들의 대응 능력을 개선하고자 했다. 1996년에는 '위험·유해물질
해상운송책임협약International Convention on Hazardous and Noxious Substances by
Sea: HNS'을 채택하여 피해자에게 최대 약 2억 5천만 파운드의 보상이 이루어
질 수 있도록 했으며, 이에 관한 의정서기 2010년에 채택되었다.[30] 2001년
에는 '선박의 유해 방오시스템 규제에 관한 국제협약International Convention on
the Control of Harmful Anti-fouling Systems on Ships: AFS'을 채택하고 2008년부터 발
효시켜 선박에 유해한 페인트의 사용 등을 통제했다. 2004년에는 선박의
평형수를 임의로 버리지 못하도록 함으로써 해양생태계가 교란되는 것을 방
지하려는 노력을 기울였다.[31]

---

29) IMO, *IMO: What It Is*, p.11.
30) IMO, *IMO: What It Is*, p.11. 이 협약에 의하면 HNS 기금을 화주의 분담금으로
　운영하는데, 이 기금은 위험 및 유해물질에 의한 손해가 선사의 책임 한도를 초과하
　거나 선사가 면책되는 사고, 선사 또는 보험자가 손해를 배상할 수 있는 재정능력이
　불충분한 경우 선사책임한도를 포함하여 최대 2억 5천만 파운드까지 보상할 수 있다.
　최재선, "위험·유해물질 해상운송책임협약(HNS협약) 수용방안 연구," 『해양수산』
　제192호(2000년 9월), p.41.
31) IMO, *IMO: What It Is*, p.12.

4) 지속가능한 해양 수송

해양수송은 세계무역과 세계화의 주역이다. IMO에 의해 제정된 규제들은 국가들로 하여금 안전하고 효율적이며 환경친화적인 해양수송 인프라를 개발하도록 하고 있다. 2012년 리우데자네이루에서 열린 유엔회의는 "지속가능한 발전sustainable development"에 합의했는데, 이는 국가들로 하여금 무분별한 개발이 아닌 경제, 사회, 그리고 환경 분야를 모두 고려한 발전을 추구하도록 하는 것으로 '녹색경제green economy'에 대한 관심을 촉구하는 것이었다.

이에 따라 IMO는 "지속가능한 해양수송체계Sustainable Maritime Transportation System"라는 개념을 발전시켰다. 이 개념은 안전문화 정착과 함께 환경 청지기 정신, 선원에 대한 교육과 해양직업 훈련 및 지원, 에너지 효율성 및 선박-항구 접촉, 선박에 대한 에너지 공급, 해양교통 지원 및 자문체계, 해양안보, 기술적 협력, 새로운 기술과 혁신, 재정·손해 및 보험 메커니즘, 해양통제 등을 포함하고 있다.

3. 예산분담

IMO 예산을 획득하는 방식은 다른 유엔기구들이 적용하고 있는 방식과는 다르다. IMO 회원국들은 기구의 활동에 필요한 예산부담의 의무가 있으며, 분담금은 이사회의 제안에 따라 총회에서 결정한다. IMO에서는 각 국가들이 운영하는 총 상선단의 용적톤수에 따라 기부금을 정하고 있다. 재정의무를 이행하지 않을 경우 이사국 피선자격 및 표결권 상실 등 회원국으로서의 활동에 제약이 가해진다. 2014년 상위권 10개국의 예산 기부액은 〈표 2〉와 같다.

2014년 분담금은 IMO의 170개 정회원국과 3개의 준회원(국)을 대상으로 총 30,116,000파운드로 결정되었다. 이 가운데 한국은 17번째인 약 36만 파운드를 부담하게 되었다. 한국의 경우 등록 톤수가 2011년 12,774톤에서

〈표 2〉	상위권 10개국의 예산 기부액			

(단위: 파운드)

파나마	라이베리아	마샬제도	싱가포르	영국
545만	314만	216만	162만	138만
바하마	중국	몰타	그리스	홍콩
132만	119만	115만	104만	101만

2014년 11,424톤으로 감소함에 따라 분담금에 있어서도 2011년 약 49만 파운드에서 2014년에는 약 13만 파운드가 줄어든 약 36만 파운드로 결정되었다.

4. 의사결정방식: 협약의 체결 및 이행 과정

IMO 내에서 협약을 마련하기 위한 초안 작업은 대개 5개 위원회 혹은 7개의 전문위원회에서 이루어진다. 이들에 의해 작성된 초안은 유엔체계 내의 모든 국가들이 대표로 참여하는 회의에 제출되어 검토가 이루어진다. 따라서 국가들은 IMO 회원국이 아니더라도 유엔에의 회의 참석을 통해 의견을 제시할 수 있다. 회의를 통해 최종안이 선택되고 나면 그 최종안은 비준을 위해 각국 정부로 보내진다.

유엔회의에서 채택된 협약은 특정한 요건을 충족한 후 효력을 발휘하게 된다. 협약이 발효되기 위해서는 사전에 정한 발효요건이 갖추어져야 하며, 일반적으로 중요한 협약일수록 효력을 발휘하기에 필요한 요건은 더욱 엄격해진다. 그러한 요건 가운데 항상 필수적으로 요구되는 것은 특정한 수의 국가들에 의한 비준이다. 당사자 수가 비교적 적은 다자간협약의 경우에는 모두가 비준을 완료하면서 효력이 발생하는 것이 통례이나, 당사자의 수가 많은 다자간협약에서는 일정한 수의 서명자들이 비준을 하면 효력이 발생할 수 있도록 하고 있다.

통상적으로 보면 발효요건이 충족되었다 하더라도 즉각 발효하지 않고 모든 국가가 그 협약을 시행하기 위한 준비를 할 수 있는 유예기간을 둔 다음에 정식으로 발효한다. 이는 협약에 규정된 내용을 시행하기 위한 각국 국내법의 정비나 개정, 별도의 인원 및 시설의 보강, 검사기관의 지정 등에 대한 사전 조치가 필요하기 때문이다.

협약에 서명한 국가들은 협약에서 요구하는 사항을 의무적으로 이행해야 한다. IMO의 국제협약에 포함된 일부 규약들은 강제성을 띠고 있기 때문에 서명국들은 이를 이행하지 않을 수 없다. 물론, IMO 총회에서 채택된 다른 규약들과 권고안들의 경우에는 국가들에 의무사항이 아닐 수도 있다. 그러나 중요한 것은 그러한 규약들과 권고안들이 강제성을 띠고 있지 않음에도 불구하고 대부분의 국가들이 사안의 중요성과 심각성을 인식하여 기꺼이 국내법을 조정하고 이행하고 있다는 사실이다.[32]

협약의 개정은 협약국의 2/3 이상이 수락해야 가능하도록 되어 있다. 그러나 여기에서 대두되는 문제는 협약국이 계속 증가하면서 협약을 개정할 경우 더 많은 국가의 수락이 필요하기 때문에 그 과정에서 개정이 지연되고 개정의 효과를 볼 수 있는 타이밍을 놓칠 수 있다는 것이다. 이러한 문제를 개선하기 위해 IMO는 '묵시수락에 의한 개정절차tacit acceptance procedure'를 시행하고 있다. 이는 일정 수 이상의 협약 당사국이 정해진 기한 내에 반대 의사를 표명하지 않는 한 수락을 받지 않더라도 특정한 날로부터 자동적으로 발효되도록 한 것이다. 따라서 대부분의 개정은 당사국의 1/3 이상 또는 선복량의 합계가 전체의 50% 이상이 되는 당사국이 반대 통보를 하지 않는 한 당사국에게 개정문이 송부된 날로부터 특정 기간이 경과되면 수락된 것으로 보고 절차를 진행할 수 있다.[33]

---

32) IMO, *IMO: What It Is*, p.21.

33) IMO, "Introduction: Adopting a Convention, Entry into Force, Accession, Amendment, Enforcement, Tacit Acceptance Procedure," http://www.imo.org/About/Conventions/Pages/Home.aspx(검색일: 2015.1.8).

IMO협약의 시행은 협약 당사국 정부의 고유권한이며 IMO는 협약의 시행에 관해서는 아무런 권한을 갖고 있지 않다. 협약 당사국의 정부는 통상적으로 자국의 선박에 관하여 협약규정을 적용하며, 다른 국가의 선박에 대해서도 그 위반에 대해 어느 정도 통제를 가할 수 있다.

5. 다른 기구와의 관계

IMO는 임무를 효율적으로 수행하기 위해 유엔 및 유엔 산하의 다른 전문기구 및 국제기구와 긴밀하게 협조하고 있다. 특히 IMO는 많은 정부간기구 Intergovernmental Organizations들과 공동의 관심사에 대해 협력을 극대화하기 위해 다양한 협약을 체결하고 있다. IMO는 현재까지 63개의 IGO들과 협약을 체결하여 해사 관련 협력관계를 유지하고 있다.

첫째로 다른 유엔 전문기구와의 관계를 보면 다음과 같다. 우선 유엔 해양법Law of the Sea과 관련하여 IMO는 항해에 관한 문제, 선박으로부터의 오염물 투기 방지, 그리고 위험물의 운송절차 등에 협력하고 있다. 유엔 전문기구인 FAO(국제식량농업기구)와는 어선과 어선원의 안전에 관해 협조하고 있다. 또한 ICAO(국제민간항공기구)와는 선박에서의 헬기작업 및 수색구조 업무를, UNESCO(국제연합교육과학문화기구)와는 해양환경오염 문제를, ILO(국제노동기구)와는 선원의 근로 및 복지, WMO(세계기상기구)와는 선박에서의 기상정보 활용 기술, WHO(세계보건기구)와는 선원 및 여객의 건강과 의료처치에 대해 협조하고 있다.

이 외에도 ITU(국제전기통신연합)와는 해상에서의 통신절차 및 기술개발에 관하여 밀접한 상호협력체제를 유지하고 있으며, 필요 시 합동회의를 개최하여 공동관심 사항을 논의하고 있다. UNEP(유엔환경계획)와는 선박에 의한 해양오염 방지와 오염사고 시 지역 간 또는 인접 지역 간 대처방안을 함께 마련하고 있다. UNCTAD(유엔무역개발위원회)와는 해운 분야에 있어 상업적 문제와 함께 기술적 문제에 있어서도 서로 상충되는 일이 없도록 협정을 체결하여 업무를 조정하고, IMO 기술협력 계획의 자금지원자인 UNDP (유엔개발계획) 및 WB^{World Bank}(세계은행)와도 긴밀한 협조관계를 유지하고 있다.

둘째로 IMO는 유엔 외의 정부간기구와도 관계를 유지하고 있다. 즉, IMO 는 필요 시 기구의 업무와 관련하여 유엔의 전문기구가 아닌 기타 정부간기구, 즉 IHO(국제수로기구), EEC(구주경제공동체), INMARSAT(국제해사위성기구) 등과도 관계를 맺고 있으며, IMO회의에 이들 기구를 옵서버로 초청하고 있다.

셋째로 IMO는 비정부간기구와도 업무적으로 유대관계를 갖고 있다. IMO 는 70개 이상의 비정부기구들^{NGOs}에게 옵서버 자격을 부여하여 다양한 활동에 대한 자문을 제공하도록 하고 있다. 비정부기구의 경우 IMO의 업무에 실질적으로 기여할 수 있는 능력이 있다고 판단될 경우 총회의 동의를 얻어 이사회에 의해 '협상지위^{consultative status}'를 부여받을 수 있다. 이러한 기구들은 다양한 스펙트럼의 해양·법적·환경적 이해를 대변하며 다양한 IMO 의 기관 및 위원회의 사업에 기여하고 있다. IMO는 이들 기구들에게 필요한 정보, 문서, 전문적 조언을 제공한다. 물론 이러한 기구들은 투표권을 갖지 않는다. 현재 ISO(국제표준기구), ICS(국제해운회의소), IACS(국제선급협회), OCIMF(석유회사국제해사평의회) 등 많은 국제단체들이 이러한 자문자격을 얻어 회의 시 옵서버로 참석하고 있다.

IV. 기구 내 주요 쟁점

최근 IMO의 동향은 여객선 및 액화가스운반선 안전기준 강화, 선박온실가스 배출 규제, 선박평형수협약 채택, e-Navigation 도입, 극지운항안전기준 논의 등 첨단기술과 접목된 안전 및 환경에 초점을 맞춘 새로운 패러다임의 국제규범을 제정하는 데 주안을 두고 있다.[34]

첫째, 여객선 및 액화가스 운반선 안전기준을 강화하는 것이다. 2014년 5월 런던에서 개최된 제93차 IMO 해사안전위원회회의에서는 액화가스 운반선의 충돌 및 좌초 등의 사고 시 폭발 등의 2차 위험을 제거하기 위해 외판과 화물창의 간격을 확대하는 구조개선을 골자로 하여 '액화가스 선적 운반 선박의 구조 및 설비에 관한 국제규약International Code for the Construction and Equipment of Ships Carrying Liquefied Gases in Bulk: IGC Code'을 전면적으로 개정했으며, 여객선과 화물선의 기관실 화재사고에 대비하여 탈출구조에 대한 규정을 강화했다.[35] 또한 대형 컨테이너 선박에서 발생할 수 있는 컨테이너 화재를 제어하기 위한 소방설비를 설치하고 폭발의 위험이 큰 LNG 연료 차량을 적재할 경우에 대비해 환기 및 화재탐지장치 등 화재예방 시설을 단계적으로 설치하도록 했다.

둘째, 해양오염을 방지하기 위한 노력을 강화하는 것이다. 온실가스 규제와 관련하여 IMO는 2013년 1월부터 선박 건조 시 에너지 효율계수를 도입한데 이어, 온실가스 배출권 거래제 및 탄소세 부과를 2018년 경에 도입할 것으로 예상된다. 또한 생태계의 교란 방지를 위해 선박평형수 처리 설비를 의무적으로 설치하도록 하는 것을 골자로 한 선박평형수협약 채택을 추진

---

34) 이 부분은 2014년 해사안전국 해사안전정책과에서 공개한 "해사산업 국익창출을 위한 IMO(국제해사기구) 대응방안 강화" 문서를 참고하여 작성했다.

35) IMO, International Code for the Construction and Equipment of Ships Carrying Liquefied Gases in Bulk(IGC Code), http://www.imo.org/OurWork/Environment/PullutionPrevention/(검색일: 2015.4.9).

중이다.

셋째, 해양안보 위협에 대한 대응 노력을 강화하고 있다. 2014년 7월 ReCAAP협정 역량을 강화하기 위한 워크숍이 부산에서 개최되어 19개 회원 국 대표 등 총 25개국 58명이 참석했다. 여기에서 참가국들은 최신 해적정 보 교류, 해적사고 모의훈련, 해적정보공유시스템 교육 등을 통해 해적대응 역량을 강화하고 국제협력을 지속적으로 경주해야 한다는 인식을 공유했다. 특히 2014년 9월 미국이 동 협정에 가입함에 따라 ReCAAP의 활동범위가 확대되어 전 세계적으로 영향력을 발휘할 것으로 예상된다. 2014년 11월 IMO는 제94차 해사안전위원회회의에서 각국의 국가해상보안법 제정 문제 를 본격적으로 논의했다. 일부 국가에서 해상보안법 이행이 미흡한 분야가 다수 식별됨에 따라 관련 전문가들의 참여를 통해 완성한 해상보안법 모델 을 권고하고 국가해상보안법 제정을 논의한 바 있다.[36]

넷째, IMO는 2018년을 목표로 e-Navigation 도입을 추진하고 있다. e-Navigation이란 선박의 항구 출발부터 목적 항의 부두 접안에 이르는 전 과정의 안전과 보안을 위한 관련 서비스 및 해양환경 보호 증진을 위해 전 자적인 수단으로 선박과 육상 관련 정보의 조화로운 수집, 통합, 교환, 표현 및 분석을 수행하는 개념적 체계이다. 선박사고의 89%는 운항미숙 및 과실 등 인적요인에 의해 발생하고 있는 만큼, 인적요인에 의한 사고를 예방하기 위해 선박운항기술에 ICT를 접목한 e-Navigation을 도입하는 것이다. IMO 는 이에 대한 국제적 공감대 형성을 주도하는 한편, e-Navigation 시행을 위한 새로운 안전기준 마련 및 협약 제·개정을 통해 2018년부터 단계적으 로 시행한다는 방침이다.[37]

다섯째, 극지운항 안전기준을 마련하는 것이다. 즉, 지구온난화로 가시화 되고 있는 북극항로 운항과 관련하여 극지해역 운항 선박에 대한 강제규정

---

36) 이 부분은 해양수산부 항해지원과에서 공개한 "2014년 3분기 전 세계 해적사고 발생 동향" 문서를 참고했다.

37) 해사산업기술과, "유럽국가들과 e-네비게이션 공동개발 추진," 해양수산부 보도자료, 2014년 1월 28일.

과 권고규정을 제정하는 것이다. 북극항로는 수에즈 운하 항로 대비 20~ 30% 거리 절감효과가 기대되는 만큼 극지운항 선박 및 관련 기자재 수요가 폭증할 것이다. 이에 따라 2014년 5월 제93차 IMO 해사안전위원회에서 제기된 '극지운항선박 안전기준Polar Code'을 채택하기 위한 논의에 진전이 있었으며, 향후 2016년부터는 북극항로를 운항할 선박들에 대한 안전과 환경보호를 위한 새로운 기준이 적용될 것으로 예상된다.38) Polar Code는 극지방 생태계의 보호를 위해 선박 설계, 건설 및 장비, 운영 및 교육 문제, 수색 및 구조와 같은 사항들을 규제하고 있다. 이를 통해 선박의 안전사고의 예방에 주력하고, 만약 사고가 발생할 경우 인명사고와 환경오염을 최소화하고 완화하겠다는 것이다.39)

이러한 IMO의 움직임에 대해 선진국들은 발빠르게 대응하고 있다. 유럽, 일본 등 전통적 강국들은 자국의 제조업계와 연계하여 국제표준을 선점하기 위해 IMO 논의에 선제적으로 대응하고 있다. 우선 유럽국가들은 아시아와의 차별화를 위해 IMO의 기준을 기술장벽 구축 수단으로 활용하고 고부가가치 선박 및 고가장비에 역량을 집중하고 있다. 이를 통해 각국은 고용창출, 원천기술 확보, 친환경·고효율 선박 개발을 골자로 하여 조선 분야 성쟁력을 강화하려 하고 있다. 이미 유럽 국가들은 IMO 사무국 및 각종 위원회 의장단에 다수 진출하여 이러한 이슈에 대한 논의를 주도하고 있다. IMO의 의제 제출국 상위 12개국이 발의한 657건의 의제 가운데 유럽국가가 52%인 332건을 차지하고 있으며, 전자해도시스템 및 e-Navigation 도입 등도 유럽국가들이 주도하고 있음이 이를 입증하고 있다.

일본은 체계적인 조직과 재정지원을 바탕으로 IMO 기술의제에 역점을 두고 있으며, 한국과 중국에 대한 비가격 부문의 경쟁력을 제고하고 있다. 일본 내에서는 해상기술안전연구소, 선박기술연구소, 일본해사센터, 해기진

---

38) 해사안전정책과, "제93차 IMO 해사안전위원회 결과," 해양수산부 보도자료, 2014년 5월 26일.
39) 서대원 외, "IMO 극지방 운항선박 안전코드 제정 현황 및 문제점," 『한국항해항만학회지』 제38권 1호(2014년 2월), p.61.

홍센터 등 싱크탱크를 중심으로 분야별 IMO 동향을 분석하고 표준을 연구하며 전략의제를 발굴하고 있으며, 국외에서는 IMO는 물론 유럽해사안전청이나 국제선급협회 등과 협력체제를 구축하고 있다. 그 결과 2012년의 경우 의제 제출 건수도 미국의 115건에 이어 2위인 81건을 기록하고 있다. 특히 2011년에는 국가적 차원의 총력 지원을 통해 IMO 사무총장을 배출하는 등 IMO 내 영향력을 강화하고 있다.

중국은 후발주자로서 정부차원의 조선 및 해운 육성책을 추진하고 있으며, 안전 및 환경규제의 강화 추세에 따라 IMO 대응능력을 제고하는 데 주안을 두고 있다. 중국은 IMO 대응강화를 위해 주영대사관에 전담요원 3명을 배치하고 있다. 중국은 대외교역의 90% 이상이 해양운송을 통해 이루어지고 있는 만큼 향후 IMO에서의 활동을 더욱 강화하고 지분을 확대하려 할 것이다.

V. 한국의 대응전략

그동안 한국정부는 보다 적극적인 국제해사활동을 수행하여 IMO 내에서 해운선진국과 동등한 지위를 확보하고 국익을 보호하기 위해 체계적인 '장단기 국제해사활동 강화방안'을 수립하여 이행해 왔다. 향후 한국의 대응전략을 제시하면 다음과 같다.

첫째, 한국이 IMO A그룹 이사국으로서 IMO의 주요 의제를 제시하고 정책결정과정에서 주도적인 역할을 수행해야 한다. 해양안전, 해양환경, 조선 및 해운에 관한 기술·제도가 과학기술의 발달과 더불어 빠르게 변화하고 있다. 한국은 이전과 다른 적극적인 자세로 이러한 급변하는 해운·조선 환경 변화에 능동적으로 대처할 수 있는 신규 이슈들을 모색하고 제기해야 할 것이다.[40] 이를 위해서는 IMO의 7개 전문위원회별로 특성 및 전문 분야에 의거하여 전문연구기관을 지정하고, 각 연구기관에서 분야별로 의제를 연구하고 개발해야 한다. 물론, 각 연구기관들은 의제별로 다른 연구기관들과 협력체제를 유지함으로써 노력의 중복을 방지하고 연구의 시너지 효과를 거둘 수 있도록 해야 할 것이다. 최근 IMO의 기술적 의제가 선박과 같은 분야에서 기후변화나 e-Navigation과 같은 분야로 변화하는 추세를 감안하여 전문가들의 풀pool을 확대하고 의제개발의 유연성을 강화해 나가야 할 것이다.

둘째, IMO 대응을 위해서는 기존의 관주도의 대응에서 벗어나 산학연의 적극적 참여를 통한 총체적 대응체제로 전환해야 한다. 국제해사활동에 참여하는 것은 정부만의 노력으로는 불가능하다. 해운 및 조선업계는 물론, 연구소 및 학교 등 IMO 업무 관련 모든 단체 및 종사자들과 네트워크를 구성하고 공동의 노력을 경주함으로써 해사업무의 효율성을 극대화할 수 있을 것이다. 이를 위해서는 정부가 IMO 동향 관련 정보를 공유하고 산학연 전문가들이 참여하는 연구 및 학술대회 등을 활성화할 필요가 있겠다. 또한 IMO의 조치에 대한 신속한 대응을 위해서는 분야별 전문가 그룹을 중심으로 한 태스크포스TF를 구성하여 적극 활용할 수 있어야 하겠다.

이러한 측면에서 한국은 최근 IMO에서 논의되고 있는 극지방 운항선박 안전코드 제정에 대해 선제적으로 대응할 필요가 있다. 안전코드가 발효되면 극지운항선박의 기술 수준이 높아져야 하므로 현재의 기술 수준에서 빙해성능검증기술, 빙해추진기기술, 빙해안전시스템기술, 빙해용 재료, 빙해용 내한기자재 기술 등 여러 기술적 문제를 해결하기 위한 노력이 요구된다. 따라서 한국은 현재 제정 중인 IMO 극지방운항선박 안전코드 제정 작업에 적극적으로 참여하여 우리의 기술력 우위 부분을 선점하고 필요 기술을 미리 식별하여 대비해야 할 것이다.[41]

---

40) 임기택, "국제해사활동 강화: 국제해사기구 A그룹 이사국 진출," 『나라경제』 2002년 2월, p.59.

41) 서대원 외, "IMO 극지방 운항선박 안전코드 제정 현황 및 문제점," p.63.

셋째, IMO에서 논의되는 새로운 협약의 재개정과 의정서 채택이 우리의 국익 극대화로 이어질 수 있도록 해야 한다. 21세기 해양시대를 맞이하여 국제사회에서의 경쟁과 규제는 더욱 강화될 수밖에 없다. 그러나 이러한 경쟁과 규제는 우리가 주도할 경우 국익창출의 기회가 될 수 있다. 가령 선박평형수 처리설비 설치를 의무화함에 따라 약 80조 원 규모의 시장이 형성될 것이며, e-Navigation 도입에 따라 향후 10년간 직접시장 규모 300조 원, 간접시장 규모는 900조 원이 될 것으로 추정된다. IMF의 규제가 조선사업 시장에서 새로운 수요를 창출하는 것이다. 한국은 IMO가 승인한 31개 기술 가운데 최다 보유국으로 11개를 보유하고 있다. 최근 3년간 설비수주량으로 볼 때도 전 세계의 1,600척 가운데 약 54%인 871척을 선점함으로써 그 능력을 입증한 바 있다. 한국이 저탄소 고효율 엔진을 개발하고, 극지운항 기술을 개발하며, ICT 기반 모바일 기술 등 신기술을 개발하고 국제표준화를 선점한다면, 해양에서의 경쟁과 규제는 오히려 우리의 국익을 극대화할 수 있는 기회를 제공할 것이다.

넷째, 국내외 IMO 대응기반을 강화해야 한다. 해수부 산하에 IMO를 담당하는 조직으로는 현재 해사안전국 예하의 해사안전정책과에 '국제해사팀'을 두고 있으나 앞으로는 적어도 '국제해사과'로 승격시켜야 할 것이며, 이를 IMO 조직과 유사한 해사안전, 해양환경, 화물운송, 법률·제도 분야로 구분하여 인력을 충원함으로써 보다 체계적이고 전문적으로 국제해사 문제에 대응할 수 있는 체제를 구비해야 한다. 이러한 인력은 국제업무 역량이 있는 직원을 발굴하고 육성해야 하며, 중장기적으로 보직을 관리하고 교육의 기회를 부여함으로써 전문가로 키워나가야 한다. IMO 현지에서의 대응체계도 강화되어야 한다. 7년 연임 A그룹 이사국으로서 한국의 위상을 고려한다면 다른 경쟁국들의 현지조직과 인력규모를 감안하여 대응조직을 확대할 필요가 있다. 현재 런던 주재 대사관에서 상주 대표부를 맡고 있으며 상주인력은 1명에 불과하나 앞으로는 'IMO 대표부'를 설치하여 그 조직과 기능을 보강해 나가야 할 것이다.

VI. 결론

IMO는 1948년 설립된 이후로 해운 관련 안전, 환경, 해상교통 촉진 및 보상 등과 관련된 국제규범을 제·개정하는 기능을 수행하고 있다. 그동안 IMO는 선박구조 및 설계 등 해사안전과 관련하여 국제기준을 수립했으며, 해양환경을 보존하기 위해 오염방지 기준 및 민사책임 국제협약 등을 마련했다. 현재까지 60여 개의 국제협약과 1,750여 종의 결의서를 채택했다.

IMO협약의 제·개정은 그 방향에 따라 국가별로 조선 및 해운산업의 판도는 물론, 관련 기업 경영환경에 지대한 영향을 미쳤다. 기술의 진보와 해양환경의 변화에 따라 IMO의 역할은 계속될 것이다. 무엇보다도 IMO는 여타 국제기구와 달리 효율적으로 기능하고 있다. 통상적으로 국제기구는 구속력이 약하기 때문에 국가들의 행위를 제약하기 어려우며, 따라서 국제기구에서 논의되고 합의되는 사항은 일종의 '말잔치'가 되는 경향이 있다. 그러나 IMO에서는 다르다. 앞에서 살펴본 바와 같이 IMO에서 채택된 협약과 의정서는 의무조항을 포함하고 있기 때문에 국가들의 행동을 제약하고 통제할 수 있다. IMO의 결의사항이 비록 의무조항이 아니더라도 국가들은 사안이 갖는 심각성을 인식하여 적극적으로 이를 준수하려 하고 있다. IMO가 다루고 있는 안전, 해양안보, 오염방지, 그리고 지속가능한 해양수송 등의 의제는 각국의 안전하고 효율적인 해양사용 및 경제활동에 기여하고 있기 때문이다.

한국은 이제 해양중견국으로의 지위를 확보하고 있다. IMO의 A그룹 이사국으로서, 17번째로 IMO 예산을 부담하는 국가이다. 이제 한국은 세계경제 규모 면에서 10위 이내로의 진입을 꿈꾸고 있다. 한국이 경제대국으로 성장하는 과정에서 국제해운 분야에 대한 기여는 국제사회에서 한국의 지위를 고양시킬 뿐 아니라 경제발전에 유리한 기회로 작용할 수 있다.

즉, 한국은 미래 해양강국으로서 IMO 활동에 적극적으로 참여하여 IMO가 추구하는 지속가능한 해양수송에 대한 의무와 책임을 다해야 하며, 이와 함께 IMO의 다양한 협약과 의정서에서 채택된 각종 규제와 요구사항을 한국의 기술력과 접목시켜 신기술을 개발하고 미래의 새로운 시장을 선점해야 할 것이다. 이러한 측면에서 한국은 국제해사업무를 전담하는 인력과 구조를 보강하여 국내외에서 IMO 대응체제를 강화해야 할 것이다.

더 읽을 거리

📖 이윤철. 『국제해사협약』. 다솜: 서울, 2011.
국제해사기구(IMO)의 조직 및 현황, IMO의 설립 배경과 회의 절차, 해사협약의 성립과 국제적 수용, 그리고 주요 해사협약의 종류에 이르기까지 IMO에 관한 전반적인 이해를 도모할 수 있는 지침서.

📖 International Maritime Organization. *SOLAS 2014: Consolidated Text of the International Convention for the Safety of Life at Sea, 1974, as Amended.* London: IMO, 2014.
국제협약 가운데 가장 오래되고 가장 중요한 것으로 간주되는 SOLAS의 최근 개정 내용을 담은 1차 자료로 IMO의 해사안전 분야에 관한 연구자에게 필독서.

📖 IMO. *IMO: What It Is.* London: IMO Publishing Service, 2013.
IMO에 관한 기본적인 현황을 담은 개괄서로 IMO의 성립 배경, 발전 과정, 주요 기능, 주요 협약, 당면과제 등 IMO에 관해 알아야 할 내용을 간략하면서도 핵심적인 내용을 중심으로 소개.

제 **4** 장

세계지적재산권기구
(WIPO)

한유진

I _____ 서론
II _____ 기구 성립의 배경 및 발전과정
III _____ 기구의 구성·기능·예산
IV _____ 한국과의 관계
V _____ 결론

I. 서론

세계지적재산권기구World Intellectual Property Organization: WIPO는 지식재산권 intellectual property rights 1)과 관련한 국제조약 및 규범에 대한 논의를 주도해 나가는 대표적인 기구이다. 지식재산권은 지식재산2)에 대한 권리를 말하며, 대표적으로는 특허, 상표, 디자인과 같은 산업재산권과 저작권이 있다 (특허청, 2012).3) 또한 최근에는 반도체 배치설계layout design, 유전자원 genetic resources, 전통지식traditional knowledge, 지리적 표시geographical indication 와 같은 신지식재산권도 논의의 대상이 되고 있다.

지식재산권에 대한 중요성은 21세기 무형의 지식이 개인·기업 및 국가 발전의 원동력이 되기 시작하면서 더 부각되기 시작하였다.4) 이러한 "지식

---

1) 과거에는 지적재산권이라는 용어를 더 많이 썼으나, 최근에는 지식재산권이라는 용어가 더 보편적임. 그러나 기구 명칭은 그대로 세계지적재산권기구를 쓰는 경우가 많음.

2) 인간의 창조적 활동 또는 경험 등에 의하여 창출되거나 발견된 지식·정보·기술, 사상이나 감정의 표현, 영업이나 물건의 표시, 생물의 품종이나 유전자원, 그 밖에 무형적인 것으로서 재산적 가치가 실현될 수 있는 것(지식재산 기본법 제3조 1항).

3) 지식재산기본법 3조1호.

4) OECD(1996).

지식재산권의 범주

- 기존의 지식재산권(intellectual property right)
  - 산업재산권(industrial property right): 산업 활동과 관련한 창작물이나 창작방법에 대해 부여하는 권리
    - 특허권(patent right): 새로운 물건, 물질, 방법을 만들어 내는 기술적 아이디어에 부여하는 독점적 권리
    - 상표권(trademark right): 제품이나 서비스를 식별하기 위해 사용하는 기호·문자·도형·입체적 형상에 부여하는 독점적 권리
    - 디자인권(design right): 독창적인 장식적 요소 및 외관 형상을 보호하기 위해 부여된 독점적 권리
  - 저작권(copyright): 인간이 창작한 저작물에 대해 부여하는 독점적 권리

- 신지식재산권(new intellectual property right): 기존의 지식재산권 범주에는 속하지 않으나 과학기술의 급속한 발전과 사회의 변화에 따라 경제적 가치를 지니게 된 창작물을 일컫는다.

기반경제knowledge-based economy" 패러다임이 도입된 이후, 각 국가들은 지식재산권의 양적 증대는 물론 질적 측면의 향상을 위해서도 보다 적극적으로 노력해왔다. 그 결과, 2014년부터는 기존에 비용으로 인식되던 R&D를 자산으로 고려하여 국민계정에 "지식재산생산물투자" 항목을 신설하기에 이른다.[5] 이 항목은 연구개발, 광물탐사 및 평가, 컴퓨터 소프트웨어 및 데이터베이스, 오락·문학 또는 예술품의 원본, 기타 지식재산생산물로 나뉘어진다.[6] 이러한 세부항목을 종합한 분석 결과에 따르면, 2013년 GDP 대비 지식재산생산물 투자 비중이 미국의 경우 5.1%, 우리나라의 경우 5.7% 수준

---

5) 최성근(2014).
6) 이성욱(2014).

인 것으로 나타났다.[7]

이렇듯 지식재산권은 국가적으로 매우 중요하게 인식되고 있을 뿐 아니라, 기업이 경쟁력을 가지기 위해서도 꼭 필요한 요소로 받아들여지고 있다.[8] 기업경영에 있어서도 지식재산권은 크게 자원으로서의 역할, 수익창출의 역할, 분쟁 대응에의 역할을 하고 있다.[9] 첫째, 자원으로서의 역할은 독점 배타적인 권리를 경쟁기업에 비해 먼저 확보함으로써 독자적인 시장을 구축할 수 있다는 점이다. 둘째, 확보한 지식재산을 다른 기업들에게 라이센싱함으로써 새로운 수익모델을 창출할 수 있다는 점이다. 마지막으로, 지식재산 관련 분쟁에 대응하여 경쟁기업을 대상으로 카운터클레임counterclaim[10]을 하거나, 크로스라이센싱cross-licensing[11]과 같은 보완적 방법을 제시하는 수단으로 활용되기도 한다.

특히 최근에는 전 세계적으로 지식재산권 출원이 증가하고, 다국적 기업들 간의 지식재산권 관련 소송이 증가하면서 WIPO의 역할이 중요해지고 있다. 또한 최근에는 선진국뿐 아니라 개발도상국에서도 지식재산권의 중요성을 인지하고, 국제적인 논의에 적극 참여하고 있다. 그럼에도 불구하고, 그동안 지식재산권에 대한 논의는 전 세계를 포괄하기보다는 선진국들이 이미 보유하고 있는 지식재산권에 대한 행사권을 강화하기 위한 방향으로 전개되어 왔다.

우리나라 역시 지식재산권의 확보 측면에서는 전 세계적으로 상위권에 속하고 있다. 따라서, 세계 4위의 특허 출원국답게[12] 다른 국제기구에 비해 WIPO에서의 활동이 활발한 편이다. 하지만, 그동안 국내 대중에게는 물론 학계에서도 WIPO 성립의 배경과 발전과정, 다른 국제기구와의 관계, 우리

---

7) 최성근(2014).
8) 이주완(2011).
9) 특허청·원니스(2008).
10) 피고가 원고에 대해 제기하는 반소.
11) 상호간의 특허를 서로 사용하도록 허용하는 것.
12) WIPO(2014).

나라와의 관계 등에 대해 종합적으로 보여준 자료가 부족하였다. 따라서 본 장에서는 기존의 자료13)를 발전시켜 WIPO에 대한 전반적인 소개 및 우리 나라와의 관계에 대해 소개하고자 한다.

II. 기구 성립의 배경 및 발전과정

특허권을 비롯한 지식재산권은 세계지적재산권기구World Intellectual Property Organization: WIPO가 세워지기 훨씬 이전부터 각 나라의 독자적인 시스템에 의해 보호되어 왔다. 그러나 19세기 후반 국제무역이 활발해지면서, 한 국가에서 보호받던 지식재산권을 다른 국가에서도 보호받을 수 있도록 하는 협정에 대한 논의가 시작된다. 이러한 노력의 일환으로 가장 먼저 맺어진 것이 파리협약Paris Convention이다. 이 협약은 내국민대우 원칙, 우선권 제도,14) 각국 산업재산권 독립의 원칙에 근거하여 한 나라에서 보호 받던 지식재산을 다른 나라에서도 보호받을 수 있도록 하자는 것을 주요 내용으로 하였다. 저작권 역시 19세기 이전까지는 유럽 국가들이 각국의 법에 따라 자국민의 저작물을 보호하였으나, 외국에서의 출판이 문제가 되기 시작하였다. 처음에는 양자조약을 맺어 이를 보호하려 하였으나, 점차 다자조약의 필요성이 제기되었다. 1884년부터는 국제문예협회Association Littéraire et Artistique Inter-nationale: ALAI 주관으로 매년 베른에서 국제회의가 개최되었으며, 1886년에는 스위스, 독일, 라이베리아, 벨기에, 아이티, 에스파냐, 영국, 이탈리아, 튀니지, 프랑스가 다자조약에 서명하였다. 이후 1887년 라이베리아와 아이

---

13) 특허청(2011).
14) 일정 기간 내에 다른 체약국(제2국)에 특허를 출원한 경우, 그 출원일을 제1국 출원일 로 소급해 주는 제도.

티를 제외한 8개국이 비준하여, 베른협약이 발효되게 된다. 상표는 파리조약 제19조에 근거하여 1891년 "국제등록에 관한 마드리드협정Madrid Agreement Concerning the International Registration of Marks"에 의해 보호되기 시작하였다. 이

〈표 1〉	WIPO의 주요 연혁
연도	**내용**
1883	파리협약(Paris Convention)
1886	베른협약(Berne Convention)
1891	마드리드협정(Madrid Agreement)
1893	지식재산보호를 위한 국제사무국(Bureaux Internationaux Réunis pour la Protection de la Propiété Intellectuell: BIRPI) 설립
1925	헤이그협약(Hague Agreement)
1960	BIRPI 사무국의 제네바 이동
1967	WIPO협정(WIPO Convention)
1970	WIPO 설립/특허협력조약(Patent Cooperation Treaty: PCT[15])
1974	UN 17개 전문기관 중 하나로 선정
1989	마드리드협정 의정서(Protocol to Madrid Agreement)
1996	WIPO 저작권조약(WIPO Copyright Treaty: WCT), WIPO 실연·음반조약(WIPO Performances and Phonograms Treaty: WPPT) 채택
2000	특허법조약(PLT: Patent Law Treaty)
2002	WCT, WPPT 발효

자료: 특허청(2011)

---

15) 자국 특허청에 PCT 출원을 하면, 조약 가입국의 특허청에 직접 출원한 것과 같은 효과를 가짐. 또한 국제조사기관(International Searching Authority: ISA) 및 국제에 비심사기관(International Preliminary Examining Authority: IPEA)의 사전 조사를 통해 출원인이 실제 특허권을 보장받고자 하는 국가에서 요건이 충족될 수 있는지를 사전에 파악할 수 있도록 함.

때 저작권협약의 행정을 맡은 사무국은 1893년 파리협약 사무국과 통합되어 지재권보호를 위한 국제사무국Bureaux Internationaux Réunis pour la Protection de la Propiété Intellectuell: BIRPI으로 운영되기 시작한다. 1925년에는 마지막으로 디자인의 국제 출원 및 등록과 관련된 헤이그협약이 체결되었다.

1960년에는 BIRPI 사무국이 제네바로 이전하였으며, 1967년 7월 14일에는 드디어 WIPO의 설립에 관한 협약이 체결된다. 그리고, 1970년에는 체결된 설립협약에 근거해 드디어 WIPO가 세워진다. 본부는 스위스 제네바에 소재하고 있으며, 지식재산권에 관련된 전 세계적인 이슈에 대한 논의 및 관련 조약을 관장함으로써 국제표준을 마련하는 한편, 신지식재산권에 대한 국제규범을 형성하는 역할을 수행하고 있다. 1974년 12월 17일에는 UN의 16개 전문기관 중 하나로 지정되어 경제이사회의 관할하에 업무를 수행하고 있다. 1989년에는 기존의 마드리드협정에 근거하여 "표장의 국제 등록에 관한 마드리드협정에 대한 의정서Protocol relating to the Madrid Agreement Concerning the International Registration of Marks"가 채택된다. 이 의정서는 1996년부터 시행되기 시작하였으며, 기존의 마드리드협정이 가지고 있는 문제점을 개신해 국제성표등록제도를 효과적으로 운영하기 위한 목적을 가지고 있었다. 같은 해에 WIPO 저작권조약WIPO Copyright Treaty: WCT과 WIPO 실연·음반조약WIPO Performances and Phonograms Treaty: WPPT이 채택되었으며, 2002년부터 발효되기 시작하였다. 우리나라가 WIPO에 가입한 것은 1979년 3월 1일이었으며, 2015년 현재 188개국이 가입해 있다. WIPO의 주요 연혁은 〈표 1〉과 같다.

III. 기구의 구성·기능·예산

1. 기구의 구성

WIPO에는 약 1,013명의 직원이 근무하고 있으며, 사무총장을 비롯한 고위직 64명, 434명의 전문가professional 그리고 515명이 행정직general service 으로 구성된다(〈표 2〉 참고).[16] 이외에 프로젝트 기반으로 근무하는 직원이 212명이다.[17]

조직도를 살펴보면, 〈그림 1〉과 같이 사무총장director general 아래 개발development, 상표 및 디자인, 글로벌 이슈, 혁신 및 기술을 담당하는 사무차장deputy director general이 있다. 이외에 글로벌 인프라, 경영 및 행정, 문화 및 창조 영역은 사무차장보assistant director general가 담당하고 있다. 이러한 기능적인 업무 이외에도 유럽과 아시아 특정 지역 협력, 경제·통계, 인적자원 관리 및 개발은 사무총장 직속으로 운영하고 있다.

WIPO는 크게 주기관과 보조기관으로 나뉘어 운영되고 있으며, 주기관은 총회를 비롯한 주요의사결정을 담당하고, 보조기관은 이를 지원하는 역할을 수행한다(〈표 3〉 참고).

먼저 정규기관에는 다른 국제기구와 마찬가지로 총회General Assembly가

〈표 2〉	WIPO의 인력 구성		
사무총장 및 고위직	전문가	행정직	계
64	434	515	1,013

자료: WIPO(2013)

---

16) WIPO(2013).
17) WIPO(2013).

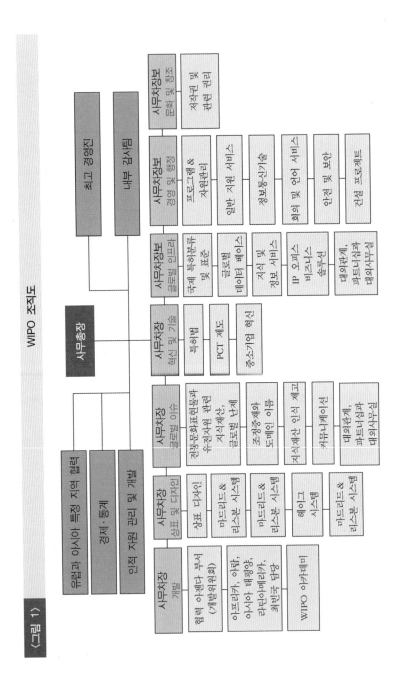

〈그림 1〉 WIPO 조직도

〈표 3〉	WIPO의 주기관과 보조기관

주기관	총회(General Assembly)
	당사국회의(Conference)
	조정위원회(CoCo: Coordination Committee)
보조기관	• 상설위원회(Standing Committee): 특허법, 상표법, 디자인법 지리적 표시 상설위원회 등 • 상임위원회(Permanent Committee): 프로그램예산위원회(Program and Budget Committee: PBC), 개발위원회(Committee on Development and Intellectual Property: CDIP) 등 • 실무그룹(Working Group)회의

자료: 특허청(2011)

가장 최고의 의사결정기구이다. 총회는 매년 1회 개최되며, WIPO의 주요 정책에 대한 의사결정, 사무총장 선출 및 활동 검토, 조정위원회 활동 승인, 예산 편성 및 운영 등의 이슈를 논의한다.

당사국회의Conference 역시 1년에 1번씩 개최되며, 예산은 2년마다 편성된다. 당사국회의는 총회가 개최되는 기간 동안 같은 장소에서 개최되며, 총회와의 차이점은 의장이 다를 뿐이다. 이 회의에서는 지식재산권과 관련된 현안 논의와 권고 채택, WIPO협약 개정 및 채택과 같은 업무를 수행한다. 또한 개발도상국 지원 프로그램 추진에 대한 예산도 편성한다. WIPO 예산은 회원국의 분담금보다 국제특허 출원 비용에 의존하고 있다는 특징을 가진다. 조정위원회Coordination Committee: CoCo는 총회 및 당사국회의의 실무기구이며, 현안 문제에 대한 총회·자문회의의 의제안 준비, 당사국회의의 사업예산 및 의제안 준비 등을 수행한다.

보조기관으로는 상설위원회Standing Committee, 상임위원회Permanent Committee 그리고 실무그룹Working Group이 있다. 먼저 상설위원회는 지식재산권과 관련된 각종 법률위원회로 구성되어 있다. 특허법 상설위원회Standing Committee on the Law of Patents: SCP, 상표법 상설위원회Standing Committee on the Law of

Trademarks, Industrial Designs and Geographical Indications: SCT, 저작권·저작인접권 상설위원회 Standing Committee on Copyright and Related Rights: SCCR, 정보기술 상설 위원회 Standing Committee on Information Technologies: SCIT가 있다.

상임위원회에는 프로그램예산위원회 Program and Budget Committee: PBC, 개발 위원회 Committee on Development and Intellectual Property: CDIP, 유전자원/전통지식 에 관한 정부간위원회 Intergovernmental Committee on IP and Genetic Resources, Traditional Knowledge and Folklore: IGC, 집행권고위원회 Advisory Committee on Enforcement: ACE 등이 포함된다. 먼저, PBC는 WIPO 재정과 관련된 제반 사항 및 감사에 관한 이슈를 담당하고 있으며, CDIP는 개발도상국 지원 프로젝트를 기획·실행한다. IGC는 최근 이슈가 되고 있는 유전자원/전통지식에 대한 범세계적인 이슈 및 각국의 논의를 주도하며, ACE는 WIPO에서 결정한 사 항이 제대로 실행될 수 있도록 기술적인 문제들에 대한 해결을 지원한다.

그 외에 특정한 주제에 관련된 논의가 필요할 경우에는 실무그룹회의를 개최한다. 실무그룹은 제한된 기간 동안 특정한 임무에 대해 기술적인 문제 의 해결을 목적으로 한다.

2. 기구의 기능

WIPO는 크게 다섯 가지 업무를 수행하고 있다. 첫째, 산업재산권(특허, 실용신안, 상표, 디자인)과 저작권(출판, 음반, 디지털 콘텐츠 보호 등) 관련 한 24개 국제조약(〈표 4〉 참고)을 제정·개정·관리한다.

둘째, 지식재산권과 관련한 국제 출원 및 등록시스템을 운영한다. WIPO 는 특허, 상표, 디자인과 관련한 지적재산권이 자국은 물론 타국에서도 보호 받을 수 있도록 하는 시스템을 운영함으로써 전 세계적으로 효율적인 지식 재산권 관리가 가능하도록 한다. 구체적으로 WIPO에서는 현재 특허와 관 련된 PCT, 상표와 관련된 마드리드제도, 디자인과 관련된 헤이그시스템을 운영하고 있다.

〈표 4〉		WIPO의 주요 연혁		
번호	구분	조약명	연도	내용
1	IP 보호	파리협약(Paris Convention)	1883	산업재산권보호에 관한 협약
2		베른협약(Berne Convention)	1886	저작권 관련 협약
3		마드리드협약(Madrid Agreement)	1891	상품의 허위 또는 기만표시 억제를 위한 마드리드협정/ 상표의 국제 등록에 관한 협정
4		로마협약(Rome Convention)	1961	로마협약
5		음반협약(Phonograms Convention)	1971	음반 관련 협약
6		브뤼셀협약(Brussels Convention)	1974	통신위성에 의해 전달되는 프로그램 송신부호 배분에 관한 협약
7		나이로비조약(Nairobi Treaty)	1981	올림픽 심벌 보호에 대한 조약
8		워싱턴조약(Washington Treaty)	1989	집적회로에 관한 지식재산조약
9		WIPO 저작권조약(WCT)	1996	저작권조약
10		WIPO 실연·음반조약(WPPT)	1996	실연·음반조약
11		상표법조약(Trademark Law Treaty)	1994	상표법조약
12		특허법조약(Patent Law Treaty)	2000	특허법 관련 조약
13		시청각 공연에 대한 베이징협약 (Beijing Treaty on Audiovisual Performances)	2012	시청각 공연에 대한 협약
14		상표법에 대한 싱가포르조약 (Singapore Treaty on the Law of Trademarks)	2006	상표법 관련 조약
15		마라케시 VIP조약(Marrakesh VIP Treaty)	2013	시각장애인을 위한 출판물 접근에 관한 협약
16	글로벌 보호	부다페스트조약(Budapest Treaty)	1977	특허절차상 미생물기탁의 국제적 승인에 관한 조약
17		헤이그협약(Hague Agreement)	1925	디자인의 국제 등록에 관한 협정
18		리스본협약(Lisbon Agreement)	1958	원산지명칭 보호와 국제등록에 관한 리스본협정
19		마드리드의정서(Madrid Protocol)	1989	상표의 국제 등록에 관한 협정 관련 의정서

20		PCT	1970	특허협력조약
21		로카르노협정(Locarno Agreement)	1968	디자인의 국제 분류와 관련된 협정
22	분류	니스협정(Nice Agreement)	1957	표장등록을 위한 상품 및 서비스의 국제분류에 관한 협정
23		스트라스부르그협정(Strasbourg Agreement)	1971	국제특허분류에 관한 협정
24		비엔나협정(Vienna Agreement)	1973	산업디자인의 국제분류 제정에 관한 협정

자료: www.wipo.int

특히 PCT시스템의 운영은 특허와 관련된 국제적인 체계이기도 하지만, 기구 예산의 75.3%가 PCT 특허 출원 수수료로부터 얻어지기 때문에도 매우 중요하게 관리되고 있다.[18] 현재 PCT 출원에 있어 가장 많은 비중을

〈표 6〉 PCT 출원 국가의 출원 건수 및 비중

순위	국가	출원	
		건수	비중
1	미국	57,793	28.2
2	일본	43,075	21.0
3	유럽	32,038	15.6
4	중국	22,942	11.2
5	한국	12,442	6.1
6	기타	37,010	18.0
	계	205,300	100.0

자료: WIPO(2014)

18) WIPO(2014).

〈표 6〉	PCT 출원 상위 10개 기업 및 삼성전자의 출원 건수		
순위	회사	국가	출원 건수
1	파나소닉(Panasonic)	일본	2,839
2	ZTE	중국	2,309
3	화웨이 테크놀로지스(Huawei Technologies)	중국	2,110
4	퀄컴(Qualcomm)	미국	2,050
5	인텔(Intel)	미국	1,871
6	샤프(Sharp)	일본	1,839
7	로버트보쉬(Robert Bosch)	독일	1,809
8	도요타(Toyota)	일볼	1,698
9	에릭슨(Ericsson)	스웨덴	1,468
10	필립스(Philips)	네덜란드	1,423
13	삼성전자(Samsung Electronics)	한국	1,198

자료: WIPO(2014)

차지하고 있는 국가는 미국이며, 일본, 유럽, 중국, 한국이 그 뒤를 잇고 있다(〈표 5〉 참고). 기업 수주에서 살펴보면, 파나소닉이 2,839건으로 1위이며, ZTE, 화웨이 테크노롤지스Huawei Technologies가 그 뒤를 잇고 있다(〈표 6〉 참고).

셋째, 지식재산권과 관련된 전문인력에 대한 교육 사업을 전개하고 있다. 특히 1998년부터 WWAWIPO Worldwide Academy를 통해 세계 각국의 공무원, 대학 및 연구기관 종사자, 기업들에게 지식재산과 관련된 전문지식을 보급하고 있다. 이 프로그램은 크게 전문가 개발professional development, 학교프로그램Academic institutions program, 원격교육distance Learning, 여름학교summer school 등으로 운영된다. 전문가 개발은 지식재산과 관련된 분야에 종사하는 심사관이나 공무원들을 대상으로 실제 행정 및 심사에 관한 교육이 이루어진다. 학교프로그램은 지식재산권과 관련된 법학 석사학위운영 사업이며, 현재

〈표 7〉	지식재산권 관련 법학 석사학위과정 운영 현황		
학교	도시/국가	기간	언어
아프리카대학(Africa University)	무타레/짐바브웨	1년	영어
아르헨티나 국립 산업재산권기구 (National Industrial Property Institute of Argentina)	부에노스아이레스/ 아르헨티나	1년 4개월	스페인어
퀸슬랜드공대 (Queensland University of Technology)	브리즈번/호주	8개월	영어
서울대학교 (Seoul National University)	서울/한국	1년 10개월	영어
토리노대학교 (University of Turin)	토리노/이탈리아	9개월	영어
야운데 제2대학교 (University of Yaounde II)	야운데/카메룬	9개월	프랑스어
하이파대학교(University of Haifa)	하이파/이스라엘	1년	영어

〈표 7〉과 같이 7개 기관에서 과정이 운영되고 있다.

넷째, 지식재산권과 관련하여 크게 인식제고·인력개발 및 행정시스템지원과 같은 방법으로 개발도상국을 지원하고 있다. 인식제고·인력개발을 위해서는 대부분 세미나, 포럼, 심포지엄, 워크숍 등을 개최하는 형태이며, 행정시스템지원의 경우에는 지식재산권의 출원·등록과 관련한 전산화를 지원하는 형태이다.

마지막으로, 지식재산권과 관련한 새로운 이슈에 대한 사항은 크게 두 가지 측면에서 다루어진다. 첫 번째 측면은 도메인 네임과 상표권의 충돌, 유전자원·전통지식·민간전승물에 대한 지적재산권 관련 이슈, 디지털 콘텐츠에 대한 저작권 이슈 등 새로운 지식재산권이 등장함에 따라 수반되는 국제규범에 대한 논의이다. 두 번째 측면은 점차 증가하는 지식재산권 분쟁에 대한 대안적 분쟁 해결Alternative Dispute Resolution: ADR의 역할이다. 일단

지식재산권을 둘러싼 소송을 하게 되면, 그 기간이 매우 길고, 비용이 많이
들어 매우 소모적이 되는 경우가 많다. 아울러 각 국가별로 다른 법을 적용
하게 되기 때문에 관할 법원마다 상충되는 결과를 얻는 경우가 빈번하다.
이러한 낭비적 요소를 없애기 위해 WIPO에서는 1994년부터 중재조정센터
Arbitration and Mediation Center: AMC를 운영하고 있다.19) WIPO-AMC는 2015년
3월까지 약 400여 건의 조정·중재 결정을 다루어 오고 있다. 사건의 범위

저작권 침해란?

저작권 침해란 법률상 저작권의 행사가 제한되는 경우20)를 제외하고, 저
작자의 허락없이 창작물을 마음대로 이용하는 행위라고 할 수 있다. 보통
저작권은 경제적(economic) 측면과 도덕적(moral) 측면으로 나누어서
보호된다. 경제적 측면은 다른 사람의 저작물을 이용할 경우 합의된 저작
권료(royalty)를 내야 할 의무를 말한다. 흔히 우리가 뉴스 등에서 "표절
(plagiarism)"이라고 주장하면서, 법적 분쟁을 벌이는 경우를 예로 들 수
있다. 반면, 도덕적 측면은 저작권료를 내지 않더라도 다른 사람들의 창
작물을 이용하는 데 있어 그 출처를 명확하게 명시해야 할 의무를 말한
다. 저작권은 보통 저작자의 생존기간 및 사후 70년까지 보존되기 때문
에, 이 기간을 지나면 로열티를 요구할 권리가 없어진다. 그럼에도 불구
하고 인간의 창작물에 대해 부여되는 기본적인 권리라는 점을 고려해 볼
때, 다른 사람의 창작물을 마치 자신의 것인 것처럼 둔갑시키는 일은 사
회적으로 큰 지탄의 대상이 된다. 예를 들어 잘 알려지지 않은 오래된
작가의 수려한 문장이나 음악가의 곡 등을 마치 자신의 것인 것처럼 발표
하게 되면, 법적인 처벌은 없다 하더라도 도덕성에 대한 문제로 지속적인
비난의 대상이 될 수 있다.

자료: 문화관광부(2015)

---

19) 박은아(2015).
20) 국가 간행물에 대해서는 저작권 행사를 할 수 없음.

중재와 조정의 차이

- 중재(arbitration): 법원의 소송 절차에 의하지 않고 사인(私人)인 제삼자를 중재인으로 선정하여 그 분쟁의 해결을 중재인의 결정에 맡기는 동시에 최종적으로 그 결정에 복종함으로써 분쟁을 해결하는 제도
- 조정(mediation): 중립적인 위치에 있는 제3자(조정위원)의 권고에 의하여 양 당사자가 서로 양보하여 당사자의 합의로서 해결하는 대체적 분쟁 해결

는 특허 라이선스 및 침해, 특허품, 제약품 배급계약, 저작권, R&D 등 그 범위가 매우 다양하다.

3. 기구의 예산

WIPO는 다른 국제기구와는 달리 PCT시스템과 마드리드시스템 운영으로 인한 자체 수입이 있기 때문에 분담금 비중이 작은 편이다(〈표 8〉 참고).

〈표 8〉　　2014/15년 WIPO의 수입/지출 운영결과

(단위: 천 스위스프랑)

구분	분담금	PCT	마드리드	헤이그	리스본	총계
수입	36,199 (5.2%)	530,034 (76.5%)	116,882 (16.9%)	9,189 (1.3%)	694 (0.1%)	692,996 (100%)
지출	36,405 (5.3%)	520,555 (75.3%)	117,427 (17.0%)	15,000 (2.2%)	1,606 (0.2%)	690,993 (100%)
운영결과	(206)	9,479	(546)	(5,811)	(913)	2,003

이 중에 PCT시스템은 약 76.5% 수입, 약 75.3%의 지출을 차지하고 있다. 즉, WIPO는 PCT시스템 운영을 통해 얻어진 수입을 다시 각종 사업에 분배하여 지출하고 있다고 볼 수 있다.

〈표 9〉는 OECD 34개국의 분담금이며, 이 액수가 회원국 전체 분담금의 약 85%(30,720천 스위스프랑)를 차지한다. 미국, 영국, 독일, 프랑스, 일본

〈표 9〉		OECD 34개국의 분담금(2014/15년)	

(단위: 천 스위스프랑)

국가	분담금	국가	분담금
오스트레일리아	1,367(3.8%)	한국	684(1.9%)
오스트리아	684(1.9%)	룩셈부르크	91(0.3%)
벨기에	1,367(3.8%)	멕시코	684(1.9%)
캐나다	912(2.5%)	네덜란드	1,367(3.8%)
칠레	23(0.1%)	뉴질랜드	273(0.8%)
체코	273(0.8%)	노르웨이	912(2.5%)
덴마크	912(2.5%)	폴란드	273(0.8%)
에스토니아	23(0.1%)	포르투갈	684(1.9%)
핀란드	912(2.5%)	슬로바키아	273(0.8%)
프랑스	2,279(6.3%)	슬로베니아	91(0.3%)
독일	2,279(6.3%)	스페인	912(2.5%)
그리스	273(0.8%)	스웨덴	1,367(3.8%)
헝가리	273(0.8%)	스위스	1,367(3.8%)
중국	684(1.9%)	터키	182(0.5%)
아일랜드	912(2.5%)	영국	2,279(6.3%)
이스라엘	182(0.5%)	미국	2,279(6.8%)
이탈리아	1,367(3.8%)	기타	5,479(15.1%)
일본	2,279(6.3%)	계	36,199(100.0%)

자료: WIPO(2014)

이 가장 많은 분담금을 부담하고 있으며, 우리나라의 경우 68만 4천 스위스 프랑으로 전체 분담금의 1.9%를 차지하고 있다.

2014/15년 주요 사업에 할당된 WIPO의 예산은 〈표 10〉과 같이 6억 7,399만 3천 스위스 프랑이다. 이 가운데 가장 많은 지출을 차지하는 부분이 PCT시스템 운영과 관련된 것이다. 이는 〈표 8〉에서 볼 수 있듯이 수입과 지출의 가장 큰 부분이 PCT시스템 운영에서 발생하고 있기 때문이다. 다음으로 큰 비중을 차지하는 부문은 마드리드 및 리스본시스템 운영이며, 이 역시 WIPO의 주 수입원 중의 하나이다. 개발도상국에 대한 지원은 "개발 아젠다"나 "아프리카, 아랍, 아시아태평양, 라틴아메리카 및 카리브 해 개발도상국"과 같은 개별 항목에서 주로 이루어진다.

〈표 10〉	WIPO의 부문별 예산

(단위: 천 스위스프랑)

	2012/13 집행액	2014/15 예산
1. 특허법	5,163	4,950
2. 상표법, 디자인, 지리적 표시	5,654	6,162
3. 저작권 및 저작인접권	19,425	16,430
4. 전통지식, 전통 문화 표현 및 유전자원	6,630	7,864
5. PCT시스템	175,893	197,973
6. 마드리드 및 리스본시스템	50,622	55,245
7. WIPO 중재 및 조정 센터	9,975	11,175
8. 개발 아젠다 계획수립	4,132	4,341
9. 아프리카, 아랍, 아시아태평양, 라틴아메리카 및 카리브 해 개발도상국	33,126	32,325
10. 유럽 및 아시아 국가와의 협력	6,348	8,443
11. WIPO 아카데미	11,856	11,883
12. 국제특허분류	6,976	7,317

13. 글로벌 데이터베이스	4,302	4,692
14. 정보 및 지식 서비스 접근	7,634	7,539
15. IP 관련 비즈니스 솔루션	8,104	11,628
16. 경제·통계	5,198	5,336
17. IP에 대한 인식도 향상	2,884	3,989
18. IP 및 글로벌 챌린지	7,048	6,938
19. 커뮤니케이션	16,269	17,257
20. 파트너십 및 외부기관과의 관계	10,349	12,435
21. 최고 경영진	18,338	18,945
22. 프로그램 및 자원 관리	19,074	28,032
23. 인적자원 관리·개발	21,907	23,561
24. 일반관리비	40,000	47,400
25. 정보통신	47,977	45,269
26. 내부감사	4,837	5,116
27. 컨퍼런스 및 언어 서비스	37,691	41,117
28. 안전 및 보안	10,814	10,786
29. 신규 컨퍼런스 홀	7,144	834
30. 중소기업혁신	9,816	6,696
31. 헤이그시스템	6,906	7,587
기타	26,319	4,727
계	648,411	673,993

자료: WIPO(2014)

4. WTO-TRIPs와의 관계

이렇듯 WIPO가 오랜 기간 동안 지식재산권 관련한 전반적인 국제 규범에 관한 논의를 주도해 왔다면, 세계무역기구World Trade Organization: WTO는 무역과 관련된 지식재산권 이슈를 총괄하는 규범을 제정·관장하고 있다. 무역관련지적재산권협정Agreement on Trade-Related Aspects of Intellectual Property Rights: TRIPs은 1995년 1월 1일 WTO의 출범과 함께 효력을 발생하기 시작하였다. 물론 WTO체제가 등장하기 전 관세 및 무역에 관한 일반협정General Agreement on Tariffs and Trade: GATT에서도 지식재산권 보호에 관한 조항이 존재하였으나, 분쟁해결에 대한 구체적인 해결 방법에 대한 내용이 미비하여, 큰 효과를 거두지 못하였다. 본래 TRIPs는 위조상품에 대한 무역 규제를 목표로 하였으나, 이후 특허권, 상표권, 저작권 등 전반적인 지식재산권에 대한 규범으로 확대되었다. 따라서, 회원국들은 자국의 지식재산권 관련 법을 TRIPs협정에 일치하도록 개정하고, 범세계적인 차원에서 지식재산권 보호와 관련된 통일된 규정을 따르게 된다.

TRIPs는 총 7부, 73개의 조로 구성되어 있다. 먼저 "제1부 일반규정과 기본원칙"에는 "지적재산권의 보호와 집행은 기술혁신 및 기술이전에 기여하고, 기술의 생산자와 사용자에게 상호이익이 되는 것은 물론 사회 및 경제에 기여하는 방향으로 권리와 의무에 대한 균형을 이루어야 한다"라고 TRIPs의 목적이 소개되어 있다. "제2부 지식재산권의 취득 방법, 범위 및 사용에 관한 기준"에서는 특허, 상표, 저작권은 물론 신지식재산권을 모두 포괄한다고 밝히고 있다.

특이할 만한 것은 "제3부 지식재산권의 집행enforcement"과 "제5부 분쟁의 방지 및 해결" 부문이다. 먼저 제3부에서는 지식재산권 보호에 대한 기본적인 절차를 규정하고, 회원국이 이를 자국법에 적용할 것을 요구하고 있다. 또한 무역정책 검토·통보 제도를 활용하여 회원국의 지식재산 보호 정도에 대한 감시 역할을 수행하고 있다. 다음으로 제5부에서는 침해금지명령이나 손해배상 등과 같은 민·형사적인 절차, 침해발생의 방지나 증거보전을 위한 조치, 침해상품에 대한 국경조치 등을 규정하고 있다.

TRIPs 이전에는 지식재산권의 집행 문제를 다루는 조항을 포함하는 조약이 거의 없었으며, 있다 하더라도 법적 구제에 대한 일반적인 내용을 최소화하여 규정하는 데 그쳤다. 예외적으로 북미자유무역협정North American Free

제3부 지식재산권의 집행

일반적 의무(제41조): 지적재산권의 행사절차는 '공정하고 공평(fair and equitable)'하여야 함은 물론, 불필요하게 복잡하거나, 비용이 많이 들거나, 시간을 불합리하게 제한·지연하여서는 안 된다. 사안에 대한 결정은 서면주의와 증거주의에 입각하여야 하며, 당사자는 사법기관의 심사를 받을 기회를 제공받는다.

민사 및 행정절차와 구제(제42-49조): 사법당국은 비밀을 보장하는 조건으로 당사자에게 증거자료의 제출, 침해자에 대한 금지명령(injunction)/손해배상(damages)과 같은 법적 결정을 내릴 수 있다.

잠정조치(제50조): 사법당국은 침해혐의가 의심되는 경우 보전을 위한 잠정조치(provisional measures)를 취할 수 있으며, 이를 당사자에게 지체 없이 통보해야 한다.

국경조치(제51-60조): 회원국은 상표권자/저작권자가 침해상품의 통관 정지를 사법·행정 당국에 서면으로 청구할 수 있는 절차를 갖추어야 한다. 관할 당국은 침해 사실이 확인될 경우 상품에 대한 폐기·처분을 명령할 수 있다.

형사절차(제61조): 회원국은 고의로 상표권/저작권을 침해할 경우 형사적 절차 및 처벌을 규정하여야 한다. 이 규정에는 침해 상품 및 범죄에 사용된 재료나 기구에 대한 압수·몰수·처분에 대한 내용이 포함되어 있어야 한다.

Trade Agreement: NAFTA에서는 미국, 캐나다, 멕시코 사이의 지식재산권 침해에 대한 일반규정, 민·형사적인 절차, 잠정보호 조치, 국경조치 등에 대한 조항을 두고 있었으며, 이 내용이 상당부분 TRIPs에 반영되었다. 우리나라 역시 TRIPs협정 이후 1995년 관련된 8개 법을 제·개정하였다.

그 당시 WIPO는 규칙에 대한 승인을 주로 하였기 때문에 미국의 기업들은 그들의 지식재산권 보호가 적합한 수준에서 이루어지기 어렵다고 판단하였다. 따라서 1980년대 미국은 WIPO 중심의 지식재산권에 대한 논의를 제재 조치가 가능한 GATT 중심으로 옮기려고 시도하였다. 이때 미국은 WIPO 에서 미국의 아젠다가 개발도상국들에 의해 자주 부결되었기 때문에 GATT 의 지식재산권 아젠다 관련 논의에 개발도상국들을 참여시키지 않았다. 따라서 미국이 우루과이라운드Uruguay Round에 포함시킨 지식재산권에 대한 내용을 집행하는데 있어, 개발도상국들이 저항하기 시작하였다. 그때까지만 해도 개발도상국들은 WIPO의 조약 중 자국에 필요한 것들만 선택하고, 개발 목표에 따라 지식재산권체제를 변경하는 방식을 택하고 있었기 때문이다. 따라서 TRIPs가 등장함에 따라 WIPO는 커다란 전략적 딜레마strategic dilemma를 겪게 되었다.

즉, 그동안 지식재산권에 있어서 독보적인 지위를 WTO와 나누어야 하는 상황이 된 것이다. WIPO는 여전히 전반적인 표준과 규칙에 대한 제정 및 행사를 담당했고, WTO가 TRIPs라는 하나의 조약에 근거해 지식재산과 관련된 국제적인 문제를 다루게 된 것이다. 따라서 WIPO는 지식재산권 관련 표준을 제정·관리해 가는 데 있어서 TRIPs가 가져온 역학적인 변화를 수용하지 않으면 안 되게 되었다. 특히 1980년 초 UN무역개발협회United Nations Conference on Trade and Development가 악화된 상황에서, 무역과 관련된 지식재산권 문제에 있어서는 WTO가 가장 강력한 조직이었기 때문이다. 그 결과, WIPO는 1995년 TRIPs가 더 잘 이행될 수 있도록 WTO 회원국들에게 기술적 지원technical assistance을 하겠다는 결의안을 신속하게 채택하였다. 여러 가지 측면에서 이 결의안은 WIPO가 TRIPs가 주도하는 분야에서 틈새를 확보하였다는 평가를 받고 있다. 즉, WIPO를 중심으로 논의 되었던 조약이나 기술적 전문지식에 기반한 표준들이 향후 TRIPs를 이행하는 데 반영됨으로써, 더욱 입지를 굳건히 할 수 있게 된 것이다. 결과적으로 WIPO는 WTO 의 TRIPs 채택과 함께 지식재산권과 관련해 기존의 영향력을 그대로 행사할 수 있었다.

그러나 미국 등 선진국들은 TRIPs만으로는 지식재산권에 대한 보호가 충분하지 않다고 보고, 자유무역협정Free Trade Agreement: FTA과 같은 지역무역협정에도 광범위한 지식재산권에 대한 조항을 포함시키고 있다. 이는 최근

선진국들이 지나친 지식재산권에 대한 규제로 인해 TRIPs에 대한 개발도상
국의 저항이 점차 거세지고 있기 때문인 것으로 보인다.

IV. 한국과의 관계

앞에서 언급했지만, 지식재산권은 산업재산권, 저작권, 신지식재산권을
포함하는 매우 광범위한 분야이다. 현재 지식재산권과 가장 밀접하게 관련
이 있는 부처는 산업재산권을 다루는 특허청, 저작권을 다루는 문화체육관
광부, 유전자원genetic resources에 관한 문제를 다루는 농림축산식품부/농촌
진흥청 등이 있을 수 있다. 그러나 이렇게 지식재산권 자체의 문제를 다루
지 않더라도 국가 R&D 전반과 관련된 이슈는 미래부, 상품의 거래 및 무역

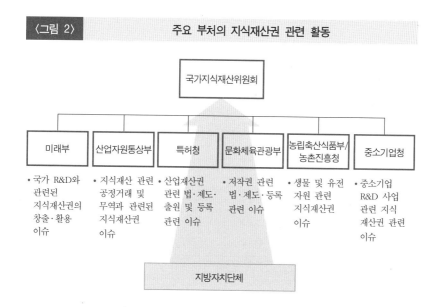

〈그림 2〉 주요 부처의 지식재산권 관련 활동

〈표 11〉		우리나라가 가입한 WIPO의 주요 조약	

번호	구분	조약명	발효연도
1	IP 보호	파리협약(Paris Convention)	1980
2		베른협약(Berne Convention)	1996
3		마드리드협약(Madrid Agreement)	미가입
4		로마협약(Rome Convention)	2008
5		음반협약(Phonograms Convention)	1987
6		브뤼셀협약(Brussels Convention)	2011
7		나이로비조약(Nairobi Treaty)	미가입
8		워싱턴조약(Washington Treaty)	미가입
9		WIPO 저작권조약(WCT)	2004
10		WIPO 실연·음반조약(WPPT)	2008
11		상표법조약(Trademark Law Treaty)	2002
12		특허법조약(Patent Law Treaty)	미가입
13		시청각 공연에 대한 베이징협약 (Beijing Treaty on Audiovisual Performances)	미가입
14		상표법에 대한 싱가포르조약 (Singapore Treaty on the Law of Trademarks)	미가입
15		마라케시 VIP조약(Marrakesh VIP Treaty)	2014(서명)
16	글로벌 보호	부다페스트조약(Budapest Treaty)	1987
17		헤이그협약(Hague Agreement)	2014
18		리스본협약(Lisbon Agreement)	미가입
19		마드리드의정서(Madrid Protocol)	2003
20		PCT	1984
21	분류	로카르노협정(Locarno Agreement)	2011
22		니스협정(Nice Agreement)	1998
23		스트라스부르그협정(Strasbourg Agreement)	1998
24		비엔나협정(Vienna Agreement)	2011

에 관한 이슈는 산업자원통상부와 연결되어 거의 모든 부처가 관련되어 있다고 볼 수 있다. 중소기업청은 중소기업의 R&D와 관련된 지식재산권 이슈를 다루고 있다. 마지막으로 지방자치단체 역시 지역 산업의 육성·보호와 관련된 제반 분야에 영향을 미치는 지식재산권 문제에 관여하고 있다. 따라서 정부는 2011년 국가지식재산위원회를 설치하여 국가 전체적인 지식재산권 관련 문제를 논의하고, 각 부처의 의견을 조율하는 역할을 수행하도록 하고 있다(〈그림 2〉 참고).

우리나라는 1979년 WIPO의 회원국이 된 이후, 18개 조약에 가입·서명하였다(〈표 11〉 참고). 1980년에는 처음으로 지식재산권의 국제적 보호에 관한 전반적인 논의를 다룬 파리협약에 가입하였으며, 가장 최근에는 마라케시 VIP조약에 서명하였다.

위에서 본 것과 같이 우리나라는 다른 서구 선진국이나 일본 등에 비해서 비교적 주요 조약의 가입이 늦은 편이다. 그러나 1990년대 이후 우리나라

〈그림 3〉 **5개 상위 특허청의 특허 출원 트렌드**

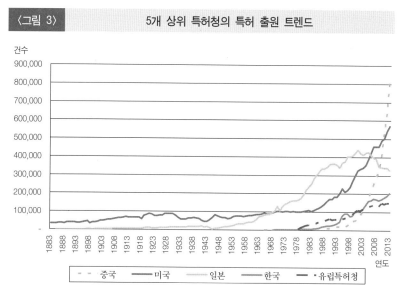

자료: WIPO(2014)

기업들의 특허출원이 급격히 늘어나면서 다양한 조약에 가입하며 국제적인 논의에 적극적으로 참여하기 시작하였다. 현재 우리나라 특허출원 건수는 세계 4위로 다른 기구들에 비해 우리나라의 영향력이 비교적 큰 편이라고 볼 수 있다(〈그림 3〉 참고).

따라서 우리나라는 위에 언급한 총회 및 컨퍼런스 등에 매년 적극적으로 참석하고 있으며, 세계 지식재산권 거버넌스 구축에 있어서 중요한 역할을 담당하고 있다. 이러한 적극적인 노력의 결과 1997년 우리나라 특허청이 PCT 특허 국제조사기관International Search Authority: ISA 및 국제예비심사기관 International Preliminary Examination Authority: IPEA 으로 지정되었으며, 2007년에는 한국어가 PCT 국제공개어21)로 채택되기도 하였다.

2013년을 기준으로 주요 특허청이 ISA/IPEA로서 처리하는 특허건수를

국제조사기관(ISA) / 국제예비심사기관(IPEA)의 역할

- 18개국(미국, 유럽, 일본, 한국, 중국 오스트리아, 호주, 브라질, 캐나다, 칠레, 스페인, 핀란드, 이집트, 이스라엘, 인도, 러시아, 스웨덴, 노르웨이)의 특허청이 해당됨

- ISA/IPEA로서의 역할
  - ISA: PCT 출원 특허에 대해 선행기술22)을 파악하여 추후 특허를 받을 수 있는가에 대한 견해서 작성
  - IPEA: 특허의 청구범위23)가 특허성(신규성, 진보성, 상업성)의 기준과 합치되는지에 관한 견해서 작성

---

21) 10개 언어(영어, 일본어, 프랑스어, 독일어, 중국어, 러시아어, 스페인어, 아랍어, 한국어, 포르투갈어)가 지정되어 있으며, 해당 언어로 출원된 날짜가 그대로 인정됨.
22) 국내 및 외국의 특허 출원·심사 시 참조될 수 있는 모든 공개 문서.
23) 발명에 대해 보호받고자 하는 내용을 상세히 기재한 것으로, 독점권과 실시(licensing)권의 토대가 됨.

〈표 12〉			ISA/IPEA 처리 건수(2013)				
	미국	유럽	일본	중국	한국	기타	계
ISA	16,649	77,330	42,271	23,704	30,532	14,446	204,932
IPEA	1,090	7,708	2,291	381	253	1,497	13,220

자료: Five IP Offices(2013)

살펴보면, ISA로서 처리하는 건수가 약 20만 건, IPEA로서 처리하는 건수가 약 1만 3천 건 정도이다(〈표 12〉 참고). 우리나라의 경우 ISA로서 처리하는 건수가 중국보다 많은 약 3만 건 정도이나, IPEA로서 처리하는 건수는 253 건으로 주요 국가들의 특허청 중에 가장 적게 나타났다. 따라서 향후에는 단순히 선행기술조사에 대한 조사뿐 아니라, 특허의 청구범위에 대해서도 의견을 전달할 수 있도록 IPEA로서의 역할을 확대할 수 있도록 노력해야 할 것이다.

최근에는 OECD 국제개발원조위원회Development Assistance Committee: DAC 가입 이후 지식재산권 분야에서도 WIPO와 함께 개도국에 대한 원조 노력을 활발히 전개하고 있다. 특허청에서는 이미 2004년부터 WIPO 코리아트러스트펀드Korea Trust Fund: KTF 사업을 통해 개도국과 관련된 사업을 전개해 왔다(〈부록〉 참고). 또한 WIPO의 주요 교육기관으로 지정되어 2006년부터 개도국 특허청 공무원들을 대상으로 "WIPO 특허/상표 심사관 과정", "WIPO PCT 과정", "WIPO 고위공무원 과정" 등을 운영하고 있다. 특히 지식재산권을 비즈니스 관점에서 활용하는 주제를 다룬 "IP 파노라마"는 UN 공용어 및 18개 언어로 번역되어 전 세계에서 교육자료로 활용되고 있다.

마지막으로 우리나라 특허청은 WIPO에서 독자적으로 활동하기도 하지만, 소위 IP5(미국특허청, 중국특허청, 일본특허청, 유럽특허청, 한국특허청)라고 불리는 특허 다출원국들 간의 합의를 통해서도 영향을 미치고 있다. 2013년을 기준으로 IP5에는 전 세계 특허의 80%가 출원될 뿐 아니라,

95%의 PCT 특허가 출원되고 있기 때문에 그 역할이 매우 중요하다. 현재 IP5에서는 매년 1회의 청장회의 및 2회의 차장회의를 개최하고 있다. 또한 특허분류 실무그룹, 정보화 실무그룹, 특허심사정책 실무그룹, 통계 실무그룹으로 이루어진 4개의 워킹그룹을 운영하고 있으며, 각각 연 1~2회의 회의를 개최하고 있다. 이 밖에 프로그램관리그룹Program Management Group: PMG 은 차장을 보좌한다. 전체적인 IP5의 운영 현황은 〈그림 4〉와 같다.

이렇게 우리나라가 기존의 지식재산권 사용국에서 점차 지식재산 보유국으로 변화함에 따라 권리보호에 대한 관심이 높아지고 있다. 특허권의 경우에는 최근에 일어난 애플과 삼성의 분쟁을 비롯해, 2013년 한 해 동안 우리

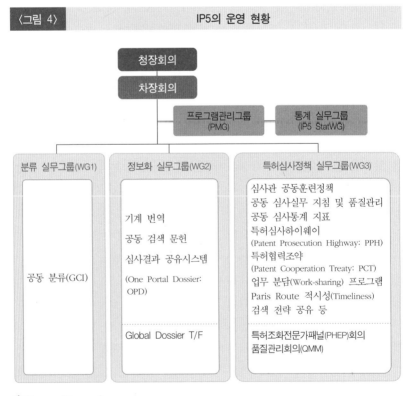

〈그림 4〉 IP5의 운영 현황

자료: www.kipo.go.kr

나라 기업들이 총 342건의 해외 소송을 겪은 것으로 나타났다.[24] 상표권과
저작권의 경우에는 개별 기업 간의 소송과 더불어 국가 차원에서 대대적인
단속이 이루어지고 있다. 그 결과, 상표권 관련해서는 특별사법경찰대에 의
해 2013년 376건, 2014년 430건의 단속이 이루어졌으며,[25] 저작권 관련해
서는 저작권보호센터에 의해 2013년 1,798건, 2014년 1,710건의 단속이 이
루어졌다.[26] 이는 국내뿐 아니라 국외에서의 침해를 모두 포함하며, 양국
중심인 FTA가 체결되면서 상호단속의 공조체제가 강화될 전망이다. 우리나
라가 FTA를 체결한 주요 국가와 지식재산 분야에서 협의한 내용은 〈표 13〉
에 상세히 소개되어 있다.

〈표 13〉	FTA 체결국과의 지식재산 관련 내용
구분	지식재산 관련 내용
한·칠레 FTA ('04.4.1 발효)	• 칠레가 우리나라의 인삼, 김치, 보성녹차를 지리적 표시로 보호키로 합의 • 한국은 Pisco(포, 증), Pajareto(포, 증), Vino Asoleado(포) 3가지 지리적 표시에 대해 독점권 부여
한·싱가포르 FTA ('06.3.2 발효)	• 한국특허청을 싱가포르 PCT 국제출원에 대한 ISA/IPEA 지정 • 한국 특허출원과 동일한 싱가포르 출원의 빠른 심사 처리
한·EFTA FTA ('06.9.1 발효)	• '08년까지 로마협약 등 3개 국제조약에 가입 및 준수 • GI의 보호, 미공개 정보(undisclosed information)의 보호
한·ASEAN FTA ('07.6.1 발효)	• 지재권 보호 강화 • 지재권 분야 정보 교환 및 협력 강화
한·인도 CEPA ('10.11 발효)	• PCT ISA/IPEA 지정, 특허절차 간소화 등의 분야에서 협력 • 양국 특허청 간 별도 협력 MOU 체결 추진

---

24) 특허청·한국지식재산보호협회(2013).
25) 국가지식재산위원회(2014).
26) 국가지식재산위원회(2014).

한·EU FTA ('11.7.1 발효)	• 저작권 보호기간 70년 • 방송사업자의 '공연권' 부여 • GI는 협정부속서에 기재하여 보호(사용이 확립된 선행상표는 계속 보장) • 의약품 분야 특허기간 연장, 자료 독점은 기존 제도 유지
한·페루 FTA ('11.8.1 발효)	• GI는 부속서 교환방식으로 보호 • 유전자원(GR)/전통지식(TK)은 CBD Text의 선언적 내용 등으로 타결 • 인터넷상 반복침해 방지 조치 도입
한·미 FTA ('12.3.15 발효)	• 일시적 복제권 부여, 접근통제 기술조치 보호 • 등록지연에 따른 특허권 존속기간 연장제도 도입 • 공지예외 적용기간 12개월 연장 • 소리·냄새상표 인정 및 증명표장제도 도입 • 상표 침해에 대한 법정손해배상제도 도입 • 지재권 침해 관련 민사소송에서 법원의 권한 강화
한·콜롬비아 FTA ('13.2.21 서명)	• 상표권, 저작권 침해 의심물품에 대한 통관보류 등 • 소리·냄새 상표 등 비시각적 상표 보호
한·터키 FTA ('13.5.1 발효)	• GI는 부속서 교환방식으로 보호, 향후 추가 가능 • 유명상표 보호에 관한 파리협약 및 TRIPs 의무 준수 • 인터넷상 반복침해 방지 조치 도입
한·중 FTA ('17.11.10 타결)	• 외국 유명상표 보호 등 중국내 악의적 상표선점 및 유사상표 등록 방지장치 강화 • 방송사업자의 배타적 권리 강화 및 보호기간 20년에서 50년으로 연장 • 법정손해배상제도 지재권 침해물품 압류, 폐기 명문화 등 지재권 위반행위에 대한 집행을 강화
한·베트남 FTA ('14.12.10 타결)	• WTO·지재권협정 이상의 보호규범 및 권리 침해에 대해 유효한 구제 장치 마련 • 음반의 방송에 대한 보상청구권 부여, 암호화된 위성신호 보호
한·뉴질랜드 FTA ('14.12.22 가서명)	• 단체표장 및 증명표장에 대해 규정, 냄새·소리 등 비시각적 상표 보호 • 저작권자 및 저작인접권자의 포괄적 권리 인정 및 권리관리 정보 보호 강화 • 인터넷상 반복적 저작권 침해 행위에 대한 구제책 마련
한·캐나다 FTA ('15.1.1 발효)	• 양국이 상호 보호하기로 합의한 GI에 대하여 동일한 보호수준 부여

자료: 국가지식재산위원회(2014)

특허분쟁 사례: 삼성 vs 애플

2013년 미국의 지방법원에서는 총 6,092건의 특허 침해소송이 제기되었고, 현재 우리나라 특허소송 건수도 약 4,000건에 달한다. 이 중에서 최근에 이목을 끌었던 삼성과 애플의 특허분쟁은 스마트폰 산업의 매우 대표적인 사례로 꼽히고 있다. 사건은 2011년 4월 애플이 산호세(San Jose) 연방법원에 삼성을 상대로 특허침해소송을 제기하면서 시작되었다. 이후 애플은 전 세계 10여 개국에 소송을 제기하였으나, 스마트폰 기술의 복잡성 및 애플-삼성의 특허 포트폴리오 내의 중복성 등으로 인해 판결이 엇갈렸다. 결국 두 기업은 2014년 8월 미국을 제외한 9개국의 국가에서 진행 중이던 소송은 철회하기로 합의하였다. 그러나 끝까지 소송을 진행하였던 산호세 연방법원에서는 2013년 3월 삼성에게 9억 3천만 달러를 배상하라는 1차 판결이 내려졌다. 삼성은 곧 다시 항소하였으나, 2014년 11월 1억 2천만 달러를 배상하라는 최종판결이 내려졌다.

정보통신산업(Information and Communications Technology: ICT)은 가장 특허가 많이 출원될 뿐 아니라 분쟁이 많은 산업이다. 애플과 삼성 이외에도 구글, 마이크로소프트, 노키아 등 우리가 아는 많은 기업들이 특허소송을 진행 중이며, 소송에 패한 기업은 막대한 손실을 감수해야 하는 것이 현실이다.

참고: 김남경(2014)

상표권분쟁 사례: 갭(Gap) vs 갭이어(Gapyear)

한국갭이어(Korea Gapyear)는 청소년들을 위한 다양한 프로그램을 제공하는 스타트업이다. 회사명도 영미권 국가에서 고등학교 졸업 후 대학 생활을 시작하기 전에 일을 하거나 여행을 하면서 보내는 1년을 뜻하는 갭이어(gap year)에서 따왔다. 그런데 2014년 4월 미국의 유명한 의류업체인 "갭(Gap)"이 자사 상표를 침해하고 있다는 주장을 제기해 왔다. "갭(Gap)"은 자사 역시 해당 분야(광고홍보업)에 상표권을 보유하고 있으며, 다른 기업이 유사한 이름을 사용할 시 기업 이미지에 크게 영향을 미칠 수 있다고 주장하였다. 이에 한국갭이어(Korea Gapyear) 측은 "갭이어(Gapyear)"가 새로운 관념을 가지는 용어이고, 기존의 "갭(Gap)" 상표와는 전혀 다른 서비스를 제공하기 때문에 동일하거나 유사하지 않으므로 침해가 아니라고 반박하였다.

특허심판원은 최종 결정문에서 "갭(Gap)"이 지난 3년 동안 등록한 상표를 활용해 "갭이어(Gapyear)"와 유사한 서비스를 제공하지 않았기 때문에 침해라고 볼 수 없다는 판결을 내렸다. 이렇듯 상표권의 동일성·유사성이 소비자에게 혼동을 줄 수 있는가가 침해 여부를 판별하는 데 중요한 변수가 된다. 또한 등록이 되어 있다고 하더라도 실제 시장에서 사용을 하고 있느냐가 판결에 있어 중요하게 작용할 수 있다.

자료: 이해진(2014)

V. 결론

　본 장에서는 WIPO의 발전과정 및 주요연혁, 의사결정 과정, 예산, 한국과의 관계에 대해 종합적으로 소개하였다. WIPO는 다른 국제기구보다 비교적 늦게 설립되기는 하였지만, 전 세계적인 지식재산권 관련 이슈를 가장 포괄적으로 다루는 기구라고 볼 수 있다. 특히 지식재산권과 관련한 각국의 제도와 시스템을 운영하는 데 있어 국제적인 합의를 이끌어가는 기관이기 때문에, 앞으로도 이러한 본연의 기능이 지속될 것으로 보인다. 그리고 이러한 과정 속에서, WTO와의 역할분담 문제는 계속해서 풀어나가야 할 문제로 생각해야 할 것이다. 아울러 미국을 비롯한 지식재산권 선진국들이 개발도상국들과의 마찰을 피하기 위해 다자간 합의보다는 개별 국가와의 합의를 이끌어내는 추세로 변화하고 있다. 따라서 WIPO는 지식재산권의 집행이나 단속보다는 많은 국가들이 동참할 수 있는 지식재산권법·제도, 분류체계, 새로운 지식재산권에 대한 논의 등에 집중할 전망이다.

　위에서도 언급하였지만 WIPO는 그동안 우리나라가 축적해온 기술적 역량을 바탕으로 매우 적극적으로 활동하고 있는 UN 전문기구 중 하나이다. 현재 우리나라는 국내 특허출원건수 및 PCT 특허출원건수에서 상위를 유지하고 있으며, 그 결과 IP5 국가로도 활약하고 있다. 이는 불과 20년 만에 달성한 매우 놀라운 성과이며, 세 가지 측면에서 지속적인 노력을 기울여야 할 것으로 보인다.

　첫째, 그동안 지식재산권의 확보 측면에서 괄목할 만한 성장을 이루었지만, 가치 측면에서는 선진국과의 격차가 큰 실정이다. 따라서 향후에는 특허를 비롯한 지식재산권의 양을 늘리는 것도 중요하지만, 실제 산업 전반에 영향을 끼칠 수 있는 질 높은 지식재산권을 확보하는 것이 중요하다고 볼 수 있다.

　둘째, 지식재산권 보호에 대한 인식을 제고해야 한다. 이는 타인의 지식재산권을 침해하지 않을 뿐 아니라 내 지식재산권이 침해받지 않도록 해야 한다는 두 가지 측면으로 생각해 볼 수 있다. 특히 이것이 국가 간의 충돌이 되었을 경우에는 무역 마찰까지 빚어질 수 있기 때문에 더욱 신중히 접근해야 한다. 따라서 우리나라의 사용 주체들이 다른 국가의 기업, 대학, 연구소 등이 출원한 지식재산권을 사용할 때에는 반드시 사전 허락을 얻어야 한다는 인식을 필수적으로 가져야 할 것이다. 반대로 우리나라 기업, 대학, 연구소들 역시 다른 국가들의 사용자로부터 침해를 받지 않도록 주의해야 한다. 그 이유는 최근 선진국을 따라가기 급급하였던 우리나라가 자체적으로 기술 및 콘텐츠를 개발하면서 빈번히 침해사례가 보고되고 있기 때문이다. 특히 우리나라에서 제작된 영화, 드라마, 음악 등 한류(韓流) 상품들이 아시아 개발도상국에서 많은 인기를 얻으면서 불법복제 되는 경우가 많아지고 있어 강도 높은 대응이 필요한 실정이다.

마지막으로, 우리나라가 DAC에 가입하면서 개발도상국에 대한 지원을 점차 늘려갈 전망이다. 현재는 지식재산권에 대한 논의들이 이미 많은 권리를 가지고 있는 선진국을 중심으로 전개되고 있다. 따라서 개발도상국의 참여가 적극적이지 못한 실정이며, 궁극적으로 전 세계적인 질서를 확립하기 위해서는 개발도상국들의 참여를 필수적으로 이끌어내야 한다. 이를 위한 방법으로 우리나라는 세 가지 측면에서 접근할 수 있다.

첫 번째는 우리나라가 강점을 가지고 있는 정보통신 기술을 활용하여 개발도상국에 지식재산권 관련 전자출원 및 심사시스템을 지속적으로 보급하는 것이다. 이미 베트남과 아프리카지역지식재산권기구African Regional Intellectual Property Organization에 정보시스템 보급을 시작하였으며, 추후 다른 국가에까지도 확대하는 것이 필요하다.

두 번째는 현재 WIPO와 협력해서 진행하고 있는 개발도상국 심사관들의 역량 제고를 위한 교육프로그램을 지속적으로 운영하는 것이다. 산업재산권과 같이 심사가 필요한 경우, 심사관들의 지식과 능력이 권리 부여 여부에 결정적인 영향을 미치기 때문이다. 우리나라 특허청의 경우 해당 분야의 박사학위 소지자 등 전문가들을 충분히 확보하고 있기 때문에 심사 경험 및 노하우를 효과적으로 전수해 줄 수 있을 것이다.

마지막으로, IP 파노라마와 같은 지식재산권 관련 콘텐츠를 지속적으로 개발해 개발도상국의 지식재산권에 대한 인식을 제고해야 한다.

더 읽을 거리

📖 김철호·박성필·고영희. 『지식재산전략』. 한국발명진흥회, 2011.
지식재산의 전 영역에서의 입문서일 뿐 아니라, 특허 경영자의 시각에
서 다루고 있어 전략 수립에 대해 실습해 볼 수 있도록 구성되어 있다.
특히 유명하거나 흥미있는 사례를 풍부하게 삽입하여 현실성을 더했
기 때문에, 지식재산 관련 이슈에 친숙하지 않다고 하더라도 쉽게 접
근할 수 있다.

📖 이태원. 『창조하는 조직을 위한 지식재산레시피: 성장하는 기업의
지식재산전략』. 이담북스, 2013.
지식재산 분야를 처음 접하는 학생 및 일반인들을 위해 중요성 및 활
용방법 등에 대해서 매우 쉽게 설명한 책이다. 특히, 국내의 사례에만
머무르지 않고 글로벌한 이슈를 소개함으로써 미국, 일본, 유럽의 주
요 국가들의 활동 및 역할에 대한 이해를 돕도록 하였다.

📖 Miller, A., M. Davis. *Intellectual Property, Patents, Trademarks,
and Copyright in a Nutshell*. West Academic Publishing, 2012.
지식재산에 대한 전체적인 소개뿐 아니라 특허, 상표, 저작권에 대한
내용을 포괄하고 있는 입문서이다. 특히 미국의 지식재산 분쟁 판례가
자세히 소개되어 있어 이러한 이슈에 관심을 가지고 있는 독자들이 선
택하여 필요한 지식을 습득하는 데 적합한 참고도서라고 볼 수 있다.

제 5 장 국제원자력기구(IAEA): 성과, 한계, 그리고 발전방향

정재욱

I ——— 서론

II ——— IAEA 개관

III ——— 조직 구성 및 핵심 기능

IV ——— IAEA의 주요 활동 평가

V ——— 결론: 한계 및 발전방향

I. 서론

국제원자력기구International Atomic Energy Agency, 이하 IAEA는 평화적 원자력 이용을 촉진하고 범지구적 당면 위협인 원전사고와 핵물질의 군사적 전용에 대처하기 위해 1956년 10월에 설립된 유엔 산하의 대표적인 국제기구이다. 오늘날 국제사회 전반에 원자력 르네상스 도래에 대한 기대가 점증되고 있고, 한편으로 일부 국가나 테러집단들의 핵무기 보유에 대한 열정이 증대되고 있는 점을 감안할 때, 어느 국제기구보다 중요한 임무와 역할을 보유하고 있는 것으로 평가될 수 있다.

실제로 2011년 3월에 발생한 후쿠시마 원전사고는 '원자력이 가장 값싸고 안전한 에너지'라는 원자력 신화를 정면으로 뒤집은 사건으로 국제사회에 원자력 안전에 대한 심각한 위협을 자아내었다. 또한 인도·파키스탄의 핵무장과 이라크, 리비아, 이란 등 중동 지역의 핵개발 열정, 테러집단의 핵보유 의지, 북한의 '핵보유국가 선언' 등 탈냉전 이후 핵확산의 위협이 줄어들지 않고 있다. 특히 북한의 핵무기 개발과 위협이 지속되고 있고, 세계 5위의 원자력 강국으로 거듭나고 있는 한국의 현실에 비추어 볼 때, IAEA의 역할과 한계에 대한 이해 및 정리, 나아가 발전방향에 대한 연구는 우리에게 매우 긴요하다고 판단된다.

본 연구는 원자력 안전과 핵확산 방지라는 국제사회의 당면위협을 감소시키는 데 있어 IAEA가 얼마나 기여를 해왔으며, 현실적인 한계는 무엇인가, 그리고 앞으로 발전을 위해 필요한 과제는 무엇인가에 초점을 두고 있다. 지금까지 IAEA는 원자력의 평화적 이용 증진 및 군사적 전용을 막기위해 실질적으로 기여해 온 바가 크며, 특히 1970년 핵확산금지조약Non-Proliferation Treaty, 이하 NPT 의 발효로 비핵국가들에 대한 핵사찰권을 부여받음으로써 원자력 활동이 군사적으로 전용되는 것을 감시하는 핵심적 국제기구로서의 위상을 보여 주고 있다.

그러나 동시에 IAEA는 태생적으로 미국·소련 등 핵보유국가들의 주도 및 이해가 반영된 대표적인 불평등 국제기구라는 논란의 중심에 서 있으며, NPT는 소위 "가진 자들"과 "가지지 않은 자들" 간의 차별을 공식화해 주었다. 따라서 향후 IAEA의 발전은 이 같은 괴리를 어떻게 조화롭고 균형감 있게 좁혀 나갈 것인가에 그 미래가 달려 있다고 해도 과언이 아닐 것이다.

국제기구에 대한 다양한 연구방법이 있으나,[1] 본 연구는 연구의 중점인 역할과 한계, 그리고 발전방향을 모색한다는 측면에서 제도적·기능적 접근을 시도하고자 한다. 이어지는 II절에서는 설립배경 및 한국과의 관계 등 IAEA에 대한 전반적인 개관을 제시하고, III절에서는 조직 구성 및 핵심 기능에 대해 살펴볼 것이다. IV절에서는 실제 IAEA가 수행한 주요 활동사례들을 살펴보고 평가를 제시한다. 마지막으로 V절에서는 IAEA가 극복해야 할 현실적 한계 및 발전방향을 제시할 것이다.

---

1) 국제기구에 대한 연구방법은 국제기구를 국제체제의 부산물로 간주하는 전통적인 접근법, 국제사회 속에 독립된 하나의 제도로 간주하는 제도적 접근법, 해당 국제기구들의 기능에 초점을 맞추는 기능적 접근법, 포괄적인 국제레짐의 일부로 간주하는 접근법, 하나의 정치체제로 간주하는 접근법 등이 있으나, 본 연구는 이 중 제도적·기능적 접근법을 혼용하고 있다. 국제기구 연구방법에 대해서는 강성학, 『카멜레온과 시지프스: 변천하는 국제질서와 한국의 안보』(서울: 나남출판, 1995), pp.140-145.

II. IAEA 개관

1. 설립배경 및 목적

국제원자력기구의 설립은 제2차 세계대전 직후 미국 정부의 핵 비확산정책에 대한 지대한 관심과 추진에서 시작되었다. 즉 제2차 세계대전 당시 핵무기의 가공할 파괴력을 체험한 미국 정부는 소련 등 여타 강대국들의 핵무기 보유를 차단하기 위해 핵기술 비확산 노력을 일관되게 추진하였다. 그 결과 핵무기의 완전한 제거와 원자력 개발로부터 야기되는 문제들을 논의하기 위해 1946년 1월 '유엔원자력위원회 United Nations Atomic Energy Commission: UNAEC'가 창설되어졌다. 같은 해 6월 미국 정부는 국제안보에 위협이 되는 원자력 활동들을 통제 및 관리하기 위한 국제기구로서 '국제원자력개발국 International Atomic Development Authority: IADA' 창설을 골자로 하는 '바루크플랜 Baruch Plan'을 UNAEC에 제출하였으나 소련의 반대로 인해 무산되었다.[2]

한편 1947년 6월 소련은 미국과 자국 내 핵프로그램에 대한 보고 및 사찰을 시행하는 아이디어를 UNAEC에 제안하였으나 이는 미국의 반대로 무산되었다. 결국 UNAEC는 1949년 9월 소련의 핵실험과 함께 원자력 통제를 위한 어떠한 산물도 내지 못한 채 해체되었다. 이어서 1952년 10월 영국까지 핵실험에 성공하면서 미국의 핵무기 및 핵기술 독점은 완전히 종식되었고 여기에 냉전의 긴장이 고조됨에 따라 핵무기 없는 세상에 대한 희망은 사라져 갔다.

1953년 1월 트루먼에 이어 미국 대통령에 취임한 아이젠하워는 이러한 현실을 인지하였고 이에 따라 원자력의 평화적 사용을 증진하는 한편 핵분

---

2) http://www-pub.iaea.org/MTCD/publications/PDF/Pub1032_web.pdf(검색일: 2015. 3.10).

열물질의 확산 방지를 골자로 하는 '원자력의 평화적 이용Atoms for Peace' 구상을 제8차 UN총회연설(1953년 12월 8일)에서 제안하였다. 즉 핵무기로 전환될 수 있는 핵분열물질의 풀pool 또는 은행bank을 만들어 모든 국가들이 평화적 목적을 위해 핵에너지를 사용할 수 있게 하자는 것으로, 그 이면에는 핵기술의 확산 및 사용을 허용해주되 이를 군사적 목적으로 전용됨을 통제하겠다는 의도가 내재되어 있었다.3)

최초 소련의 반대가 있었으나 미국은 영국, 캐나다 그리고 프랑스와의 긴밀한 협조체제 유지하에 이러한 역할을 담당할 새로운 국제기구인 IAEA 창설을 추진하였다. 마침내 1956년 제1차 UN총회는 IAEA헌장작성 실무회의가 준비한 초안을 만장일치로 채택하였다. 이어 1957년 7월 29일 미국, 영국, 프랑스, 소련, 캐나다를 포함한 관련국 모두가 헌장비준서를 기탁함으로써 IAEA헌장이 발효되었다. 헌장의 발효와 함께 IAEA는 UN의 산하기구로 정식으로 발족하게 되었다.

IAEA의 제1차 총회General Conference는 1957년 10월 오스트리아 빈에서 개최되었고 조직 구성 및 이사국 선출이 이루어졌다. 동 총회에서 총 10개국의 이사국이 선출되었으며, 준비위원회에서 지명한 13개국을 포함해 총 23개국으로 최초의 이사회가 구성되었다. 2015년 현재 회원국은 약 150여 개국이다. 한국은 1957년에 가입하였으며, 북한은 1974년 가입 후 1994년 IAEA이사회의 대북제재 결의 채택을 이유로 탈퇴한 상태다.

IAEA의 근본적인 목적은 원자력의 평화적 이용을 촉진하고 한편으로는 군사적 전용을 억제한다는 것이다. 즉 IAEA헌장 제2조와 제3조에는 "원자력의 평화적 이용을 촉진함으로써 전 세계의 평화, 보건 및 번영을 증진하고, 원자력의 군사적 전용을 억제하기 위해 규제하고 감시하는 것"을 주요 목적으로 규정하고 있다.

---

3) 김태운, "국제기구 형성과 역할에 대한 이론적 고찰: IAEA의 경험적 사례를 중심으로," 『한국콘텐츠학회논문지』, Vol.6, No.7(2006), p.84.

2. NPT의 성립과 IAEA의 안전조치 이행 권한 강화

평화적 핵 이용을 촉진하고 핵물질의 군사적 전용을 방지하기 위해 IAEA 가 출범되었음에도 불구하고 핵보유국이 되고자 하는 국가들의 의지는 좀처 럼 줄어들지 않았다. 사실상 기존의 핵보유국들은 핵에너지가 가지고 있는 양면성, 즉 군사적 목적과 평화적 목적의 핵폭발에 큰 차이가 없음에 따라 마음만 먹으면 군사적 목적으로 전용이 가능하다는 점을 인식하고 무기로의 전용을 감시하기 위한 사찰 등 제도적 장치의 도입 등 대책마련을 협의해 오고 있었다.

이 와중에 당시 핵무기 잠재국으로 유력시되던 서독과 캐나다는 다행히 핵무기를 포기하는 방향으로 선회를 하였으나, 프랑스가 핵무장 쪽으로 선 회하여 결국 1960년 2월 13일 사하라사막에서 플루토늄 핵폭탄실험을 감행 하였다. 게다가 1964년 유럽이 아닌 아시아 국가인 중국까지 핵실험을 단행 하자 그간 협상조건에 이견을 보이며 비확산대책 협의를 지연시켜 왔던 기 존 핵무기국들과 IAEA의 경각심이 매우 고조되었다.

그 결과 1968년 7월에 미국과 소련을 비롯한 56개국이 핵확산금지조약 Non-Proliferation Treaty: NPT을 성립시켰고 1970년부터 발효가 되었다. 2006년 12월 현재 189개국이 가입되어 있고 1998년 5월 핵실험을 실시한 인도·파키스탄과 사실상 핵무기보유국으로 간주되고 있는 이스라엘 등이 아직 미 가입국가로 남아있다. 북한은 2003년 1월 10일 탈퇴를 선언하였으나 절차 상의 문제로 탈퇴여부에 대한 논란이 일고 있다. 한편 NPT의 유효기간은 25년으로 되어 있었으나, 1995년 5월 11일 조약 당사국 전원 합의로 무기한 연장이 결정되어 항구적인 조약으로 자리를 굳히게 되었다.

〈표 1〉에서 보듯이 NPT는 핵무기의 수평적 확산(새로운 핵무기보유국의 등장) 방지로 세계평화에 기여하고, 핵무기의 수직적 확산(기존 핵무기보유 국에 의한 핵무기의 질적·양적 증가)을 방지하며, 원자력의 평화적 이용을 증진하는 데 목적을 두고 있다. 실제로 NPT는 오늘날 국제 핵 비확산체제 의 근간을 이루고 있다. 즉 NPT를 중심으로 안전조치, 수출통제, 물리적

〈표 1〉	NPT의 주요 임무

- 핵무기 비보유국의 핵확산 금지 의무(제1조, 제2조)
  - 핵무기 보유국과 핵무기 비보유국 간에 핵무기, 핵폭발장치, 핵물질의 양도 혹은 인수 금지
  - 핵무기 비보유국의 핵폭발장치 제조 금지
- 핵무기 비보유국의 사찰의무(제3조)
  - 핵무기 비보유국은 원자력의 군사적 이용 포기, IAEA와 안전조치협정 체결 및 사찰 허용
- 핵무기 보유국의 평화적 핵 이용 및 핵폭발의 평화적 이용혜택 제공 의무(제4조, 제5조)
- 핵무기 보유국의 핵 군비경쟁 중지 및 핵군축 노력 의무(제6조)
- 핵무기 비보유국의 비핵지대 결성 권리 인정(제7조)
- 탈퇴 및 유효기간(제10조)
  - 자국의 중대한 이익이 침해받을 경우 탈퇴 3개월 전 유엔안보리 및 모든 가입국에 사전 통고

빙호 등 수평적 확산 빙지를 위한 여러 기구 및 조약들이 구성되어 있고, 수직적 확산 방지를 위한 조약들도 구성되어 오늘날 국제 핵 비확산체제를 이루고 있다(〈표 2〉 참조).

이 중 IAEA는 NPT가 규정한 안전조치를 이행하도록 되어 있다. NPT조약 제3조는 조약 당사자인 비핵무기국은 핵에너지의 평화적 이용으로부터 무기로 전환하는 것을 방지하기 위한 목적에서 IAEA와 안전조치협정을 체결하고 동 기구에 의한 사찰을 허용하여야 한다고 명시하고 있다. 요컨대 NPT의 성립과 발효로 인해 IAEA는 NPT 회원으로 가입한 모든 비핵무기국들에 대한 핵사찰권을 위임받아 보유하게 되었고 이로써 핵확산을 방지하는 핵심기구로 기능하게 되었다. 즉 IAEA는 NPT 회원국의 주권침해를 공식적으로 인정받고 있으며 회원국을 강제하는 구속력을 가지고 있는데, 이러한 점은 IAEA가 유엔 산하 여타 공식기구와는 다른 독특한 측면을 지니고 있다고 볼 수 있다.[4]

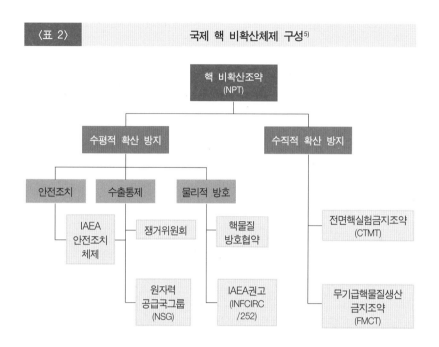

〈표 2〉 국제 핵 비확산체제 구성[5]

한편 IAEA와 당사국 간에 체결된 안전조치협정은 당사국이 NPT 회원국으로 남아 있는 한 협정이 유효하다고 규정하고 있다(안전조치협정 제6조). 따라서 만약 어떤 국가가 IAEA를 탈퇴하더라도 NPT 회원국으로 남아 있는 한 안전조치 수용 의무에 따라 IAEA 사찰을 받을 의무가 있고, IAEA에 핵활동을 보고해야 한다. 이 경우 IAEA가 당사국이 안전조치협정을 위반했다고 판단할 시 제재조치를 취할 수 있다. 그러나 어떤 국가가 NPT를 탈퇴하게 되면 안전조치협정도 자동적으로 파기되므로 IAEA의 사찰을 받을 의무가 없게 된다. 결과적으로 이러한 IAEA의 핵심기능인 핵사찰권은 NPT의 존재를 근거로 유지된다고 할 수 있다.

---

4) 엄상윤, "IAEA의 핵확산 방지 역할과 한계: 북한 핵사찰 사례를 중심으로,"『평화학연구』제8권 제1호(2007), p.131.
5) 국방부,『대량살상무기의 이해』(2007), p.83.

3. 회원국 및 지역그룹

1) 회원국 현황 및 가입/탈퇴 절차

2015년 3월 현재 총 164개국이 IAEA의 회원국으로 등록되어 있고, 헌장상 회원국은 창설회원국6)과 기타 회원국으로 구분되나 동등한 권리를 행사할 수 있으며 실질적인 구분의 의미는 없다. 회원국 가입은 가입의사 및 서한을 사무총장에게 제출하면 총회에서 승인을 하고 수락서Instrument of Acceptance를 기탁국인 미국에게 기탁함으로써 완료된다. 회원국의 탈퇴는 언제라도 또는 헌장개정 시 이를 수락하지 않고자 할 경우 탈퇴가 가능하며, 탈퇴 통보를 서면으로 기탁국(미국) 정부에 제출하면 된다.

실제 탈퇴한 국가로는 온두라스(1957년 가입, 1967년 탈퇴), 북한(1974년 가입, 1994년 6월 13일 탈퇴), 캄보디아(1958년 가입, 2003년 탈퇴, 2009년 재가입) 등의 사례가 있다. 한편 회원국은 분담금 체납액이 지난 2년간 분담액에 해당되거나 초과할 때 투표권이 정지되며, 헌장 조항 또는 헌장에 의해 체결된 조항을 지속적으로 위반할 경우 총회의 투표에 의해 회원국이 특권 및 권리행사가 정지된다.

2) 지역그룹

한편, IAEA는 헌장 6조에 의거 북미, 중남미, 서유럽, 동유럽, 아프리카, 중동남아시아, 동남아/태평양, 극동 등 지역에 따라 총 8개의 지역그룹을 산하에 두고 있으며,7) 회원국들은 지역그룹별로 배분하게 되어 있는 IAEA 이사국 수임을 위해서 이들 지역그룹에 소속되어야 한다. 지역그룹 소속 여부는 회원국 가입과 동시에 자동적으로 결정되는 것이 아니라 해당 지역그

---

6) 창설 회원국은 유엔 회원국 및 전문기구 가입국으로서 IAEA헌장 서명일(1956.10.26)로부터 90일 이내(1957.1.24)에 헌장에 서명하고 이후 비준서를 기탁한 국가로서 우리나라를 포함 79개국이 해당된다.

7) 이러한 지역그룹의 구분은 유엔 등 여타 국제기구에서 아시아, 아프리카, 중남미, 동구, 서구 및 기타의 5개 지역그룹으로 구성된 것과 차이를 보이고 있다.

〈표 3〉	수치로 본 IAEA

- 회원국: 164개국
- 정부간 또는 비정부간국제기구와 협정 체결: 71개 국제기구
- 사무국직원 숫자: 2,338명
- 예산: 정규예산 3억 유로, 비정규예산 6.2천만 유로, 기술협력기금 8.5천만 유로
- 해외사무소: 연락사무소 2(뉴욕 및 제네바), 안전조치지역사무소 2(동경 및 토론토)
- 연구소: 2(오스트리아 Seibersdorf 안전조치분석연구소, 모나코 해양연구소)
- 안전조치협정 체결: 175개국, 추가의정서 발효국은 104개국
- 연간 실시 사찰(Inspection) 횟수: 2,153회

※ 회원국 수는 2015년 3월 말 기준, 여타 수치는 2010년 12월 말 기준

룹에서 소속 여부를 결정하고 있다.

한국이 소속된 극동그룹은 1년 단위로 의장국을 번갈아 수임하고 있으며, 의장국 주도로 이사국 입후보국 결정, 총회 의장단 수임국가 확정, 지역그룹 차원의 발언문 협의 등의 기능을 수행하고 있다.

4. 한-IAEA 관계

1) 일반현황

한국은 IAEA 창설 직후인 1957년 8월 8일에 가입을 한 창설 회원국이며, 2003년 9월 제47차 총회에서 윤번이사국(선임기간 2년)으로 선출된 것을 포함, 지금까지 지역이사국 12회(가장 최근으로 2011~2013), 윤번이사국 4회, 총회 의장국으로 1회(1989)를 선임해 오고 있다. 최근 IAEA 인력진출 현황은 원자력발전국장(2009.6), 방사성폐기물안전국장(2011.1)을 비롯하여 약 36명이 근무를 하고 있다.[8]

또한 한국의 IAEA 재정 기여도를 살펴보면, 정규예산 및 기술협력사업

할당액이 포함된 국가별 분담금 순위에서 10위(2.118%, 2012년 기준)를 점하고 있으며, 기타 자발적 기여금으로는 외교부가 매년 핵안보기금Nuclear Security Fund: NSF, 원자력의 '평화적 이용구상Peaceful Use Initiative'에 140만 불 정도를 지원하고 있으며, 미래창조과학부가 매년 기술협력사업 및 원자력에너지사업, 원자력안전사업 등에 25만 불 정도를 지원하고 있다.9)

한편, 한국은 1969년 IAEA 원자력정보교환체제인 국제핵정보체제International Nuclear Information System: INIS에 가입한 이래 원자력 안전, 핵주기 기술 등 정보교환 활동을 지속적으로 진행해 오고 있으며, 2013년 기준 IAEA의 18개 사무총장 자문위원회 중 15개에 참여하고 있다.10) 또한 국가사업으로서 IAEA와 협력프로젝트, 인력개발 및 원자력기술 지원 사업, 안전평가기술개발 등 다양한 협력활동을 진행 중에 있다. 특히 2010년부터는 기술협력 수혜를 중단하고 순수공여국으로 전환하여 지역 내 및 지역 간 기술협력사업Technical Cooperation Project에 있어서 주도적인 역할을 수행하고 있다. 나아가 한국원자력안전기술원Korea Institution of Nuclear Safety: KINS은 IAEA와의 기술협력사업 이외에도 공동연구사업 참여, 안전 관련 프로그램 참여, 훈련생 수용, 훈련과정 개최, 전문가 지원 등 협력 분야를 다양화해 나가는 데 중점을 두고 추진해 나가고 있다.11)

---

8) 이 가운데 정규직원이 29명, 파견 공무원 및 연구원이 7명이며, 정규직원 중 21명이 안전조치실 소속 사찰관 임무를 수행하고 있다. 외교부, 『원자력기구 개황』(2012). http://www.mofa.go.kr/trade/data/publication/trade/index.jsp?mofat=001&menu=m_30_210_60&sp=/incboard/faimsif/publicview.jsp%3FITEM_ID=HQKP_1346742233920(검색일: 2015.4.22).

9) 외교부(2012), p.105.

10) 예를 들면, 안전조치이행 상설자문그룹(Standing Advisory Group for Safeguards Implementation: SAGSI), 국제원자력안전그룹(International Nuclear Safety Group: INSAG), 원자력에너지자문그룹(Standing Advisory Group on Nuclear Energy: SAGNE), 핵안보자문그룹(Advisory Group on Nuclear Security: Adsec) 등이다.

11) 예를 들면, 2009년 4월 아시아 원자력교육훈련네트워크(ANENT: Asian Network for Education in Nuclear Technology)와 공동운영을 위한 협약을 체결했고, 2002년에는 불법거래 데이터베이스인 ITDB(Illicit Trafficking Data Base)에 참여하였다. 실제로 한국은 2006년도 원자력연구소의 핵물질 분실사고를 자발적으로 ITDB에 신고

2) 분야별 한-IAEA 협력 현황

(1) 안전조치 분야

한국은 1975년 IAEA와 전면안전조치협정을 체결한 이래 안전조치 의무를 성실히 준수해오고 있다. 즉 자체적으로 핵물질계량관리체계State's System of Accounting for and Control of nuclear material: SSAC를 유지해 오고 있으며, 2004년 추가의정서 발효 이후에는 2008년부터 통합안전조치체제Integrated Safeguards System 적용 대상국으로 분류되어 관련 기준을 준수해 오고 있다. 이에 따라 기존 IAEA와의 경수로 안전조치 강화협정이 종료되고, 2012년 6월에 장비 공동사용, 정보 공유 중심의 새로운 협력강화체제 마련을 위한 협력강화 약정이 체결되었다.

또한 IAEA는 한국의 원자력시설에 대한 현안 등 안전조치 이행 전반에 관한 사항을 논의하고 협력방안을 모색하는 한-IAEA 안전조치 검토회의를 연례적으로 개최하고 있으며, 실무현안 이행 협의를 위한 실무그룹회의도 연 1~2회 개최해 오고 있다. 그 밖에 IAEA가 회원국의 지원(현물 및 현금)을 받아 안전조치 이행의 효과성과 효율성 증진을 도모하는 연구개발프로그램인 '회원국지원프로그램Member State Support Program: MSSP'에도 1997년부터 적극적으로 동참해 오고 있다.

(2) 핵안보 분야

핵 안보는 북한의 지속적인 핵무기 개발로 인해 한국이 특히 관심을 가지고 IAEA와의 협력을 강화해 오고 있는 분야이다. 한국은 2003년 4월 체결된 한-IAEA 핵안보 기술약정에 따라 현재까지 지속적으로 핵안보 기술협력회의를 개최해 오고 있으며, 주요 내용은 핵물질의 불법거래 방지 기술개발, 위협대응설계기준 정립 방안, 이동형 방사능테러 탐지 장비 개발, 국제 핵안보 교육훈련센터에 적용될 교육훈련프로그램 개발 등이다. 또한 한국은

한 바 있다.

IAEA의 핵안보기금에도 기여를 해 오고 있는데, 2010년 워싱턴 핵안보정상회의 이후부터는 기여금을 증가시켜 오고 있다. 이 같은 한국의 핵안보 분야에 대한 적극적인 노력의 결과로 2012년에는 서울에서 핵안보정상회의를 개최하는 성과를 올렸다.

이 밖에도 한국은 핵안보 분야에서 다양한 활동을 전개해 오고 있는데, 대표적으로 1996년 발족한 IAEA의 불법거래 데이터베이스ITDB에 2002년부터 적극적으로 참여하고 있다. ITDB는 회원국 보고 및 공개정보 등을 기초로 핵물질이나 방사성물질의 불법거래 사건이나 기타 관련 불법 활동을 기록하고 관리하는 시스템으로 IAEA는 효율적인 관리를 위해 참여국 사이에 연락관을 지정해 놓고 있다. 한편 한국은 핵안보 전반에 대한 정책수립 및 자문을 수행하기 위해 IAEA 사무총장 직속으로 2002년 1월에 설립된 자문기구인 핵안보 자문그룹Advisory Group on Nuclear Security: Adsec에 우리 측 전문가 진출을 위해 노력하고 있다.

(3) 기술협력 및 원자력안전 분야

한국은 1957년 IAEA 가입 이래 2009년까지 IAEA의 기술협력 수혜를 받아왔으며 기술협력사업 참여를 통해 국내 원자력 인프라 강화와 기술 및 인적자원 능력강화에 큰 도움을 받았던 바, 1990년대 중반 이후부터 우리나라의 위상이 높아지면서 파트너십을 통한 협력으로 발전해 왔다. 이후 2010년부터는 IAEA 기술협력 원조를 더 이상 받지 않는 공여국으로 전환하여 IAEA의 개도국개발의 파트너Partners in Development 및 기술공여국으로서 역할을 수행 중에 있다.

예를 들면, 한국 원자력협력재단을 조정기관으로 IAEA 기술협력사업을 통해 추진되는 개도국 과학자의 장단기 국내연수, 그리고 원자력교육센터-IAEA-KOICA가 공동으로 매년 개도국을 대상으로 실시하는 "원자력에너지 정책, 기획, 관리" 훈련과정 등을 들 수 있다. 기타 주요 기술협력사업으로는 해수담수화를 위한 중소형 원자로 개발사업, 가속기구동시스템Accelerator Driven System: ADS 관련 첨단 원자력기술 개발사업,[12] 21세기 세계적 에너지 문제 해결을 위해 기존의 원자로보다 경제성, 안전성, 핵 비확산성 등이 획기적으로 제고된 미래형 원자로 개발사업13) 등에 참여하고 있다.

한편 원자력안전 분야에서도 한국은 대부분의 주요 관련 조약에 가입하고 있다. 예를 들면, 1990년에 회원국에서 원자력 사고 발생 시 IAEA를 통해 전회원국에 사고 관련 정보를 통보함으로써 필요한 대응방안 구축을 지원하는 "원자력 사고 시 조기통보조약Convention on Early Notification of a Nuclear Accident"에 가입하였고, 1994년에는 원자력안전협약Convention on Nuclear Safety, 1997년에는 '방사성폐기물 및 사용후 핵연료 관리안전에 관한 협약Joint Convention on the Safety Waste Management and on the Safety of Radioactive Waste Management'에 가입하였다.

III. 조직 구성 및 핵심 기능

1. 조직 구성

IAEA의 핵심조직은 총회General Conference, 이사회Board of Governors, 사무국Secretariat으로 구성되어 있다.

1) 총회

총회는 최고 의결기구로서 전체 회원국 대표로 구성되며, 여타 비회원국, 유엔회원국, 국제기구, NGO 대표 등도 참석이 가능하다. 총회의 주요 권한

---

12) 이는 IAEA의 "에너지 생산과 핵변환을 위한 새로운 원자력시스템개발 계획(Programme on Emerging Nuclear Energy for Energy Generation and Transmutation)"의 일환이다. 외교부(2012), p.116.

13) International Project on Innovative Nuclear Reactors and Fuel: INPRO.

은 헌장의 범위 내에 속한 제반 문제 토의 및 회원국/이사회에 대한 권고, 이사국 선출 및 회원국 가입 승인, 회원국의 특권 정지 결정, 사무총장 지명 승인, 유엔에 제출될 보고서의 승인, 유엔 및 기타 기구와의 협정 승인, IAEA헌장 개정안 승인, 이사회가 권고한 기구의 사업 및 예산승인, 연례보고서 심의 등이다.

정기총회는 통상적으로 매년 9월 하순에 빈에서 개최된다. 특별총회는 긴급조치 등이 필요할 경우 이사회 또는 회원국 과반수 이상의 요청에 의하여 개최된다. 총회의 모든 결의 및 결정은 컨센서스로 채택되는 관행이 있으나 컨센서스 달성에 실패할 경우에는 표결을 실시하는데 원칙적으로 표결은 회원국의 표결요청이 있어야 가능하다. 주요 결의안을 포함한 대다수의 결정은 단순 과반수 simple majority로 채택되나 재정 문제, 헌장개정, 회원국의 특권 및 권리정지, 여타 일부 사안은 2/3 참석에 2/3 다수결로 채택한다. 한편 회원국에게 표결 연기제안 no action motion이 허용된다.

2) 이사회

이사회는 최고 정책수립기구로서 주요 정책을 실질적으로 심의하는 권한을 보유하고 있기에 IAEA 운영에 있어 중추적인 역할을 담당하고 있으며, 통상적으로 연 5회 ─ 3월, 6월, 9월(2회), 11월 기술원조협력위원회 Technical Assistance & Cooperation Committee: TACC 회의 직후 개최된다. 현재 8개 지역[14]에 걸쳐 35개 이사국으로 구성되어 있으며,[15] 구체적으로 이사회가 선출하는

---

[14] IAEA는 세계 지역을 8개 지역그룹으로 구분하고 있는데, 구체적으로 북미(North America), 중남미(Latin America), 서유럽(Western Europe), 동유럽(Eastern Europe), 아프리카(Africa), 중동남아시아(Middle East and South Asia), 동남아태평양(South East Asia and the Pacific), 극동(Far East)으로 나누어진다.

[15] 1957년 창설 당시 이사국 수는 23개국이었으나 1963년 헌장개정을 통해 25개국, 1973년 개정으로 34개국으로 1984년에는 현재의 35개국으로 확대되었다. 1990년대 후반 회원국이 점증하자 이사국 증가 방안에 관한 다년간 논의 끝에 제3차 총회(1999. 10.1)에서 헌장 6조를 개정하는 결의안을 채택한 상태이나 아직 미발효 중이다. 이 결의안에 따르면 지명이사국을 현재 13개국에서 18개국으로, 총회 선출 이사국을 22개국에서 25개국으로 확대하도록 되어 있다.

지명이사국(13개국)16)과 총회에서 선출하는 지역이사국(20개국) 및 윤번이
사국(2개국)으로 구분된다. 이사회 선출 지명이사국은 일반적으로 퇴임이사
회outgoing BOG가 선원물질source materials 생산을 포함하는 원자력기술에서
가장 앞선 국가 10개국(일명 "세계선진이사국")을 지명한다.17) 나머지 3개
국은 10개국을 배출하지 못한 지역, 즉 원자력 기술 선진 국가가 없는 지역
에서 가장 앞선 국가 3개국을 퇴임이사회가 지명한다. 한편 총회 선출 이사
국 중 지역이사국(20개국)은 북미 지역을 제외한 7개 지역에서 배정되며,18)
윤번이사국(2개국)은 아프리카-중동남아시아-동남아태평양-극동 지역그룹
이 돌아가면서 수임하고 있다.19)

　　이사회의 핵심 권한은 IAEA 사무국 회계 및 사업 예산안을 총회에 권고,
안전조치협정에 대한 승인, IAEA 안전기준 출간 승인, 사무총장 지명, 안전
조치의무 불이행non-compliance건에 대한 안보리 보고 등이다. 이사회의 권고
에 따라 총회의 승인이 필요한 권한으로는 예산안 채택, 사무총장 임명, 다
른 기관과의 관계협정 체결, 유엔에 보고서 제출, 회원국 가입 승인, 회원국
의 특권 및 권리의 정지, 직원의 임명, 보수 및 해고 등에 대한 직원 관련
규칙 제정 등이다. 한편 이사회는 헌장 6조 I항에 따라 위원회 설치가 가능한
데, 현재 상설적으로 운영되는 사업예산위원회Programme and Budget Committee:
PBC와 기술협력위원회Technical Assistance and Cooperation Committee: TACC 등 2개
의 위원회를 두고 있다.

---

16) 일반적으로 퇴임이사회(outgoing BOG)가 선원물질(source materials) 생산을 포함
　　하는 원자력기술에서 가장 앞선 국가 10개국(일명 "세계선진이사국")을 지명한다.
17) 여기서 원자력기술선진국에 관한 세부적인 기준은 없으며 대체적으로 미국, 캐나다,
　　프랑스, 독일, 영국, 러시아, 일본, 중국, 호주 등 9개국이 고정 수임하고, 나머지 1개
　　국은 이탈리아, 스페인, 스웨덴, 스위스, 벨기에, 핀란드 등 서유럽 국가들 가운데 돌
　　아가면서 지명되는 형태를 띠고 있다.
18) 중남미(5), 서유럽(4), 동유럽(3), 아프리카(4), 중동남아시아(2), 동남아태평양(1), 극
　　동(1).
19) 참고로 지역그룹 배속여부는 각 지역그룹에서 판단하고 별도의 공식리스트 없이 관행
　　적으로 운영되고 있으며, 배속희망 지역그룹에서 거부하여 어떠한 지역그룹에도 속하
　　지 못하고 있는 국가도 있는 상황이다.

		이사국 수	선출 자격/절차	선출기관	임기	비고
지명 이사국	13	10(세계선진이사국)	선원물질 생산 포함 원자력 기술 선진국 10개국	퇴임 이사회	1년(총회 후 다음 총회 폐회까지)	원자력 기술 선진국 일부 불명확
		3(지역선진이사국)	10개국을 배출 하지 못하는 해당지역 선진국 3개국			
선출 이사국	22	20(지역선출이사국)	지역그룹에서 입후보	지역그룹 후보 중 총회에서 선출	2년(선출 총회 후 다다음 총회 폐회까지)	지역그룹 배속 여부 불명확
		2(윤번이사국)				

〈표 4〉 IAEA 이사국 분류[20]

3) 사무국

사무국은 사무총장Director General, 임기 4년 연임 가능과 6개의 부Department와 26국Division으로 구성되어 있다. 즉 사무국 예하에 기술협력부, 원자력에너 지부, 원자력안전 및 방호부, 원자력 과학응용부, 안전조치부, 행정부 등 6개 의 실무부서를 두고 있으며, 6명의 사무차장Deputy Director General들이 각각 1개의 부서를 관장하고 있다. 사무국의 정식직원(임기 5년)은 약 2,500여 명이고 전문직professional staff과 일반직general service으로 구성되어 있으며,[21] 이 중 안전조치부가 가장 많은 인원을 차지하고 있다. 기타 정식채용이 아닌 비정규직 성격으로 무보수전문가Cost-Free Expert: CFE, 특별예산으로 한시적으 로 고용된 인력Extra-budgetary Staff, 임시보조직원Temporary Assistant Staff, 자문관

〈표 5〉

IAEA 사무국 조직도[2]

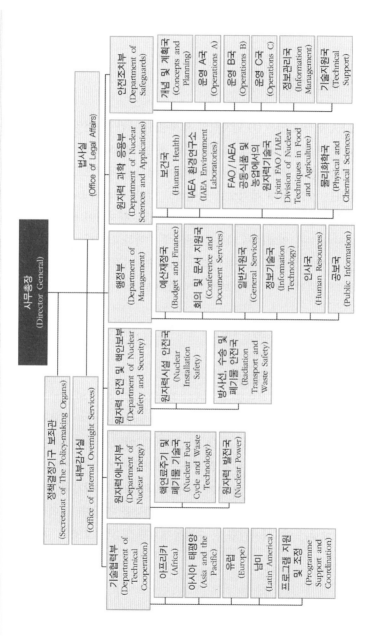

사무총장
(Director General)

정책결정기구 보좌관
(Secretariat of The Policy-making Organs)

내부감사실
(Office of Internal Oversight Services)

법사실
(Office of Legal Affairs)

기술협력부
(Department of Technical Cooperation)
- 아프리카 (Africa)
- 아시아 태평양 (Asia and the Pacific)
- 유럽 (Europe)
- 남미 (Latin America)
- 프로그램 지원 및 조정 (Programme Support and Coordination)

원자력에너지부
(Department of Nuclear Energy)
- 핵연료주기 및 폐기물 기술국 (Nuclear Fuel Cycle and Waste Technology)
- 원자력 발전국 (Nuclear Power)

원자력 안전 및 핵안보부
(Department of Nuclear Safety and Security)
- 원자력시설 안전국 (Nuclear Installation Safety)
- 방사선, 수송 및 폐기물 안전국 (Radiation Transport and Waste Safety)

행정부
(Department of Management)
- 예산재정국 (Budget and Finance)
- 회의 및 문서 지원국 (Conference and Document Services)
- 일반지원국 (General Services)
- 정보기술국 (Information Technology)
- 인사국 (Human Resources)
- 공보국 (Public Information)

원자력 과학 응용부
(Department of Nuclear Sciences and Applications)
- 보건국 (Human Health)
- IAEA 환경연구소 (IAEA Environment Laboratories)
- FAO / IAEA 공동식품 및 농업에서의 원자력기술국 (joint FAO / IAEA Division of Nuclear Techniques in Food and Agriculture)
- 물리화학국 (Physical and Chemical Sciences)

안전조치부
(Department of Safeguards)
- 개념 및 계획국 (Concepts and Planning)
- 운영 A국 (Operations A)
- 운영 B국 (Operations B)
- 운영 C국 (Operations C)
- 정보관리국 (Information Management)
- 기술지원국 (Technical Support)

Consultant, 기술협력사업 인력, JPO^Junior Professional Officer, 인턴 등이 있다.[23]

2. 핵심 기능

IAEA 헌장(2조)은 ① 원자력의 세계평화, 보건 및 번영에 대한 기여 촉진과 확대 모색, ② IAEA가 제공한 지원 혹은 IAEA의 요청에 따라 또는 IAEA의 감독 및 통제하에서 제공된 지원이 군사적 목적으로 사용되지 않도록 보장하는 것을 양대 목적으로 설정하고 있다. 이처럼 IAEA는 원자력의 평화적 이용을 촉진하는 기능을 수행하는 한편, 원자력이 군사적 목적으로 전용되지 않도록 억제하는 기능을 동시에 수행하고 있다. 이러한 IAEA의 목적을 구현하기 위해 필수불가결한 3대 주요기능^3S으로 안전조치 및 검증^Safeguards & Verification, 핵안보^Security, 원자력 안전^Safety을 들 수 있다.

1) 안전조치 및 검증: 핵물질의 군사적 전용 방지(non-proliferation)

(1) 안전조치의 개념 및 법적 근거

안전조치란 일반적으로 원자력의 평화적 이용에 수반되는 핵물질, 장비, 시설 등이 핵무기나 기타 핵폭발장치의 제조에 전용되지 못하도록 검증하는 일련의 활동을 의미한다. IAEA 안전조치는 어느 국가가 원자력프로그램을 비평화적 목적으로 사용하지 않는다는 공약을 지키고 있는지 검증하기 위한 IAEA의 제반 활동으로 IAEA가 특정국가의 평화적 원자력 활동에 대해 믿을만한 확증^credible assurance을 제공하는 기능을 지칭한다. 이러한 IAEA 안전조치체제는 양·다자간협정, 수출통제체제 및 핵방호조치 등과 더불어 국

---

22) 외교부(2012), p.46.
23) 사무국은 우리나라를 포함 미국, 일본, 독일, 프랑스 등 10개 국가와 JPO협정을 체결하고 있다.

IAEA 안전조치의 배경

- 제2차 세계대전 이전까지 국가 간의 협정 및 조약의 준수는 일반적으로 협정 당사국 간의 신의와 성실에 의존하고 있었을 뿐 그 준수여부를 확인할 수 있는 방법을 제시하지는 않았음. 그러나 1945년 핵무기의 위력을 경험한 국제사회는 원자력 이용과 관련한 의무사항의 준수여부를 확인할 구체적인 방법이 필요하다고 인식함.

- 이에 따라 미국, 영국, 캐나다가 1945년 원자력의 평화적 이용 확보를 위해 원자력 수출이나 협력에 대해서 안전조치와 사찰을 필수조건으로 할 것을 선언하였으며, 미국은 원자력협정 체결을 통해 수출되는 원자력 품목이 군사적으로 전용되지 못하도록 안전조치 실시 권한을 협정에 포함시킴.

- 그 결과 원자력공급국들이 원자력협정 체결을 통해 안전조치 권한을 행사하였으며, 1957년 IAEA 창설로 안전조치가 IAEA의 주요 임무 중 하나로 도입된 이후, 공급국의 안전조치 권한은 IAEA로 이관됨.

제 핵 비확산체제의 핵심적인 역할을 수행하고 있다.

그런데 이러한 IAEA 안전조치는 모든 국가에 자동으로 적용되는 것이 아니라 IAEA와 '안전조치협정'이 체결된 국가에 대해서만 적용이 가능하다. 여기서 IAEA 안전조치협정 Safeguards Agreement: SA이란 IAEA와 당사국 간에 핵물질의 군사적 전용을 방지하기 위한 안전조치를 수행하고자 체결하는 협정을 의미한다.

이와 같은 IAEA 안전조치 관련 제반 활동에 관한 법적 근거는 기본적으로 헌장 3조 A.5항에 기초하고 있으며,24) 이 밖에도 핵 비확산조약(NPT 제3조) 및 비핵지대협약 등과 같은 원자력 관련 양자/다자협약에서도 IAEA와의

---

24) 한편, 헌장 제11조 F.4항에서는 IAEA의 기술협력 사업의 일환으로 제공되는 원조에 있어서 안전조치 적용을 언급하고 있으며, 제12조에서는 IAEA의 안전조치 관련 관리와 책임, 사찰부의 구성 및 활동과 관련된 상세한 사항을 규정하고 있다.

전면안전조치협정 체결을 의무화하고 있다. 예를 들면, 194개국이 가입한 핵 비확산조약^{NPT}은 핵 비보유국이 IAEA와 안전조치협정을 체결토록 하고 있으며 이에 따라 IAEA가 핵무기 및 핵폭발장치의 개발, 제조 및 획득방지 의무이행을 검증할 수 있는 권한을 가지게 된다. 또한 중남미 비핵지대조약 (1967년 Tlatelolco조약), 남태평양 비핵지대조약(1985년 Rarotonga조약), 동남아 비핵지대조약(1995년 Bangkok조약), 아프리카 비핵지대조약(1996 년 Pelindaba조약) 등은 당사국이 IAEA와 전면안전조치협정을 체결하도록 요구하고 있고, 특히 2006년 중앙아 비핵지대조약(Semipalantinsk조약)은 전면안전조치협정뿐 아니라 추가의정서 체결도 요구하고 있다.

(2) 안전조치협정의 종류

IAEA와 해당국 간 체결하는 안전조치협정은 신고 및 검증의 성격 및 범위에 따라 다양하게 존재하는데 일반적으로 부분안전조치협정^{Partial Safeguard} ^{Agreement, INFCIRC/66: PSA}과 전면안전조치협정^{Full-scope Safeguard Agreement, INFCIRC/} ^{153: FSA}으로 대별된다.

우선 부분안전조치협정은 해당국의 원자력 활동 중 일부에 대해서만 안전조치를 적용하는 것으로서 핵물질 및 이와 관련된 특정 물질 및 시설이나 품목을 대상으로 체결되며, 이는 NPT 발효 이전인 IAEA 창설과 함께 실시되어 왔다. 즉 IAEA는 1965년 안전조치를 체계적으로 발전시키기 위해 원자로에만 적용되었던 안전조치를 대체하여 INFCIRC/66²⁵⁾으로 불리는 안전조치체제를 채택하였다. 이러한 부분안전조치는 핵무기 비보유국으로서 원자력프로그램을 갖고 있으나 NPT에 반대하여 가입하지 않은 국가에 대해 적용될 수 있다.²⁶⁾ 현재 인도, 이스라엘, 파키스탄 등 3개국에 대해서만 동

---

25) INFCIRC는 Information Circular의 약자로 모든 회원국의 관심이 되는 내용을 포함한 IAEA 발행문서의 명칭을 의미한다.

26) 예를 들면, 북한의 연구용 원자로(IRT-2000)는 부분안전조치협정에 의거하여 북한이 NPT에 가입(1985년)하기 이전인 1977년 1월부터 정기적으로 IAEA의 부분안전 관련 사찰을 받았었다. 국방부, 『대량살상상무기에 대한 이해』(2007.4), p.94.

〈표 6〉	추가의정서상의 주요 안전조치 내용
확대신고 (Expanded declaration)	• 핵물질이 없는 핵연료주기 관련 연구개발 정보 　* 핵연료변환, 핵연료제조, 원전 연구용 원자로 임계시설, 가속기 등 • 핵물질이 없는 원자력 연구개발(농축, 재처리 폐기물시설) 정보 • 핵물질이 있는 핵시설 LOF에서의 원자력활동 정보 　* LOF: Locations Outside Facilities • 핵물질이 있는 핵시설 LOF에서 각 건물에 관한 정보(지도 포함) • IAEA 요청 시 핵물질이 있는 시설 외부에 관한 정보 • 핵시설, LOF, 핵연료주기 연구개발 원자력 연구개발과 직접 관련된 　품목의 가공·조립·보유에 관한 정보 • 우라늄·토륨 광산의 위치·운영·생산량 등에 관한 정보 • 핵연료주기에 도달하지 않은 핵물질 면제·종료된 핵물질 관련 정보 • 원자력 전용품목과 이중용도품목의 수출 허가 및 수출입 관련 정보 • 핵연료주기 개발계획 원자력 연구개발 계획에 관한 정보
추가접근 (Complementary access)	• 추가접근 가능범위 　- 과거 핵물질이 있었으나 현재 폐쇄 또는 해체된 핵시설, LOF 　- 핵물질이 있는 핵시설, LOF의 모든 장소 　- 우라늄/토륨 광산, 면제된 핵물질, 핵물질을 함유한 폐기물 시설 　- 핵연료주기, 원자력 연구개발, 핵시설, LOF 운영과 관련 있는 품 　　목의 생산·가공·조립·보유 시설 　- IAEA가 환경시료채취만을 위해 필요하다고 판단하는 장소 　- 기타 당사국이 자발적으로 IAEA에 접근을 허용하는 장소 • 추가접근 시 IAEA 활동범위 　- 추가접근이 허용되는 장소에서 IAEA는 육안관찰, 장부검사, 환경 　　시료채취 등을 수행하나, IAEA가 환경시료 채취만을 위해 필요 　　하다고 판단하는 장소에서는 환경시료 채취만 실시 • 추가접근 시 불시사찰 적용범위 　- 핵물질이 있는 핵시설, LOF의 설계정보검증, 임시 및 정기사찰 　　중에 사전 통보 없이 불시사찰이 가능 　- 핵물질이 없는 시설의 사찰은 24시간 이전에 당사국에 통보
환경시료채취 (Environmental Sampling)	• 핵물질 존재시설, 원자력 관련 장소 및 IAEA가 보장조치와 관련이 　있다고 생각하는 기타 지역에서의 환경시료 채취 허용

협정이 적용되고 있다.[27]

전면안전조치협정은 NPT 발효와 함께 새로 도입되었으며, 부분안전조치협정이 특정 물질 및 시설이나 품목에만 국한되어 적용되는 것과 달리 평화적 핵 활동을 포함하는 모든 핵물질과 관련된 모든 핵연료주기를 대상으로 적용된다. 즉 NPT 제3조는 국가 내 모든 선원sources 및 특수분열성물질 special fissionable material에 대해 안전조치를 적용할 것을 규정하고 있는 바, NPT 발효(1970.3.5) 이전 일부분의 핵시설·물질에 대해서만 적용되어오던 부분안전조치협정만으로는 이행이 불가함에 따라 IAEA는 1972년 6월에 모든 원자력 활동에 대한 안전조치 적용을 위한 전면안전조치협정안(INFCIRC/153)을 채택하였다. 이에 따라 모든 NPT 비핵보유국은 IAEA와 전면안전조치협정을 체결토록 되어 있으며 현재 IAEA의 안전조치 활동은 대부분 전면안전조치협정에 따라 실시 중이며, 통상 안전조치협정이라고 하면 전면안전조치협정을 의미한다.

한편, 이와 같은 기존의 안전조치는 회원국이 '신고한' 시설 및 핵물질에 기초하여 핵무기 목적 전용 여부를 확인하는 데 중점을 두고 있다. 그러나 IAEA는 1990년대 초반 이라크의 비밀 핵무기프로그램 발견과 북한의 핵개발 의혹이 사실로 확인됨에 따라 신고한 핵물질에 기초하는 기존 안전조치체제에 한계가 있음을 인지하고, 1993년 IAEA 자문기구Standing Advisory Group on Safeguards Implementation: SAGSI를 통해 안전조치 강화 방안을 위한 연구 사업을 수행하였다. 그 결과 1997년 IAEA는 회원국이 신고한 핵물질 및 핵활동에 국한되어 왔던 전면안전조치체제의 허점을 보완하는 추가의정서Additional Protocol, INFCIRC/540: AP를 채택하였으며, 모든 회원국과 개별 추가의정서 체결을 위한 협상을 진행해 오고 있다. 즉 추가의정서는 특히 미신고된 핵물질 및 핵활동 탐지능력 강화를 위한 권한을 IAEA에 부여하고 있다. 구체적으로 회원국에게 확대신고Expanded declaration, 추가접근Comple-

---

27) 2009년 미-인도 간 원자력협정 발효를 위한 준비조치의 일환으로 IAEA-인도 간 체결된 안전조치협정은 특정시설에 대해서만 안전조치를 적용하는 부분안전조치에 해당한다.

〈표 7〉	IAEA 안전조치의 발전과정[28]
부분안전조치 (INFCIRC/66) NPT 발효 이전	• 초창기 IAEA 안전조치의 형태로 안전조치의 기본적인 체계 확립 • 회원국이 신고한 시설에 대해서만 안전조치 이행 → 해당국 내 전체 핵물질에 대한 검증에 한계
전면안전조치 (INFCIRC/153) 1970년대 이후	• NPT에 따라 전면안전조치 이행이 회원국 의무사항으로 부과 • 회원국은 모든 핵활동에 대해 IAEA에 신고할 의무 • IAEA는 회원국과 전면안전조치협정을 체결하고 안전조치 이행 • 회원국의 의도적으로 누락한 핵활동에 대한 탐지에 한계
추가의정서 (INFCIRC/540) 1990년대 후반	• 이라크, 북한의 비밀 핵활동이 사실로 확인됨에 따라 전면안전조치체제의 허점을 보강할 필요성 대두 → IAEA안전조치체제 강화 • 미신고 핵활동을 탐지할 수 있는 권한을 IAEA에 부여하고 회원국에는 신고와 사찰 접근 허용 범위를 확대하도록 조치
통합안전조치 2000년대 중반	• IAEA의 만성적인 사찰자원 부족현상을 극복하고 핵투명성이 확인된 회원국에 대해서 사찰부담 경감을 목적으로 도입 • IAEA 검증수단과 사찰자원을 최적화하여 안전조치의 효과성과 효율성을 달성

mentary access, 환경시료 채취Environmental Sampling 등을 허용하도록 요구함으로써 미신고 핵시설의 파악을 보다 용이하게 하는 효과를 높이게 되었다.

그러나, 이러한 추가의정서의 도입으로 IAEA 사찰범위 및 강도를 강화하는 제도적 장치가 마련되었으나, IAEA의 가용자원이 제한되어 있어 안전조치 활동의 효과성 및 효율성이 떨어진다는 지적이 제기되었다. 이에 따라 IAEA는 '전면안전조치FSA'와 '추가의정서AP'상의 모든 IAEA 검증수단과 사찰자원을 최적화하여 안전조치 효과성과 효율성을 극대화하는 방안으로 '통

---

28) 외교부(2012), p.61.

합안전조치^{IS}'체제를 개발하여 시행 중에 있다. 통합안전조치체제란 특정국가의 핵프로그램 전반을 평가^{State Evaluation}하여, 전면안전조치협정과 추가의정서의 모든 의무사항을 성실히 이행하고 있고 미신고 원자력 활동이 없다고 결론을 내린 국가에 대해 안전조치 활동을 축소하는 제도를 의미한다. 예를 들면, IAEA가 국가 평가^{State Evaluation}에서 신뢰할 만하다고 결론을 내린 국가에 대해서는 원전 등 비민감시설에 대한 사찰은 축소하는 대신 농축 및 재처리 시설 등 민감시설에 대한 사찰을 강화하는 제도를 말한다. 이러한 통합안전조치체제는 국가의 신고내용뿐만 아니라 사무국이 검증활동을 통해 입수하는 정보, 공개정보^{open source} 및 기타 자료 등 광범한 정보를 바탕으로 한다는 측면에서 정보주도^{information driven}의 안전조치 접근이라 할 수 있다. 또한 해당국가의 핵주기 시설에 대한 전반적인 평가 및 시설별 특수성, 비통보 사찰^{random inspection}의 접근, 국가핵물질계량관리체제^{States'} ^{System of Accounting for and Control of nuclear material: SSAC} 능력 등을 종합평가하여 대처하는 국가별(맞춤형) 통합안전조치 설계라고도 할 수 있겠다.

(3) IAEA 안전조치체제의 시행방법

IAEA 안전조치체제의 구체적인 시행방법에는 ① 계량관리, ② 격납 및 감시, ③ 현장 사찰 등이 있다.[29] 즉 IAEA는 안전조치의 효과적 시행을 위해 핵물질에 대한 IAEA 감시와 통제가 시공간적으로 단절되지 않고 연속적으로 수행되는 '안전조치연속성'을[30] 요구하고 있다. 이 중 가장 중요한 방

---

29) 계량관리는 물질의 재고 확인, 기록점검 및 핵물질의 관리체계 점검 등을 포함하며, 격납 및 감시는 감시카메라 봉인 등의 수단을 통해 핵물질의 이동을 통제하는 것을 의미하며, 마지막으로 현장사찰은 방사능측정 샘플 채취 및 분석, 입회 및 육안검사, 물질의 출입통제 관련 인터뷰 등의 활동을 수행한다.

30) 안전조치 연속성 보장은 과거 핵 활동 규명보다는 미래의 핵투명성 보장에 초점을 두는 것으로, 핵물질에 대한 격납과 감시수단의 적용을 지속적으로 보장하는 것을 말한다. 예를 들어, 감시카메라 필름이나 배터리가 소진되면 감시가 단절되고 봉인이 파손되면 핵물질의 불법유출을 확인할 수 없게 되는데, 이러한 상황은 안전조치의 연속성이 보장되지 못하는 상태.

핵물질 종류별 SQ와 TG

- SQ(Significant Quantity)는 핵무기 1개 제조에 필요한 핵물질의 양을 의미하며, TG(Timeliness Goal)는 적절한 시설과 설비가 갖추어진 상황에서 핵무기 1개 제조에 소요되는 최소 시일을 의미함.
- 이 두 가지는 안전조치에 있어 핵심적 개념으로 이에 따라 사찰의 주기와 빈도가 결정되며, 핵물질 종류별 SQ와 TG는 아래와 같음.

핵물질 종류	SQ	TG
플루토늄	8kg(또는 5~6kg)	1개월 + 1주
고농축우라늄 (20% 이상 농축)	25kg(U-235)	1개월 + 1주
저농축우라늄 (20% 이상 농축)	10kg(U-235)	3개월 + 3주
천연우라늄	20t(U)	1년

법은 현장사찰이라고 할 수 있다.

IAEA 사찰이란 봉인 확인, 장부 검증, 재고 조사 등 사찰관들의 독립적인 측정 및 관찰을 통해 얻은 결과와 해당 국가가 제공한 정보를 비교하여 핵물질의 군사적 전용을 탐지하는 활동을 말한다. 사찰의 종류에는 수시사찰 Ad hoc Inspection, 일반사찰Routine Inspection, 특별사찰Special Inspection이 있으며, 사찰시기에 따라 수시사찰과 일반사찰로 구분된다. 수시사찰은 핵안전조치협정 체결 이후 최초로 실시되는 것으로 피사찰국이 제출한 최초보고서의 사실 여부를 확인하기 위해 일시적으로 실시되는 사찰이며,31) 일반사찰

---

31) 예를 들면, 핵 시설에 대한 설계정보 검토 및 확인, 계량점검, 봉인, 감시장비 설치 등을 실시하며, 추가 변동사항 발생 시 확인 및 검증을 위한 사찰도 임시사찰의 범주에 속한다.

은 수시사찰 완료 후 보조약정서를 체결하고 보조약정서에 의거하여 정기적
으로 실시되는 것이다.[32]

또한, IAEA 사찰은 사찰대상에 따라 일반사찰과 특별사찰로 구분되어지
는데, 일반사찰은 피사찰국이 사전에 보고한 핵물질 및 관련 시설에 한정되
는 반면, 특별사찰은 추가적인 핵물질 및 시설까지 포함하며, 통상 수시 및
일반사찰 도중에 의심사항이 발생하거나 보고서에 중대한 불일치의 발견 등
IAEA가 기존의 사찰로는 불충분하다고 판단할 경우 실시된다.

한편 추가접근이란 추가의정서에 따른 확대신고의 정확성과 완전성을 판
단하기 위하여 이행하는 현장검증의 일종으로, 24시간 전 사전 통보로서 수
행되며, 현장에서는 2시간 전 통보에 의해 사찰관이 접근하고자 하는 지점
에 접근이 가능하다.

(4) IAEA 안전조치 의무 불이행시 조치

이상과 같이 사찰을 실시한 결과 피사찰국의 안전조치협정 불이행[non-
compliance]이[33] 확인될 경우 IAEA 사무총장은 IAEA헌장 제2조 C항 및 IAEA-
UN 간 관계협정 제3조 2항에 의거 이사회에 이를 보고하고, 이사회는 불이
행여부 및 제재여부에 대한 결정 및 결의안을 채택하며, 불이행 결정시 UN
안보리 및 총회와 모든 IAEA 회원국에 보고한다.

한편 UN 안보리는 안보리 상임이사국 5개국을 포함한 9개국 이상 찬성
(회원국15개국)으로 결의안을 채택하고, UN헌장 제39조, 41조, 및 42조에
근거하여 경제적·외교적·군사적 방법을 통한 제재를 취할 수 있다. 이때
제재 실행은 안보리이사국을 중심으로 구성되는 제재위원회를 구성하여 추
진된다. 또한 IAEA가 자체적으로 취할 수 있는 제재조치로는 IAEA 회원자

---

32) 주요 검증사항으로는 해당국가가 IAEA에 제출한 보고와 실제 기록과의 일치성, 안전
　조치 대상 물질의 위치, 정체(identity), 양(quantity)과 조성(composition), 기록재고
　상의 미계량 선적 및 인수의 차이, 불확실성의 원인에 관한 정보 등을 포함한다.
33) 구체적으로 행정 및 절차상의 문제가 발생할 경우와 사찰결과 핵물질 전용여부에 대한
　검증이 불가능한 상황이 발생할 경우 두 가지를 들 수 있으며, 후자가 심각한 경우다.

격 정지(IAEA헌장 제9조), IAEA의 모든 지원중단 및 IAEA에서 제공하고 지원한 모든 물질과 장비의 반환 요구 등(IAEA헌장 제12조)이 있다.

(5) IAEA 및 NPT 탈퇴 시 사찰 의무

IAEA 탈퇴절차(헌장 제8조)는 IAEA 가입 비준서 수탁국인 미국에 탈퇴 의사를 서면으로 통보하고 IAEA 사무국에서 탈퇴 의사를 확인함으로써 탈퇴 효력이 발생한다. 그러나 IAEA와 당사국 간에 체결된 안전조치협정은 당사국이 NPT 회원국으로 남아 있는 한 협정이 유효하다고 규정하고 있다(안전조치협정 제6조).

그러므로 IAEA를 탈퇴하더라도 NPT 회원국으로 남아 있는 한, 안전조치 협정에 따라 IAEA 사찰을 받을 의무가 있고, IAEA에 핵 활동을 보고해야 한다. IAEA는 당사국이 안전조치협정위반 시 제재조치를 취할 수 있다. 다만 NPT를 탈퇴하면 안전조치협정도 자동적으로 파기되므로(안전조치협정 제6조) IAEA의 사찰을 받을 의무가 없게 된다. NPT 탈퇴에 대한 법적인 제재조치는 없다. 그러나 NPT 탈퇴가 세계 평화에 대한 위협이 될 것으로 판단되면 UN 안보리결의에 의해 제재를 취할 수 있다(UN헌장 제9조).

2) 핵안보[34]

(1) 핵안보의 개념 및 법적 근거

핵안보 Security는 원자력 안전 Safety 및 안전조치 Safeguards와 더불어 "3S"의 하나로서 원자력의 평화적 이용 증진을 위한 필수불가결한 요소로 인식되고 있으며, 일반적으로 "핵물질 여타 방사능 물질 혹은 관련시설과 관련한 도난, 사보타지, 허가되지 않은 접근, 불법 이전 혹은 여타 악의적 행위의 방지를 위한 탐지 및 대응"을 의미한다. 앞서 살펴 본 안전조치 Safeguards가 국가

---

34) IAEA에서 핵 안보(Nuclear Security)는 물리적 방호(physical protection) 개념과 동일시되고 있으며, 과거에는 "물리적 방호" 용어를 많이 사용하였으나, 최근에 와서는 "핵안보" 용어를 주로 사용하고 있다.

〈표 8〉			IAEA 핵심기능(3S)[35]	
구분	대상 행위 및 활동	대상 물질	상호 연관성	
원자력 안전 (Safety)	비의도적 사고의 발생으로부터, 사람, 환경 보호	핵·방사성 물질		관련 기준, 규제 체제, 문화 정착 중요
핵안보 (Security)	비국가행위자의 악의적 행위의 방지, 탐지, 대응	핵·방사성 물질	비(대)확산 측면, 격납·감시체제, 관리요원에 대한 훈련 중요	원자력 안전은 투명성을 강조하나, 핵안보는 비밀성 강조
안전조치 (Safeguards)	국가의 군사적 전용 적시 탐지	핵		

차원에서 핵물질의 군사적 전용을 탐지하는 활동인 데 비해, 핵 안보는 주로 비국가행위자non-state actor들의 의도적인 핵무기 또는 핵물질의 획득을 방지하는 활동이라 할 수 있다. 핵안보 활동은 2001년 9·11 사태 이후 악의적 행위로부터의 핵 및 방사성 물질을 보호하기 위해 강조되어 있으며, 특히 원자력 르네상스기를 맞아 핵 및 방사성 물질이 확대됨에 따라 이에 대한 효과적 관리체제가 더욱 중요해지고 있다.

한편, 이란 등 일부 개도국들은 핵 안보는 IAEA의 헌장상의 임무가 아니라고 주장해 왔다. 그러나, 2009년 12월 10일 IAEA 법률국의 "IAEA의 핵안보 활동에 관한 법적 기초"에 관한 보고서에 따르면 핵안보 관련 명확한 규정은 없으나 핵안보 개념은 IAEA헌장, 총회결의, 기타 협약 등에서 충분한 법적 기반을 가지고 있음을 밝히고 있다. 즉 핵 안보 개념은 헌장 제2조에 명시된 IAEA의 목적 달성에 핵심요건이며, 헌장 제9조 H항에도 핵안보라는 직접적인 단어를 사용하지는 않았지만 핵안보 개념이 분명히 포함되어 있고,[36] 그 밖에도 핵물질물리적방호협약Convention on the Physical Protection of Nu-

---

35) 외교부(2012), p.76.

clear Material 및 동 개정협약Amendment, 안전조치협정 및 추가의정서, 원자력 사고조기통보협약, 핵테러리즘억제를 위한 국제협약, 유엔안보리결의 1373 (2001) 및 1540(2004), 여타 비구속적 권고사항 등이 IAEA의 핵안보 관련 활동의 법적기반을 제공하고 있다. 참고로 IAEA는 4년 단위의 핵안보계획 Nuclear Security Plan을 수립하여 시행 중이며, 2005년 9월의 '2006~09년간 핵 안보계획' 승인, 2009년 6월의 '2010~13년간 핵안보계획' 승인에 이어 2013 년 6월의 '2014~2017년간 핵안보계획'을 승인하였다.

(2) 핵안보 관련 주요 활동

IAEA는 다양한 핵안보 관련 활동을 시행해 오고 있다. 우선, 핵·방사능 물질의 사용, 저장, 수송시설 및 여타 관련시설에 대해 해당국가의 요청에 따라 효과적인 원자력 방호체계를 설립, 유지하도록 지원함으로써 전 세계 적으로 효과적인 방호체계구축에 기여하고 있다. 또한 '불법거래 데이터베 이스Illicit Trafficking Database: ITDB'를 통한 정보수집 및 공유프로그램 참여증 대 및 교육훈련프로그램 운영, 시설 물리적 방호 개선, 공공 행사시 방사성 물질의 악의적 유포로부터의 방호, 국경통제능력 강화 등의 사업을 시행하 고 있다. 불법거래 데이터베이스란 1995년 IAEA이사회의 결정에 따라 전 세계적으로 핵 활동의 안전성을 강화하고 핵이나 방사성테러를 막기 위한 목적으로 구축된 것으로, 핵물질이나 방사성물질의 불법거래 사건이나 기타 관련된 불법 활동을 IAEA가 해당국가로부터 확인을 받아 기록 및 관리를 유지해 오고 있다.

기타 회원국의 핵안보 강화 노력에 포괄적인 작업계획 제공과 아울러 사 무국, 관계국 및 공여국 간의 관련활동을 조율하는 '통합핵안보지원계획 Integrated Nuclear Security Support Plans: INSSPs'을 개발하여 적용 중에 있고, 핵안 보 협력, 공동활동 이행 및 정보 공유를 목적으로 하는 '핵안보정보포털

---

36) 헌장 9조 H항은 IAEA 관리하의 핵물질을 위험 기후, 미허가 제거 또는 변환, 사보타 지를 포함한 손상 또는 파괴, 강제탈취 등으로부터 보호토록 규정하고 있다.

Nuclear Security Information Portal: NUSEC'도 일부국가와 시범운영을 거쳐 운영 중에 있다.

3. 원자력 안전(Safety)

1) 개념 및 운영체제

IAEA의 원자력 안전은 회원국들이 원자력 시설의 안전성을 확보하고 보안능력을 향상시키며 비상상황에 대해 준비하고 대응할 수 있도록 지원하는 제반 활동을 말한다. 주요 활동의 내용은 원자력 시설, 방사성물질, 방사성물질의 수송, 그리고 방사성 폐기물의 안전 문제를 포함하고 있으며, 이와 함께 원자력 및 방사성물질의 안전한 관리와 규제를 위해 국제적인 안전기준을 개발하는 활동도 병행하고 있다.

원자력 안전 활동은 안전기술 기준 개발, 안전성 검토 지원 및 글로벌

〈표 9〉	IAEA 원자력 안전 운영체제

* 글로벌안전체제(Global Safety Regime)
  구성 및 운영을 통해 국제적인 안전체제(국제안전협약 및 운영규약)와 각 회원국의 안전체제를 상호 연결하고 협력을 촉진토록 하고 있으며 IAEA는 국제적인 안전기준을 개발하고 안전성 향상을 위한 기술적 지원체계를 제공하고 있다.

* 통합안전체제(Integrated Safety Approach)
  통합안전체제는 글로벌안전체제를 통해 개발된 안전과 관련된 모든 기술기준의 이행, 안전성 확보를 위한 교육과 훈련, 국가 간 지식과 경험의 공유 등을 통해 회원국에 대해 보다 효과적인 정보와 프로그램을 제공한다.

  * 구체적으로 IAEA 안전기준의 적용 및 이행여부를 점검하며 회원국들이 기술기준을 이행하는 데 따른 문제점 또는 도출된 권고사항을 반영함으로써 지속적인 개선과 개정을 수행하고, 안전교육훈련제공, 회원국 간의 정보교환 협력과제 도출 및 수행, 지식관리네트워크 구성·운영 등을 통해 IAEA의 안전기술기준이 보다 효과적으로 적용될 수 있도록 지원한다.

지식관리 네트워크를 포함하는 '글로벌안전체제'와, 글로벌안전체제에서 개발된 기술기준의 적용, 지식공유, 안전성 검토 지원 및 안전교육훈련을 수행하는 '통합안전체제'를 통해 운영되고 있다.

2) 원자력 안전 관련 주요 활동

IAEA의 원자력 안전 관련 주요 활동은 크게 원자력 안전 관련 국제협약을 주도하고, 국제적 안전기준의 제정 및 개정을 포함한다.

우선, IAEA가 주도한 대표적인 원자력 안전 관련 국제협약은 '원자력 안전 협약Convention on Nuclear Safety, 1996.10.24 발효, 72개국 가입', '원자력 사고 시 조기 통보협약Convention on Early Notification of a Nuclear Accident, 1986.10.27 발효, 110개국 가입', '원자력 사고 혹은 방사성물질 사고 시 지원에 관한 협약Convention on Assistance in the Case of a Nuclear Accident or Radiological Emergency, 1987.2.26 발효, 105개국 가입', 그리고 '사용 후 핵연료 및 방사성 폐기물 처리 안전성에 대한 공동협약Joint Convention on the Safety of Spent Fuel Management and on the Safety of Radioactive Waste Management, 2001.6.18 발효, 58개국 가입' 등이 있다.[37] 참고로 한국은 위에서 열거한 모든 안전협약에 가입하였다.

IAEA 안전기준의 제정 및 개정은 회원국 전문가들로 구성된 안전기준위원회 및 산하 4개 전문위원회(원자력안전기준위원회, 방사선안전기준위원회, 폐기물안전기준위원회, 수송안전기준위원회)를 통해 진행되며, 최상위 기준인 안전원칙Safety Fundamentals과 이를 실현하기 위한 안전요건Safety Requirements 및 안전지침Safety Guides으로 구성되어 있다. 우선 안전원칙은 원자력 안전 및 안보의 목적, 개념 및 원칙을 기술하고 있으며, 안전요건은 안전원칙에 기초하여 이를 충족시키기 위한 구체적인 요건을, 안전지침은 안전요건을 만족시키기 위한 절차 등에 대한 지침으로 회원국이 고도의 안전성

---

37) 이 중 '원자력안전협약(Convention on Nuclear Safety)'과 '사용 후 핵연료 및 방사성 폐기물 처리 안전성에 대한 공동협약(Joint Convention on the Safety of Spent Fuel Management and on the Safety of Radioactive Waste Management)'은 매 3년마다 국가보고서 제출을 의무로 규정하고 있다.

수준을 유지할 수 있는 최상의 이행 기준을 제시하고 있다. 이 중 안전요건과 안전지침은 'Shall(의무조건)' 형태로 제시되고 있어 회원국이 이를 충족시키지 못할 경우 IAEA가 제시한 대책을 수용해야 한다.

한편, 일본 후쿠시마 원전사고 이후 원자력 안전에 대한 중요성이 급격히 확산되었는데, 2011년 6월 아마노^{Amano} IAEA 사무총장은 ① IAEA 안전기준 강화와 보편적 적용, ② 원자력발전소의 주기적 점검 강화(IAEA의 무작위 자문서비스 실시), ③ 국가안전규제기관 강화, ④ 국제 방재 및 비상대응체제 강화(비상대응장비 공동운영, 전문가 풀 운영 등), ⑤ IAEA의 정보 수집 및 전달 기능 강화 등을 포함하는 '안전강화 5개항'을 제안하였다. 또한 IAEA 사무국은 사무총장의 5개항 제안을 기초로 2011년 9월 총회에서 '원자력 안전 강화를 위한 행동계획^{IAEA Action Plan on Nuclear Safety}'을 채택하였는데 주요 항목을 보면 ① 후쿠시마 원전사고 계기 안전점검 실시, ② IAEA 검토 및 자문 서비스(peer review) 강화, ③ 비상대비 및 대응 강화, ④ 국가별 안전규제기관 강화, ⑤ 원전 운영자의 안전 강화, ⑥ IAEA 안전기준 검토 및 강화, ⑦ 국제협약체제의 강화, ⑧ 신규 원전도입국의 안전 인프라 구축, ⑨ 사고 시 방사능으로부터 사람과 환경의 보호, ⑩ 정보 제공 및 투명성 제고 등을 포함하고 있다.

IV. IAEA의 주요 활동 평가

1. 북한 핵 문제와 IAEA

1) 북핵 문제 진행과 IAEA의 역할

(1) 북한의 IAEA 및 NPT 가입

북한은 1974년 5월 IAEA에 가입하였으며, 이에 따라 1977년 7월 20일 소련이 제공한 연구용 원자로(2MW급 IRT)와 임계시설 critical assembly 등 2개 시설에 대해 IAEA와 부분안전조치협정(INFCIRC/252)을 체결하였고, 1979년부터 1981년의 기간 동안 IAEA이사국을 수임하기도 하였다. 북한이 이러한 태도를 취한 원인은 수개월 전 실시된 인도의 핵실험(1974년 1월)에서 찾아볼 수 있다. 즉 북한은 인도의 핵실험에 크게 자극을 받았고, 원자력의 평화적 이용을 내세워 IAEA에 가입함으로써 선진 핵기술을 축적하려는 의도를 가졌던 것으로 보여진다. 이후 북한은 소련으로부터 5MW급 연구용 원자로를 제공받는 조건으로 소련의 요구에 따라 1985년 12월 12일 NPT에 가입하였고 1986년부터 동 원자로를 가동하기 시작하였다.

그러나 북한은 NPT 제3조 4항에 따라 18개월 이내에 IAEA와 전면안전조치협정을 체결하도록 한 의무가 부여되어 있음에도 불구하고, 안전조치협정체결 교섭과정에서 한반도 비핵화, 남한 내 미국 핵무기 철수 등의 조건을 제시하며 협정체결을 계속 지연시켰다. 이에 따라 IAEA이사회는 1990년 2월 및 1991년 9월 협정체결을 촉구하는 결의안을 연이어 채택하자, 5년 이상이 경과한 1992년 4월에서야 비로소 북한은 IAEA와 전면안전조치협정을 체결하였다. 이러한 북한과의 안전조치협정 체결은 IAEA의 강경한 입장과 태도가 북한에 대한 압력으로 작용하였으나, 무엇보다 1992년 부시 전 대통령의 '주한미군 핵 철수 선언' 및 노태우 전 대통령의 '한반도 핵부재 선언'이 보다 중요한 북한의 동인으로 작용했다고 보아야 할 것이다.

(2) IAEA의 특별사찰 요구와 북한의 IAEA 탈퇴

IAEA와의 전면안전조치협정에 따라 북한은 1992년 5월 IAEA에 최초 신고서^{initial report} 및 핵시설38)에 대한 설계정보를 제출하였다. 그러나 IAEA는 북한이 최초 신고한 내용과 IAEA의 임시사찰을 통한 검증내용이 불일치하다는 결론을 내렸다. 즉 북한은 최초 보고서에서 5MW 원자로에서 나온 사용 후 핵연료를 1990년 1회 재처리하여 약 100g의 플루토늄을 추출했다고 신고하였다. 반면 IAEA는 6차례에 걸친 사찰 및 검증 결과 북한이 수차례 재처리를 실시하였으며 사용 후 핵연료 분석결과도 일치하지 않음에 따라 영변 근처 핵폐기물 저장시설로 보이는 급조된 2개의 시설에 대한 특별사찰을 공식적으로 요구하였다. 이러한 IAEA의 조치는 IAEA의 핵사찰이 군사적 핵확산 방지에 일정 부분 기여하고 있음을 명확히 보여주는 부분이다.

그러나 북한은 이 시설들이 핵활동과 관련이 없는 군사시설이라고 주장하며 주권침해를 내세워 특별사찰을 강력히 거부하였고, 이에 따라 IAEA이사회는 1993년 2월 25일 북한이 3개월 내에 특별사찰 수락을 촉구하는 내용의 결의를 채택하였다. 이에 반발하여 북한이 1993년 3월 12일 안보리의 장에게 NPT 탈퇴의사를 통보하자, IAEA 사무총장은 북한의 안전조치의무 불이행 사실에 대해 4월 6일 유엔안보리 및 총회에 보고하였다. 유엔안보리는 5월 11일 북한에 대해 안전조치협정상의 의무 준수를 촉구"invite" 및 NPT 탈퇴 결정 재고를 요청하는 결의안을 채택하였고,39) 이에 반발한 북한은 1994년 6월 13일 IAEA 탈퇴를 통보함으로써 '1차 북핵위기'가 발생하였다.

결국 IAEA는 북한의 미신고 시설에 대한 특별사찰을 관철시킴으로써 IAEA의 위상을 제고하려 했으나, 결과적으로 자체 결의안 채택과 유엔안보리 회부 및 제재 요청 이외에 별다른 수단을 강구할 수 없었다.

---

38) 북한이 신고한 핵시설은 소련제공 2MW IRT 원자로 이외에 5MW급 원자로(흑연감속로), 핵, 연료 제조공장, 재처리공장으로 알려진 "방사화학실험실(radiochemical laboratory)," 당시 건설 중이었던 50MW급 및 200MW급 원자로를 포함하고 있었다.

39) 동 결의안 표결에서 중국과 파키스탄은 기권하였다.

(3) 제네바합의와 IAEA의 감시(monitor)활동

결국 이러한 1차 북핵위기는 미국의 개입에 의해 일단락되었다. 1994년 6월 카터 전 대통령과 북한 외무상 강석주 간의 북미 고위급협상이 제네바에서 진행되었고, 그 결과 1994년 10월 18일 제네바합의 Agreed Framework 가 체결되었다. 주요 내용으로는 북한이 핵 활동 동결 및 감시 monitor 를 허용하기로 하였고, 이에 대한 대가로 미국은 북한에 대해 200MW급 원전 2기를 제공하기로 약속하였다.

이에 따라 유엔안보리는 의장성명(1994.11.4)을 통해 IAEA의 북한 내 감시활동 수행을 요청하였고, IAEA는 북한 핵 활동 동결에 대한 감시를 위해 사찰관들을 영변에 상주시켰다. 이후 IAEA는 안전조치협정 이행에 대한 북한과의 이견에도 불구하고 매년 2회씩 미결 현안협의를 위한 기술회의를 북한과 진행하였으나, 총 17차례에 걸친 기술회의에서 큰 진전을 보지 못하였다. 결국 사무국은 2000년 9월 북한의 최초신고서에 대한 완전검증이 3~4년 더 소요된다는 결론을 내리게 되었다.

(4) 북한의 우라늄 농축프로그램과 IAEA 사찰관 철수

제네바합의에 의거 IAEA 감시활동이 진행 중인 가운데 미국은 2002년 10월 16일 북한이 우라늄 농축프로그램을 갖고 있다고 발표함으로써 북핵문제는 새로운 위기(2차 북핵위기)를 맞게 되었다. 즉 북한은 5MW 원자로의 봉인을 제거하고 감시카메라 작동을 중지함으로써 핵동결 해제를 실행해나갔다.

새로운 위기가 발생하자 IAEA는 즉각 북한 고위급과의 관련협의를 요청했고, 북한이 이에 응답하지 않자 IAEA이사회는 북한의 응답과 IAEA에 대한 협조를 촉구하는 결의안을 채택(11.29)하였다. 이에 대해 북한 백남순 외무상은 IAEA 결의 수락이 불가하다는 내용의 서한을 사무총장 앞으로 송부(12.2)하였고, 감시카메라 해체 및 봉인 제거, IAEA 사찰관들의 출국을 요구하였다. IAEA 특별이사회는 2003년 1월 6일 북한에 대한 완전협조를 촉구하는 결의를 채택하였으며, 북한은 2003년 1월 11일 자로 NPT 탈퇴통보가 발효되었다고 발표하였다.

이러한 일련의 과정에서 IAEA는 북한의 고농축 우라늄프로그램에 대한 정보를 포착하지 못했고, 핵사찰관의 추방에 대해서도 효과적인 대응 방안을 찾지 못했다. 또 다시 IAEA의 위상과 영향력이 실추되는 시기였다.

(5) 6자회담 프로세스와 IAEA

이후 북핵 문제는 교착국면에 접어들었고, 미국 정부는 미-북 간 제네바 합의의 실패로 인해 북한과의 양자협상 및 합의에 대한 더 이상의 신뢰를 갖지 못했다. 이에 따라 미국은 양자가 아닌 새로운 다자적인 접근으로서 6자회담을 제안하였다. 6자회담은 미-북을 비롯한 관련국들 간의 이견과 우여곡절에도 불구하고 2005년 9월 19일 소위 「9·19 공동성명」을 통해 한반도 비핵화를 위한 일련의 원칙에 합의를 보았으나, 북한이 1차 핵실험(2006.10.9)을 강행함으로써 북핵 문제 협상에 있어 난항은 지속되었다. 다행히 2007년 2월 영변 핵시설의 폐쇄shutdown, 봉인seal, 궁극적 폐기 및 IAEA의 필요한 감시 및 검증조치를 포함하는 '초기 조치Initial Action'가 합의되었다. 이에 따라 IAEA 협상난이 방북하여 임시협약ad hoc arrangement에 합의하였고 그 결과 IAEA 사찰관이 감시시설 설치 및 사찰활동을 재개하게 되었다.

그러나 검증합의서를 둘러싼 북한과의 이견이 좁혀지지 않은 가운데 북한은 2009년 4월 16일 IAEA 사찰관을 철수토록 하였으며, 현재까지 IAEA 사찰관이 북한에 복귀하지 못하고 있는 상황이 이어지고 있다. 문제의 핵심은 검증 기준으로 귀착되어 졌다. 실제로 북한과 IAEA는 검증을 위한 환경시료채취 방식을 둘러싸고 이견을 좁히지 못하고 있다. IAEA는 기본적으로 북한이 추가의정서를 수용할 것을 요구한다. 이 추가의정서에는 북한이 IAEA가 시료를 채취할 때에 모든 장소를 개방하고, 사전 통보 없이 불시에 방문하여 사찰할 수 있다는 내용을 포함하고 있기 때문이다. 하지만 북한은 영변시설만을 개방하기를 원하며 사전에 통보하고 방문해야 한다는 입장을 굽히지 않고 있으며, 이 부분 역시 IAEA의 역할과 영향력의 한계를 보여주고 있다.

2) 평가

이상에서 살펴보았듯이 북한의 핵사찰 및 검증 사례는 IAEA의 역할과 한계를 동시에 보여 주었다. 우선 IAEA는 유엔안보리와 함께 북핵 문제 관련 핵심적인 국제기구로서 1993년 북핵 문제 발생 초기부터 이사회 및 총회 차원에서 동 문제에 지속적으로 매진해오고 있으며, 지금까지 북핵 문제 진행과정 및 국면에서 큰 역할을 해왔다고 평가할 수 있다. 특히 북한이 최초 신고한 보고서의 문제점을 발견해내고 특별사찰을 요구하는 등 북한이 IAEA 사찰관을 수용했던 시기 동안의 존재감과 성과는 주목할 만하였다. 또한 북한의 강력한 반발과 도전에도 불구하고, IAEA는 특별사찰을 유엔안보리와 연계시켜 강제사찰 제도의 기반을 제도화했고, 사찰제도의 효율성을 증대시키는 등 기존 사찰제도를 크게 강화시켜 왔다. 또한 2009년 4월 사찰관의 철수 이후에도 IAEA 사무국은 위성영상을 통해 영변 등 북한 핵시설 동향을 지속적으로 모니터링하고 있으며, 사찰관들의 북한 복귀에 대비하여 종합적인 활동계획을 수립하고 사찰관들을 훈련시키고 있다.

그러나, 북한의 사례는 피사찰국이 IAEA의 핵사찰 요구를 거부하거나 핵시설과 핵물질을 의도적으로 은폐하려고 할 경우 상당한 무력감과 한계에 직면할 수밖에 없음을 동시에 보여주고 있다. 특히 피사찰국이 유엔안보리의 제재조치를 무릅쓸 정도의 강력한 핵개발 의지를 가질 경우, 강제력이 미흡한 기술적 전문국제기구로서의 IAEA의 한계가 더욱 여실히 나타남을 확인시켜 주었다. 또한 IAEA 기탁국인 미국의 적극적인 개입 및 해결의지가 없이는 IAEA의 핵확산 방지 역할이 극히 제한될 수밖에 없다는 점도 보여주고 있다.

2. 이란 핵 문제와 IAEA

1) 이란 핵 문제 진행과 IAEA의 역할

(1) 농축프로그램과 1차 이란 핵위기 발발(1984~2003)

이란의 초기 원자력 개발(1957~1979)은 국내 석유소모를 줄이고 수출을 장려하기 위한 대안으로 미국의 지원하에 시작되었으며, 이후 이란은 1967년 NPT 51개 발기서명국 중 하나로 참여(1970.2 NPT 가입)하고, 1974년 IAEA와 전면안전조치협정을 체결함으로써, IAEA를 비롯한 국제사회에 원자력 선발국이자 핵 비확산 선발국으로 인식되었다.

그러나 이란 혁명 이후 최고지도자로 등극한 호메이니Ruhollah Khomeini는 미국의 이란 적대시정책과 이라크의 이란 침공, 그리고 지역 패권국 지위 획득 등을 이유로 1984년부터 핵개발을 추구하기 시작했다. 결국 2002년 이란의 반정부단체가 이란 나탄즈Natanz 등 IAEA에 미신고 된 2개의 비밀농축시설을 폭로하면서 이란 핵 문제가 본격적으로 제기되었다.

(2) EU-3와 이란 핵협상(2003~2004)

이란 핵 문제가 발발되자 당시 중도파였던 카타미Khatami 대통령은 나탄즈 시설 등에 대한 사후 신고를 IAEA에 하고 IAEA 사찰팀 방문을 수용하였다. 사찰결과 IAEA는 2003년 6월 이사회에서 과거 10년간의 미신고를 안전조치협정 위반으로 보고하였다. 이후 2003년 10월 EU를 대표하는 영, 불, 독EU-3이 이란과 핵협상을 개시하여,[40] 2003년 10월 21일 4개국 공동성명

---

[40] 미국이 나서지 않고 EU-3개국이 이란과의 협상을 주도한 배경은 미국의 이라크 공격 직후, 2003년 5월 이란이 안전보장제공과 외교정상화를 조건으로 핵활동의 완전한 투명성 및 하마스(Hamas)와 헤즈볼라(Hezbollah) 집단에 대한 지지철회를 교환하는 '그랜드바겐(Grand Bargain)' 방안을 미국에 비밀리에 제안하였으나, 부시 행정부가 동 제안의 진위여부와 진실성을 의심하여 일축했기 때문인 것으로 알려짐. 전봉근, "'로잔' 이란핵 잠정합의와 외교안보적 함의,"『주요국제문제분석』(국립외교원 외교안보연구소, 2015.4.27), p.4.

인 '테헤란선언'을 채택하면서 1차위기는 일단락되었다. 이에 따라 이란은 IAEA에 나탄즈 농축활동 중단을 통보하고 핵활동에 관한 신고서를 제출하였다.

이후 EU-3와 이란 간 핵협상이 계속되어 2004년 11월 파리합의를 채택하게 되었다. 주요 합의내용으로 이란은 추가의정서 가입, 자발적 추가의정서 이행, 농축 일시중단 등에 합의했고, 유럽국은 이란의 핵활동 권리를 인정하고, 핵활동의 조건에 대해 추가 협의하는 데 합의했다.

이러한 긍정적인 결과는 유엔 및 IAEA의 역할과 기능이 주효했기 때문으로 해석될 수 있다. 이와 관련하여 2007년 11월 미국 정보당국이 발표한 국가정보판단National Intelligence Estimate을 보면, 이란의 강경군부가 유엔안보리를 통한 국제압력과 IAEA에 의한 사찰 결과 때문에 2003년 당시 핵개발 프로그램을 중단하고 일부 농축활동만을 유지하기로 결심했다고 평가하고 있다.[41]

(3) 2차 이란 핵위기(2005~2013)

그러나 2005년 강경파 아흐마디네자드Mahmoud Ahmadinejad 대통령이 취임하고, 이란이 농축활동을 재개함으로써 핵위기가 재연되었다. 즉 이란은 핵활동을 가속화하여 원전용 핵연료를 위한 3.5% 농축 성공(2006.4), 아라크Arak 지역에 중수로 건설 개시(2006.8), 연구로 핵연료를 위한 20% 농축(2010), 차세대 농축기 설치(2013.1) 등 핵활동 수준을 계속 제고하였다. 이에 따라 IAEA는 이란 핵프로그램의 군사적 측면 가능성Possible Military Dimension: PMD[42]을 경고하고, 추가의정서 및 안전조치협정 개정 보조약정 3.1 (설계정보의 조기 제공) 이행을 요구하였다.

---

41) https://www.armscontrol.org/issuebriefs/irannie2007(검색일: 2015.4.25).

42) PMD(Possible Military Dimension)는 △의혹연구(alleged studies), △금속 우라늄 획득 관련 문서, △핵 관련 가능성이 있는 군 관련 기관 및 기업의 구매 및 R&D 활동, △군수산업 소속기업의 핵 관련 장비 및 부품 생산 문제 등 이란 핵프로그램의 군사적 연관성을 보여주는 일련의 문제를 의미함.

이에 대해 이란은 정당한 원자력의 평화적 이용 권리를 제약하는 안보리 결의를 수용할 수 없으며, 추가의정서 및 개정 보조약정 3.1 이행은 법적 의무가 아닌 자발적 이행사항으로 IAEA와의 안전조치협정에 따른 모든 의무를 이행하고 있다는 입장을 내세우며 IAEA의 요구를 거부하였다.

(4) P5+1 이란핵 협상과 제네바 잠정합의(2013)

서방 진영과 이란의 갈등이 고조되는 가운데, 대내외 환경의 변화는 이란 핵협상에 새로운 전기를 부여해 주었다. 우선 미국 및 서방의 대이란 제재의 효과를 들 수 있다. 즉 EU 및 미국의 이란 금융 제재(2011.11)와 EU의 수입금지 조치(2012.7), 미국의 석유수출대금 송금 금지(2013.2) 등으로 인해 이란의 경제난이 악화되기 시작했다. 이러한 내부 상황은 2013년 6월 외교적 고립 탈피와 제재 해제를 내세운 온건파 로하니^{Hassan Rouhani} 대통령의 압승으로 귀결되었고, 하메네이 최고지도자도 방송에서 "핵연료를 생산하는 핵연료주기의 핵기술은 이란의 존엄과 자랑이지만, 핵무기 보유는 죄이고, 불필요하며, 해롭고, 위험하다^{useless, harmful, dangerous}"는 비핵정책을 선언하였다. 이러한 내내적 상황에 추가하여 미국 오바마 대통령의 소위 '신고립주의'라는 새로운 중동정책 구상이 작용하였다. 이는 미국이 해결의 기미가 보이지 않는 중동 문제에서 한발 물러나는^{disengagement} 대신 이란과의 핵협상을 적극적으로 추진하고 외교안보적 협력을 강화하여 불안정한 중동 문제 해결에 있어 이란의 역할을 제고시킨다는 구상을 의미한다. 실제로 미국은 2013년 3월부터 비밀리에 이란과 핵협상을 개시하였으며, 2013년 9월 이슬람혁명 이후 최초로 이란과 공개리에 핵협상을 시작하였다.

이러한 배경으로 인해 P5+1과 이란 간의 협상이 본격 가동되었고 마침내 2013년 11월 제네바에서 '공동행동계획^{Joint Plan of Action}'의 잠정합의에 서명함으로써 이란 핵 문제 해결을 위한 획기적인 전기가 마련되었다.

(5) 로잔 잠정합의(2015)

이후 제네바 잠정합의에 의거 양측은 6개월 시한 내에 협상을 종료하기로

하고 2014년 2월 협상을 개시하였다. 그러나 우여곡절 끝에 2차례 시한을 연장하며 2015년 4월 2일 '공동 포괄적 행동계획을 위한 요소Parameters for a Joint Comprehensive Plan of Action'라는 로잔Lausanne 잠정합의를 타결하였다.[43] 한편 로잔 잠정합의는 이스라엘과 미국 내 공화계의 극심한 반발 속에서 만들어졌기에 남은 협상기한 동안 극복해야 할 문제들을 포함하고 있다는 지적이 일고 있다. 예를 들면, 제재해제 일정, 농축우라늄 재고의 처분방법 과 일정 등 일부 미합의 사항이 있어, 최종합의를 위한 협상 시 많은 논란이 예상된다는 점과 특히, 이란 농축활동과 연구개발에 대해 한시적이고 양적 인 통제로 인해 중장기적으로 이란 핵능력이 현저히 증대할 가능성이 있다 는 점이다.[44]

2) 평가

이란 사례는 IAEA 위상과 역할의 긍정적인 측면과 향후 가능성을 보다 잘 보여주는 사례라고 평가할 수 있겠다. 즉 2013년 파리잠정합의 및 2015 년 로잔합의 타결 사례는 IAEA와 유엔안보리 제재체제의 합작품이며, 그 효용성을 실제로 입증시켜 주는 사례로 들 수 있다. 이란 핵위기가 진행되 는 과정에서 IAEA의 사찰 및 감시활동은 이란의 핵프로그램이 군사적으로 전용되는 과정을 지연시키는 데 상당한 역할을 했다. 예를 들면, 앞서 언급 했듯이 IAEA는 이란 핵프로그램의 군사적 측면 가능성Possible Military Dimension: PMD을 논리적으로 지적·경고하고, 추가의정서 및 안전조치협정 개정 보조약정 3.1(설계정보의 조기 제공) 이행을 지속적으로 요구함으로써 이란 으로 하여금 국제여론의 비난과 압박을 피할 수 없게 만들었고, 유엔안보리 에 증거자료를 보고함으로써 결국 안보리 제재 결의를 채택하게 하였다. 이 러한 유엔안보리결의는 EU 및 미국 등 서방 국가들이 이란에 대해 제재를

---

43) 참고로 제네바 잠정합의와 로잔 잠정합의는 1993년 3월 북핵 문제 발발 이후 제네바 와 뉴욕에서 열린 미·북 고위급 접촉에 따른 합의에 해당되고, 2015년 6월 채택 예정 인 최종합의는 1994년 10월 미·북 기본합의문으로 간주될 수 있겠다.

44) 전봉근(2015), pp.8-9.

가할 수 있는 합법적 권한을 부여해 주었다.

다만 여기서 주목할 점은 정상적인 선거제도와 일정 규모의 경제체제가 정착되어 있는 국가일 경우에 IAEA 및 유엔안보리 제재체제가 효용성을 발휘할 수 있다는 점이다. 즉 이란은 선거제가 정착하였고, 석유수출에 크게 의존하여 제재에 취약한 정치·경제구조를 갖고 있어, 서방의 각종 교역과 금융제재가 매우 효과적으로 작용하였다는 것이다. 달리 표현하자면, 앞서 살펴 본 북한과 같은 정치·경제 구조를 가진 국가일 경우 IAEA 및 유엔안보리 제재체제의 효용성이 크게 저하된다고 할 수 있다. 즉 핵·경제 병진 노선을 천명하며 IAEA 사찰을 거부하는 한편 핵무기 개발을 포기하지 않겠다는 의사를 강하게 보유하고 있고 유례를 찾기 어려울 정도로 폐쇄된 경제구조를 가지고 있는 북한은 예외적인 사례라고 할 수 있겠다.

한편, 이란의 사례는 강경파 지도자의 등장으로 피사찰국이 강력히 거부할 경우 IAEA 사찰 및 감시 기능이 제한된다는 점과 국제사회의 강대국들의 적극적인 개입 및 해결의지에 따라 협상의 결과가 좌지우지된다는 점에서 전문 기술적 국제기구로서의 IAEA의 고질적 한계를 여전히 시사해 주고 있다.

3. 기타 국가 핵 문제와 IAEA

1) 남아공의 핵 문제와 IAEA

(1) 핵개발 추진과 IAEA의 역할

남아공은 1957년 6월 IAEA에 가입하여 일찍이 아프리카 지역 원자력 선진국 자격과 함께 이사국으로 활동한 바 있다. 남아공의 핵개발 배경으로는 인종차별정책에 따른 국제적 고립(영연방에서 축출, 유엔 제재 등), 소련의 앙골라 내전 간섭 및 미국의 남아공 지원 중단 등을 들 수 있다. 이 같은 배경으로 인해 남아공은 1974년 1월부터 핵무기프로그램에 착수하여 1979

년 핵실험을 실시하였고, 약 7개의 핵무기를 생산한 것으로 추정된다.

IAEA는 유엔안보리와 함께 남아공의 핵개발 포기를 위한 압력을 지속적으로 가해왔으며, 1983년 총회부터 "South Africa's Nuclear Capability" 결의를 채택하여 남아공에 대해 핵무기 제조능력(우라늄농축 개발)을 중지하고 모든 핵시설을 안전조치하에 둘 것을 지속 촉구하였다.

이러한 IAEA 및 유엔안보리의 압력과 더불어 1988년 앙골라 전쟁종식, 소련의 와해 및 냉전종식 등 대외적 안보환경의 변화, 그리고 개혁파인 드 클라크De Klerk 대통령의 등장으로 남아공은 핵무기를 '자산'이 아닌 '부담'으로 인식하게 되었으며 1990년 2월 모든 기존 핵무기 해체 및 핵물질 회수에 대한 서면지침을 발행하였다.45) 곧이어 1991년 7월 NPT에 가입하고 1991년 9월 IAEA와 전면안전조치협정을 체결하였으며, 이에 따라 IAEA 사찰팀은 5개월에 걸쳐 광범한 사찰을 실시하였고, 과거 핵무기프로그램의 현황 평가 및 동 프로그램과 관련된 모든 핵물질을 확인하고 회수하였다.

(2) 평가

남아공은 자체적으로 핵무기를 제조 보유하다가 이를 자발적으로 포기 해체한 유일한 국가로서 동 과정에서 IAEA 결의 및 사찰요구와 국제사회의 제재 등 지속적인 압력이 유효하게 작용한 것으로 평가된다. 이는 앞서 언급한 피사찰국이 수용할 의지가 있을 경우와 정상적인 정치·경제적 구조를 가질 경우 IAEA의 역할과 기능이 효과적으로 발휘될 수 있음을 보여주는 사례라고 할 수 있겠다.

또한 남아공에 대한 IAEA의 안전조치 활동에서 발견된 미비점은 IAEA 안전조치강화방안(93+2)을 추진하는 계기를 마련해 주었다.

---

45) 조명철 외,『핵 포기 국가에 대한 국제사회의 경제개발 지원경험이 북한에 주는 시사점』(대외경제정책연구원, 2010.10), pp.72-73.

2) 리비아의 핵 문제와 IAEA

(1) 핵개발 추진과 IAEA의 역할

리비아는 1975년 5월 NPT에 가입하고 1980년 8월 IAEA와 안전조치협정
을 체결하였음에도 불구하고 카다피Qaddafi 정권은 안보적 측면과 국제사회
에서의 위상 강화라는 측면에서 핵무기 개발에 대한 의지를 지속적으로 보
유하고 있었다. 리비아의 자국안보 불안은 1973년 제4차 중동전쟁에서 이
스라엘의 승리를 목도한 이후 심각한 공격위협을 느끼고 있었고,[46] 1986년
미국의 트리폴리Tripoli와 벵가지Benghazi 폭격, 설퍼만the Gulf of Sirte에서의
미국-리비아 전투기 충돌 이후 극대화되었다. 리비아 지도부는 핵무기 보유
를 선진화와 권력소유의 상징으로 간주하였으며, 특히 중동 및 아프리카 지
역에서의 패권을 장악하려는 카다피의 야심과 욕망은 리비아의 핵무기 개발·
보유 결정에 직접적 원인으로 작용하였다.

리비아의 핵무기 개발 및 구입 시도는 1969~2003년까지 3단계에 걸쳐
진행된다. 첫 번째 단계(1969~79년)에서 리비아는 자국 내 제한된 핵무기
생산기술로 인해 이미 제조, 완성된 무기 혹은 핵무기 생산에 필요한 핵심부
품을 외국으로부터 수입하려 하였다. 리비아는 1979년까지 중국을 비롯해,
인도, 파키스탄, 니제르, 프랑스, 벨기에 등으로부터 핵무기 구입을 시도했
을 뿐만 아니라, 이들 국가로부터 핵무기 제조기술을 전수받기 위해 다양한
노력을 전개하였다.[47]

두 번째 단계(1980~92년)에서 리비아는 민간용도의 프로그램을 개발하
면서 이를 점차 군사적 용도 및 우라늄을 이용한 핵폭발 물질 개발 시도로

---

46) M. Braut-Hegghammer, "Libya' Nuclear Intentions: Ambition and Ambivalence,"
    Center Contemporary Conflict, http://www.nps.edu/Academics/centers/ccc/pub
    lications/OnlineJournal/2009/Apr/braut-hegghammerApr09.pdf

47) J. Cirincione, J. Wolfsthal & M. Rajkumar, *Deadly Arsenals: Tracking Weapons
    of Mass Destruction* (Washington, DC: Carnegie Endowment for International
    Peace, 2002).

전환해간다. 1980년대 리비아는 파키스탄, 인도, 구소련, 벨기에, 아르헨티나, 브라질 등과의 관계구축 및 강화를 추구하며, 이들로부터 핵제조에 필요한 지식과 기술을 전수받고자 노력했다.

세 번째 단계(1993~2003년)에서 리비아는 원심 우라늄 고농축 기술을 습득하는 데 주력하였다. 그러나 리비아의 핵보유정책에 대한 서구세계의 반발은 주변국들로 하여금 리비아에 핵무기를 수출하거나 생산에 필요한 기술을 이전하는 것을 금지시켰고, 이는 궁극적으로 리비아의 핵보유·생산에 차질을 빚게 한다. 특히 1990년대 중반부터 리비아는 칸Abdul Qadeer Khan 박사의 국제 핵 밀매조직을 통해 원심분리기 완제품과 부품들을 도입하는 방식으로 핵개발 계획을 진행하였다.[48]

이후 2003년 10월 원심분리기 부품을 싣고 두바이에서 리비아로 향하던 독일 국적 선박을 미·영 해군의 공동작전으로 지중해에서 차단한 소위 "BBC China호 사건"을 계기로 마침내 리비아의 비밀 핵프로그램이 주목받게 되었다. 사건이 발생한 직후인 2003년 12월 19일 리비아 정부는 국제적으로 금지된 무기생산 목적의 물질, 장비 및 프로그램 철폐 결정을 선언하고 이를 IAEA 사무총장 및 유엔안보리 의장에게 통보하였다. 그러나 IAEA이사회는 2004년 3월 10일 리비아의 안전조치협약 불이행non-compliance을 판명하고 이를 안보리에 보고하는 결의안을 채택하였다. IAEA 사무총장은 2008년 9월 신고 핵물질의 비전용 및 미결현안 부재를 확인하고 통상적인 절차에 따라 리비아에 대한 안전조치이행이 가능하게 되었다고 함으로써 IAEA 차원의 리비아 핵 문제 논의가 공식적으로 종료되었다.

(2) 평가

리비아 사례는 강제적 핵포기를 유도한 이라크 사례와 달리 NPT체제 내

---

48) S. Squassoni, *Globalizing Cooperative Threat Reduction: A Survey of Options*, CRS Report for Congress(2004); S. Squassoni & A. Deickert, *Disarming Libya: Weapons of Mass Destruction*, CRS Report for Congress(2004).

에서 비밀 핵무기프로그램을 추진해 오던 리비아가 핵프로그램을 자발적으로 포기토록 유도한 사례로서 핵 비확산체제 유지에 긍정적인 영향을 준 것으로 평가된다. 이러한 자발적 포기의 유도는 핵 비확산에 대한 미국 등 서방국가들의 확고한 의지 및 노력, 대규모 경제 지원 등 핵 및 WMD 포기에 대한 확실한 보장 제공 약속 등을 통해 가능하였으며 동 검증과정에서 미·영 및 IAEA 간 역할분담이 잘 작용했던 사례로 평가된다.[49]

V. 결론: 한계 및 발전방향

앞서 살펴본 바와 같이 IAEA는 원자력 안전과 핵안보는 물론 무엇보다 핵시설·핵물질·핵장비·핵기술·핵정보 등이 군사적으로 전용되는 것을 억제하는 수평적 핵확산 방지에 상당한 기여를 해 오고 있으며, 만약 IAEA가 없다면 지금이라도 당장 설립해야 할 국제기구라고 할 수 있다. 그러나 이러한 긍정적 평가의 이면에는 IAEA가 향후 명실상부한 국제기구로 발전해 나아가기 위해 풀어야 할 문제점들 역시 내재되어 있다. 본 결론에서는 이러한 한계와 함께 발전방향을 제시한다.

1. 핵 비확산체제의 공고화

IAEA 사찰이 국제 핵확산방지체제에서 차지하는 역할과 비중은 크며 실

---

49) 미·영은 inventory 작성 및 폐기, 핵장비 물질, 여타, 민감 부품의 국외 반출 등의 지원활동(logistical work)을 담당했고 IAEA는 핵시설에 대한 안전조치 및 핵폐기 검증(반출 장비 및 물질에 대한 봉인 등 감시역할 포함)을 담당하였다.

질적으로 기여해 온 것이 사실이나, 현실적으로 IAEA 사찰은 제도적·규범적 측면에서 한계성을 내재하고 있다. 기본적으로 IAEA 사찰은 피사찰국의 자발적 협력을 전제로 하고 있으며, 만약 피사찰국이 이를 거부할 시 사찰의 효용성은 크게 떨어지게 된다. 특히 사찰 장소 및 대상에 대한 접근의 범위가 문제가 되어 왔다. IAEA 사찰관은 피사찰국이 신고한 시설의 약정된 장소에만 접근하고 상호협정과 피사찰국이 동의한 범위에서만 사찰을 실시할 수 있으며, 피사찰국은 특정사찰요원에 대해서 거부권을 행사할 수 있도록 규정되어 있다.

물론 이러한 경우를 방지하기 위하여 강제성을 가진 특별사찰 제도가 있으나 피사찰국의 주권침해 문제로 인해 이 역시 피사찰국이 동의하는 범위 내에서 극히 제한적으로 실시되고 있다. 또한, IAEA의 사찰대상은 기본적으로 핵물질과 핵시설에 국한되어 있기 때문에 핵물질이 개입되지 않는 핵탄설계 및 제조공정 또는 고폭실험 등 핵폭발장치는 사찰대상에서 제외되며, 이미 보유한 핵무기에 대해서도 사찰할 수가 없다.

이러한 맥락에서 지금까지 국제사회는 IAEA 사찰이 지니고 있는 한계를 극복하기 위해 계속 노력하여 왔다. 이의 산물로 IAEA는 '93+2프로그램'에 의거해 1997년 5월 특별이사회에서 안전조치강화체제 이행을 위한 추가 의정서Additional Protocol 채택과 1998년 통합안전조치체제를 개발하여 사찰 범위·강도·효율성을 강화시키려는 노력을 경주해 왔다. 그러나 IAEA의 국제 핵확산 저지를 위한 이러한 노력에 다수의 원전 보유국들이 가입해 IAEA의 프로토콜Protocol을 준수하고 있으나, 여전히 일부 핵무기 보유국과 핵무기를 보유하고자 시도하는 국가들이 IAEA체제 밖에 나와 있으면서 국제적 원자력 질서에 위협이 되고 있는 것이 현실이다.

앞선 사례연구들이 보여주었듯이 대부분의 사례들은 강대국들의 적극적인 관심과 개입이 없이는 IAEA의 제도적 장치들이 효과적으로 적용되지 못함을 보여주고 있다.

이 같은 문제를 해소하기 위해서는 첫째, 추가 의정서(INFCIRC/504) 등 IAEA의 규칙들을 국제적으로 보편화하고 나아가 범세계적 규범화를 위한

미국 등 원자력선진국의 지속적인 관심과 노력이 이루어져야 할 것이다. 그
런데 규범화와 관련하여 우선적으로 보완이 되어야 할 부분은 IAEA 운영의
'민주화'라고 할 수 있다. 사실상 IAEA는 고도의 전문성이 요구되는 기술적
전문국제기구라는 특수성으로 인해 여타 국제기구와 다른 특징을 가지고 있
다. 즉 IAEA는 유엔 산하의 여타 기구들과 달리 자체의 헌장을 보유하고
있어 상대적인 자율성을 가질 수 있는 여지가 존재하며, 예산과 재정, 사무
국 직원의 고용, 안건 및 우선순위 결정 등 거의 모든 사항에 대한 결정권은
자체 총회와 이사회에 부여되어 있다. 또한 미국 등 원자력 기술 선진국들
을 중심으로 구성된 지명이사국들이 상당한 권한을 행사하고 있고 사실상
영구적 권리를 누릴 수 있도록 허용되어 있다. 이러한 구조적 특성은 소수
혹은 특정 국가집단(핵보유국 또는 원자력 선진국)의 기득권 유지를 위한
'자의적 도구'로 이용될 수 있다는 우려를 자아내고 있는 만큼[50] 이를 불식
시키기 위한 노력이 IAEA 규칙들의 범세계적 규범화를 위한 필수조건이라
할 수 있다.

둘째, 핵 비확산체제는 IAEA 사찰만으로는 달성할 수 없음을 인지하고
관련 제반 기구(기관)들과의 보완적인 접근체제를 구축해야 한다. 예를 들
면, IAEA와 UN 안보리의 제재기능과의 보다 유기적인 결합을 위한 방안들
을 개발하거나, 수평적 비확산체제의 또 다른 축인 쟁거위원회 및 핵공급그
룹NSG 등 국제수출통제체제의 활성화를 들 수 있겠다.

마지막으로 이러한 수평적 비확산체제가 공고화되기 위해서 무엇보다 중
요한 점은 핵보유국들로 구성된 수직적인 비확산체제의 가시적인 진전이 이
루어져 비확산체제의 글로벌 리더십이 정립되어야 한다는 것이다. 주지하다
시피 현재까지 비확산체제가 정착되지 못하고 있는 근본적인 이유는 미국
등 핵보유국(또는 원자력 선진국)들이 주도하는 국제 비확산체제의 불평등

---

50) 엄상윤(2007); Christer Jonsson & Staffan Bolin, "The Role of the International
Atomic Energy Agency in the International Politics of Atomic Energy," in
Lawrence S. Finkelstein (ed.), *Politics in the United Nations System* (Durham:
Duke University Press, 1988).

성에 있다. 따라서 핵 감축의 적극적인 실현, 포괄적 핵실험 금지조약CTBT 의 조속한 발효 및 비준, 핵분열물질 생산금지조약FMCT 협상 개시 등을 통해 '형평성'과 '비차별성no double discrimination'의 원칙을 존중하는 모습을 보여야 할 것이다. 장기적으로 IAEA의 역할과 실행력은 핵을 "가진 자들"과 "가지지 않은 자들" 사이의 차이를 줄이고, 더 나아가서는 핵 군비 축소를 일관된 속도로 진행하는 것에 달려 있음을 인지해야 할 것이다.51)

2. IAEA 양대 목적 간의 조화와 균형 달성

IAEA헌장(제2조)에 명시된 원자력의 평화적 이용 촉진과 군사적 전용 억제라는 두 가지 목적은 일면 상호 모순적인 성격을 내재하고 있으며 현실적으로 이들 간의 조화가 쉽지 않다는 점이다. 즉 기술적인 측면에서 평화적 목적의 핵개발과 군사적 목적의 핵개발은 초기단계에서 거의 동일하여, 최초 평화적 목적의 핵개발을 내세워 IAEA의 기술적 지원을 받은 국가들이 이후 주변 안보상황 변화에 따라 군사적 전용을 시도할 가능성이 상존한다는 것이다. 앞서 사례연구에서 살펴보았듯이 북한의 경우 인도의 핵실험에 자극을 받아 평화적 이용의 명분하에 군사적 핵기술을 습득할 의도로 1974년 IAEA에 가입을 했고, 이후 핵과학자와 핵기술자를 파견하여 핵기술을 축적해 왔다. 또한 이란의 핵무기 개발 문제도 평화적 핵개발에 대한 미국과 IAEA의 기술적 지원으로부터 시작되었다고 볼 수 있다.

더욱이 앞으로 핵 관련 기술이 점차 복잡해지고 보다 신속하게 확산되는 것은 물론 핵기술이나 품목에 대한 민수용과 군사용의 구분이 점점 어려워질 것이라는 점이다. IAEA의 현 감시기술과 방법의 수준으로 볼 때, 핵기술이나 품목을 대상으로 민수용과 군수용을 구분하여 탐지·적발하기가 제한이 된다. 만약 이를 보완하기 위하여 보다 엄격하고 철저한 IAEA 사찰을

---

51) IAEA Publication(2015), https://www.iaea.org/about/memberstates

적용할 경우에는 원자력의 평화적 이용을 추구하는 IAEA의 목적과 기능에
역행하는 결과를 초래하여 피사찰국의 평화적 원자력이용을 위축시킬 가능
성이 있다.

　이러한 문제점을 해결하기 위해서는 원자력의 평화적 이용 권리와 안전
조치 의무 간 균형을 달성하고 상호조화를 촉진하기 위한 글로벌 차원의
제도 정립 및 이행이 필요하다. 실제로 이러한 맥락에서 IAEA를 중심으로
'다자핵연료공급보장Multilateral Nuclear Approaches: MNA' 구상52)이 논의되어 왔
으며, 그간 제시되었던 방안들 가운데 현재까지 IAEA이사회는 2009년 11월
러시아의 "저농축 우라늄 비축고LEU Reserve," 2010년 12월 미국 주도의
"IAEA 핵연료은행Nuclear Fuel Bank," 2011년 3월 영국 주도의 "핵연료공급보
장Nuclear Fuel Assurance" 등 3개 구상 추진을 결정하였다. 그러나 표결과정에
서 선진국(핵보유국)과 개도국들 간 이견이 크게 노정된 바, 각국의 원자력
발전 규모, 핵연료 소요 및 에너지 안보, 환경 문제, 핵 투명성의 정도를 감
안하는 보다 조화롭고 현실성 있는 해결책이 조속히 마련되어야 할 것이다.

3. 원자력 안전을 위한 구속력 있는 국제적 거버넌스 구축

　IAEA의 발전을 위한 또 하나의 과제는 원자력 안전을 위한 구속력 있는
국제적 거버넌스를 구축해야 한다는 것이다. 후쿠시마 원전사고 이후 원자
력 안전에 대한 국제적 관심이 고조됨에 따라, IAEA가 세계 각국의 합의를
거쳐 원자력 안전 관련 최초의 국제적 합의문서인 '원자력 안전 행동계획'
을 도출하는 등 의미 있는 후속조치들이 이어졌다.

---

52) 핵연료 공급에 대한 다자간 보장을 통해 개별국가의 핵연료 공급 차질에 대한 우려를
　　해소하는 한편, 농축 등 민감 핵기술 추구 유인을 억제함으로써 핵확산 우려를 해소
　　코자 하는 방안을 의미하며, 2003년 이란의 농축 추구에 대한 국제사회의 우려가 고
　　조되자 ElBaradei 전 IAEA 사무총장이 모든 농축, 재처리 시설을 다자 관리하에 두자
　　고 제창(2013.10)한 이래 다양한 방안들이 제기되어 왔다.

그러나 현실적으로 IAEA는 원자력 안전 관련 기준의 국제적 표준화도 미구축된 상황으로, 전반적으로 각국의 원자력 발전에 대한 국제적 거버넌스 역할을 하지 못하고 있는 실정이다. 즉 IAEA는 각국의 원자력 시설, 설비의 인증 및 안전 보안, 그리고 원전 폐기물정책 등 중대한 사안에 대해서 실질적 규제자 역할을 충족하지 못하고 있으며, 각국의 요청에 의한 안전진단 및 시설 검증 등을 주업무로 하고 있는 상태이다. 물론 미국의 경우 한국을 비롯한 몇몇 나라와 체결한 원자력협정을 통해 자국의 원자력 기술 유출 및 핵확산 방지정책을 구현하고 있지만 이는 원자력 발전을 유지하고 있는 모든 국가에 보편적으로 적용되는 것이 아니어서 국제적 거버넌스 역할로 보기는 어렵다.

이 같은 상황은 국제민간항공기구ICAO의 위상 및 역할과 비교가 된다. ICAO의 경우 민간항공의 안전과 보안, 운항기준 등의 국제적 기준을 제시하고 있으며 비행 안전을 확보할 뿐 아니라 항공사고 시 사고조사를 통해 객관적인 사고원인을 파악함으로써 항공사고를 둘러싼 각종 민, 형사상의 분쟁을 해결하는 역할까지 수행하고 있다.

따라서 각국에 소재한 원자력 발전소의 설계 인증 및 안전, 보안 기준을 국제적 기준으로 강화하여 원자력 사고를 미연에 방지하고, 책임과 권한을 가진 실질적 국제기구로 거듭날 필요가 있다는 지적이 제기되고 있다.[53] 즉 원전 시설, 설비 및 안전기준과 규제 정도 및 내용에 대한 국제적 표준화가 필요함과 동시에 복잡한 설계 승인 과정에 대한 규제의 단순화 및 국제화가 필요하다는 것이다. 그러나 IAEA가 이러한 국제적 거버넌스 역할을 수행하기 위해서는 국가들이 원자력 주권의 일정 부분을 포기하겠다는 의사와 미국 등 원전 선진국들이 막대한 재정 부담을 감수하겠다는 의지가 요구된다.

동일한 맥락에서 2013년 세계 에너지 총회에 참석한 아마노 유키아Amano

---

53) 김광암, "원자력, 국제 거버넌스 확대 구축해야," 『Legal Insight』(2013.11.7)』, http://legalinsight.co.kr/archives/54284(검색일: 2015.4.26).

Yukiya IAEA 사무총장은 원전 안전확보를 위해서는 범세계적으로 법적 구속력이 있는 틀이 필요하며, 동시에 원자력 주권을 가진 각국이 IAEA 등 국제사회에서 합의된 안전기준을 준수하는 것이 우선적으로 요구된다고 강조한 바 있다. 핵 비확산체제의 공고화와 마찬가지로 이 같은 과제는 결코 쉽게 해결될 문제가 아니며 향후 IAEA 주도국 및 회원국들이 함께 풀어 나가야 할 과제이다.

더 읽을 거리

Brown, Robert L. *Nuclear Authority: the IAEA and the Absolute Weapon.* Georgetown University Press, 2015.

국가들의 핵정책 수립에 미치는 IAEA의 영향력에 관한 저서로, IAEA의 탄생과 전성기 그리고 도전기로의 변화과정 및 원인에 대해 체계적으로 설명하고 있으며, 나아가 국제기구의 권위(authority)가 국제정치에서 지니는 의미에 대한 분석을 제시하고 있음.

Zak, Chen. *Iran's Nuclear Policy and the IAEA: An Evaluation of Program 93+2.* Washington Institute for Near East Policy, 2002.

IAEA가 사찰능력을 향상시키기 위해 새롭게 채택한 '강화된 안전조치 시스템'("Program 93+2")에 대한 상세한 설명과 함께 이러한 시스템이 과연 이란의 핵무기 개발에 대한 의혹을 효과적으로 식별해 낼 수 있는가에 대한 체계적인 분석을 제공하고 있음.

참·고·문·헌

〈국문 자료〉

강성학. 『카멜레온과 시지프스: 변천하는 국제질서와 한국의 안보』. 서울: 나남출판, 1995.
국가지식재산위원회. 「지식재산 침해대응 및 보호집행 보고서」. 2014.
국방부. 『대량살상무기의 이해』. 2007.
기상 산업 진흥원. "기상기후산업 해외진출 활성화를 위한 국제기구 현황조사 및 조달시장 진출 방안." 2013.11.
기상청. 「한반도 기후변화 전망보고서」. 2012.
_____. 「2013 기후연감」. 2014d.
_____. 「기상청과 친해지기」. 2014b.
_____. 「한국 기후변화 평가보고서 2014 − 기후변화 영향 및 적응」. 2014c.
김광암. "원자력, 국제 거버넌스 확대 구축해야." 『Legal Insight』. 2013.11.7.
김은주. "국제기구 활용의 필요성과 한계성." 방송학연구. 1990.
김태운. "국제기구 형성과 역할에 대한 이론적 고찰: IAEA의 경험적 사례를 중심으로." 『한국콘텐츠학회논문지』, Vol.6, No.7. 2006.
민원기. "2014 ITU 전권회의 한국개최 성과와 의의." *TTA Journal* 157. 2015.
박민정. 2015.
박은아. "WIPO 중재조정센터를 통한 특허 및 기술 분쟁의 소송 외 해결." 2015.

반상권. "2014 ITU 전권회의 한국 개최, 그 의미를 찾다." *TTA Journal* 145. 2013. p.21.

서대원 외. "IMO 극지방 운항선박 안전코드 제정 현황 및 문제점."『한국항해항만학회지』. 제38권 1호. 2014.02.

서보현 외. "국제기구의 주요정보통신정책이슈에 대한 효과적 대응방안연구."『연구보고』02-06. 충북: 정보통신정책연구원, 2002.

엄상윤. "IAEA의 핵확산 방지 역할과 한계: 북한 핵사찰 사례를 중심으로."『평화학연구』제8권 제1호. 2007.

외교부.『국제원자력기구 개황』. 2012.

유현용. "국제전기통신연합(ITU)의 전파관리제도에 관한 고찰."『法學硏究』통권 제32집. 2011.

이성욱. "한국은행·통계청의『국민대차대조표 공동개발 결과』에서 지식재산 생산물 규모분석에 대한 평가와 시사점." Issue & Focus on IP, 한국지식재산연구원. 2014.

이윤철. "국제해사기구 결의의 효력."『한국마린엔지니어링학회지』. 제31권 5호. 2007.07.

이윤철·두현욱. "선박기인 온실가스 배출에 대한 IMO의 규제와 이행방안."『한국항해항만학회지』제35권 5호. 2011.

이일수. "기상청과 WMO의 관계."『하늘사랑』. 2009.03.

이주완. "지식재산권이 기업경영에 미치는 영향." 하나 산업 정보 제43호, 하나금융그룹. 2011.

임기택. "국제해사활동 강화: 국제해사기구 A그룹 이사국 진출."『나라경제』. 2002. 02.

임종식. "국제해사기구(IMO)의 조직과 활동."『대한조선학회지』. 제28권 4호. 1991.

전봉근. "'로잔' 이란핵 잠정합의와 외교안보적 함의."『주요국제문제분석』. 국립외교원 외교안보연구소. 2015.4.27.

조명철 외.『핵 포기 국가에 대한 국제사회의 경제개발 지원경험이 북한에 주는 시사점』. 대외경제정책연구원, 2010.

최성근. "국제 지식재산투자의 특징과 주요국 비교: 경제성장과 위기극복에 크게 기여, 새로운 경제시스템 창출을 위한 경제주평." 14-44(통권 615호), 현대경제연구원. 2014.

특허청.「WIPO의 중단기 정책 및 예산·사업 운영에 대한 분석 연구」. 2011.

_____.「지식재산권의 손쉬운 이용」. 2012.

_____. 「개도국 지시재산분야 발전을 위한 개발협력 콘텐츠 개발 및 IP-Divide 해소 방안 연구」. 2013.

특허청·원니스. 「사례 중심의 지식재산 경영 매뉴얼」. 2008.

특허청·한국지식재산보호협회. 「국제지재권 분쟁동향 연차보고서」. 2013.

한국 ITU연구위원회. 「ITU 활동안내서」. 한국정보통신기술협회, 2013.

한국원자력산업회의. 『2014 원자력 연감』. 2014.

한국정보통신기술협회. "ICT 표준화 추진체계." 2015.

한국정보화진흥원. 『미래 IT기술 발전방향 및 전망』. 2012.12.

한국환경정책·평가연구원. 「우리나라 기후변화의 경제학적 분석」. 2012.

해사산업기술과. "유럽국가들과 e-네비게이션 공동개발 추진."『해양수산부 보도자료』. 2014.1.28.

해사안전국 해사안전정책과. "제93차 IMO 해사안전위원회 결과."『해양수산부 보도자료』. 2014.5.26.

_____. "해사산업 국익창출을 위한 IMO(국제해사기구) 대응방안 강화." 2014.

해양수산부 항해지원과. "2014년 3분기 전세계 해적사고 발생동향." 2014.

〈외국어 자료〉

Five IP Offices. *IP Statistics Report 2013*. 2013.

IMO. *IMO: What It Is.* London: IMO Publishing Service, 2013.

Jonsson, Christer, & Staffan Bolin. "The Role of the International Atomic Energy Agency in the International Politics of Atomic Energy." In Lawrence S. Finkelstein (ed.). *Politics in the United Nations System*. Durham: Duke University Press, 1988.

Krasner, Stephen. Global Communications and National Power: Life on the Pareto Frontier, *World Politics* 43(3) (1991), pp.336-366.

Mahan, Alfred T., The Influence of Sea Power Upon History, 1660-1783. Toronto:

Dover, 1987.

OECD. *Knowledge-based Economy*. 1996.

Typhoon Committee. Strategic Plan 2012-2016. 2012.

WIPO. *HR Statistics, WO/CC/67/2 Annex I*. 2013.

_____. *World Intellectual Property Indicators*. 2014.

WMO. The World Meteorological Organization at a glance. 2009.

_____. WMO Strategic Plan 2012-2015. 2011.

〈인터넷 및 언론 자료〉

경향신문. "美, 北핵시설에 '스턱스넷' 사이버공격 시도했다 실패." 2015년 5월 30일. http://www.yonhapnews.co.kr/bulletin/2015/05/30/0200000000AKR201 50530021500009.HTML?input=1179m(검색일: 2015.8.1).

국립재난안전연구원. "UNESCAP/WMO 태풍위원회." http://www.ndmi.go.kr/inter corp/untyphoon.jsp(검색일: 2015.2.26).

"국제안전관리규약." 『선박항해용어사전』. http://terms.naver.com/print.nhn?doc ID= 382622&cid=42382&categoryID=42382(검색일: 2015.1.8).

기상청. "고윤화 기상청장, 세계기상기구(WMO) 집행이사 당선." 2014a. http:// web.kma.go.kr/notify/press/kma_list.jsp?bid=press&mode=view&num= 1192836(검색일: 2015.2.25).

_____. "국제협력업무: 다자간기상협력." No date. http://web.kma.go.kr/about kma/biz/cooper02.jsp(검색일: 2015.2.25).

문만용. "WMO를 통한 기상협력." 2007. http://www.archives.go.kr/next/search/ listSubjectDescription.do?id=004600(검색일: 2015.2.23).

"세계해상조난 및 안전제도." 『선박항해용어사전』, http://terms.naver.com/print. nhn?docID=382637&cid=42382&categoryID=42382(검색일: 2015.1.8).

『연합뉴스』. 2014년 10월 24일. http://www.yonhapnews.co.kr/bulletin/2014/10/24/0200000000AKR20141024069852017.HTML?input=1179m(검색일: 2015.8.3).

외교부. "ITU 헌장." http://www.mofa.go.kr/incboard/faimsif/mltltrl_popup.jsp?KOEN_ID=87903E9A821C19F549256DDA001EFF2B&ITEM_PARENT_ID=153B1D6079F24FD6492565EE002DA530(검색일: 2015.5.23).

_____. "ITU 협약 및 ITU 협약 개정서." http://www.mofa.go.kr/incboard/faimsif/mltltrl_popup.jsp?KOEN_ID=F1B76F6CA94ADC9349256DDA002D75F8&ITEM_PARENT_ID=5B5E893AAF047D7E492565EE002EFC7B(검색일: 2015.7.1).

_____. "ITU 협약 제8절 241호." http://www.mofa.go.kr/incboard/faimsif/mltltrl_popup.jsp?KOEN_ID=949F8C52CAC6ED2F492569CA0029847B&ITEM_PARENT_ID=492A1440C2E1ED0E492568CF0007DC68(검색일: 2015.8.1).

_____. "국제전기통신연합 협약(1992년, 제네바) 개정서." http://www.mofa.go.kr/incboard/faimsif/mltltrl_popup.jsp?KOEN_ID=89771944D0F6228749257968001B0F0C&ITEM_PARENT_ID=8404100A8146FFAB49257968001AE831(검색일: 2015.8.3).

"유류오염사고에 대한 공해상의 조치에 관한 국제협약." 『21세기 정치학대사전』. http://terms.naver.com/print.nhn?docID=728893&cid=42140&categoryID=42140(검색일: 2015.1.8).

『이코노믹 리뷰』. "신임 ITU 사무총장에 자오 허우린 당선." 2014년 10월 23일. http://www.econovill.com/news/articleView.html?idxno=222757(검색일: 2015.8.10).

"2014 ICT 표준화 추진분석체계 분석서." http://www.tta.or.kr/data/reportDown.jsp?news_num=4136(검색일: 2015.6.17).

한국IT연구위원회 공식웹사이트. http://www.koreaitu.or.kr/itur/info/info.jsp(검색일: 2015.8.5).

한국IT연구위원회. ITU 활동안내서. 2013. p.17. http://www.koreaitu.or.kr/itur/board/publication_view.jsp(검색일: 2015.8.1).

"해상오염방지협약." 『21세기 정치학대사전』, http://terms.naver.com/print.nhn?doc ID=727864&cid=42140&categoryID=42140(검색일: 2015.1.8).

_____. 『21세기 정치학대사전』, http://terms.naver.com/print.nhn?docID=727853&cid=42140&categoryID=42140(검색일: 2015.1.8).

Central Pacific Hurricane Center. "About CPHC." No date. http://www.prh. noaa.gov/cphc/pages/aboutcphc.php(검색일: 2015.3.14).

IAEA Annual Report. 2012, https://www.iaea.org/publications/reports/annual-report-2012(검색일: 2015.5.7).

IAEA Publication. 2015, http://www-pub.iaea.org/MTCD/publications/PDF/Pub 1032_web.pdf(검색일: 2015.5.7).

IAEA Publication. 2015, https://www.iaea.org/about/memberstates(검색일: 2015. 5.21).

IMO. "60th Anniversary of the Adoption of the IMO Convention," http://www. imo.org/About/HistoryOfIMO/Pages?60thAnniversary.aspx(검색일: 2014.12.17).

_____. "Brief History of IMO." http://www.imo.org/AboutHistoryOfIMO/Pages /Default.aspx(검색일: 2014.12.17).

_____. "Member States, IGOs and NGOs," http://www.imo.org/About/Member ship/(검색일: 2014.12.17).

_____. International Convention for Safety of Life at Sea(SOLAS). 1974. http:// www.imo.org/About/Conventions/ListOfConventions/(검색일: 2014.12. 17).

_____. International Convention for the Prevention of Pollution from Ships (MARPOL). http://www.imo.org/About/Conventions/ListOfConventions/ (검색일: 2014.12.17).

_____. International Convention on Maritime Search and Rescue(SAR). http:// www.imo.org/About/Conventions/ListOfConventions/(검색일: 2014.12. 17).

_____. "Introduction: Adopting a Convention, Entry into Force, Accession, Amend-ment, Enforcement, Tacit Acceptance Procedure," http://www.imo.org/ About/Conventions/Pages/Home.aspx(검색일: 2015.1.8).

_____. "Structure of IMO," http://www.imo.org/About/Pages/Structure.aspx(검 색일: 2015.1.8).

_____. International Convention on Standards of Training, Certification and Watchkeeping for Seafarers(STCW). http://www.imo.org/About/Conven tions/ListOfConventions/(검색일: 2015.1.8).

_____. ISM Code and Guidelines on Implementation of the ISM Code 2014.

http://www.imo.org/OurWork/HumanElement/SafetyManagement(검색일: 2015.1.8).

_____. International Code for the Construction and Equipment of Ships Carrying Liquefied Gases in Bulk(IGC Code). http://www.imo.org/OurWork/Environment/PullutionPrevention/(검색일: 2015.4.9).

IPCC. "Structure: How does the IPCC work?." No date. http://www.ipcc.ch/organization/organization_structure.shtml#(검색일: 2015.2.22).

ITU. "Sector Members, Associates and Academia." http://www.itu.int/en/membership/Pages/sector-members.aspx(검색일: 2015.4.27).

_____. "Past and Present Senior Officials." http://www.itu.int/en/history/Pages/SeniorOfficials.aspx(검색일: 2015.6.8).

_____. "ITU Member States by Administrative Region." http://www.itu.int/online/mm/scripts/mm.world?_languageid=1(검색일: 2015.7.3).

_____. "Regional Presence." http://www.itu.int/en/ITU-D/Pages/Regional-Presence.aspx(검색일: 2015.8.2).

_____. "Council Membership." http://www.itu.int/en/council/Pages/members.aspx(검색일: 2015.8.3).

_____. "Speech by ITU Secretary-General, Dr Hamadoun I. Touré." http://www.itu.int/en/osg/speeches/Pages/2013-10-29.aspx(검색일: 2015.8.3).

_____. http://itu150.org/home/

National Hurricane Center. "About the National Hurricane Center." No date. http://www.nhc.noaa.gov/aboutintro.shtml(검색일: 2015.3.14).

Overview of ITU's History(http://www.itu.int/dms_pub/itu-s/oth/02/0B/S020B0000094E27PDFE.PDF)(검색일: 2015.6.12).

Pacific News Center. "Guam DOE: Community Weather Information Network Being Established at Inarajan Middle School." 2012. http://www.pacificnewscenter.com/index.php?option=com_content&view=article&id=29775:guam-doe-community-weather-information-network-being-established-at-inarajan-middle-school&catid=45:guam-news&Itemid=156(검색일: 2015.3.17).

WMO. "WMO Overview." No date. https://www.wmo.int/pages/prog/dra/eguides/index.php/en/4-international-relationships-including-wmo/4-1-wmo-overview(검색일: 2015.2.22).

_____. "Members of WMO with date of ratification/accession." 2015. http://www.wmo.int/pages/members/membership/index_en.php(검색일: 2015.2.24).

부·록

KTF를 활용한 개도국 지원 사업

【부록】 KTF를 활용한 개도국 지원 사업

연도	사업 명칭	내용
1차년도 ('04.7 ~'05.6)	정보화 컨설팅	• 특허행정 정보화에 대한 인도 컨설팅 실시
	PCT ROAD 개발 및 보급	• PCT 출원을 접수 및 관리하는 시스템의 개발·보급: 인도, 필리핀 등 7개국
	특허정보 검색서비스 지원	• 개도국의 대학, 연구소 등에 특허정보 무료 검색 서비스 제공: 17개국
	중소기업 IP 역량 강화	• 개도국 현지 언어로 WIPO 지재권 책자 재발간·배포를 통한 인식 제고
	아·태 지역 국제세미나 개최	• 국제적인 지재권 이슈에 대하여 각국의 정 책담당자 및 전문가가 참여하는 세미나 개최
	WWA-IIPTI 공동 교육과정 개설 및 운영	• 개도국 IP 교육기관장 대상으로 공동 교육 과정 개설 및 운영
	PCT National 세미나 개최	• 개도국 PCT 인식 제고를 위한 세미나 개최
	PCT 지역 세미나 개최	• 아태 지역 5개국 지재권 담당 공무원 대상 으로 PCT 세미나 개최
2차년도 ('05.7 ~'06.6)	PCT ROAD 기능강화 및 보급 (계속사업)	• 업그레이드 및 보급: 말레이시아, 벨리즈, 시리아, 인도네시아, 캐나다
	PCT On/Off-line Training	• 워크숍 개최(7개국 13명 참석), E-learning Content 개발
	KIPO/WIPO 공동 국제세미나	• 22개국 23명 참가
	Madrid시스템에 관한 아·태 지역 라운드테이블	• 4개국 13명 참가(북한 5명)
	개도국 특허관리 컨설팅	• 말레이시아 및 베트남에서 Training Program 개최
	중소기업의 지재권 관리능력 제고	• 인도네시아, 필리핀에 KIPO·WIPO 전문가 파견, 컨설팅 실시

	LDC IP 정보센터 설립 (특허정보 제공)	• 탄자니아 하드웨어 보급, 컨설팅 실시
	PCT-ROAD 보급 및 고객 만족도 평가	• 말레이시아, 필리핀
	기술혁신 진흥, 지재권 자산 운영, 기술이전에 관한 훈련 (Training)	• 북한 6명 초청
3차 년도 ('06.7 ~'07.6)	기술혁신 진흥을 위한 특허 정보 이용에 관한 아태 지역 세미나	• 13개국 23명 참가
	LDC 지재권 워크숍	• 9개국 9명 참가
	PCT시스템의 효율적 활용을 위한 WIPO 지역 워크숍	• 7개국 11명 참가
	특허분쟁 중재에 관한 WIPO 워크숍	• 11개국 16명 초청
	Patent Mapping 모듈개발	• 섬유 기술
4차년도 ('07.7 ~'08.6)	연구방문	• 아제르바이잔, 태국, 페루, 우루과이 특허청 및 연수원 방문
	전문가 자문	• 인도네시아, 튀니지 지재권 발견 및 인재 양성 전략에 대한 조언 제공
	특허맵핑 모듈 개발	• 개도국 및 최빈국에 정수 기술 관련 특허 정보 제공
	PCT 활용도 제고	• 인도네시아, 베트남, 스리랑카의 PCT 활용 방안에 대한 컨설팅 제공
	중소기업 자문(IP 활용)	• 몽골, 베트남 중소기업 대상 IP활용 교육실시

	워크숍 개최	• 최빈국의 경제성장 도구로서의 IP 활용
		  방안: 12개국 12명 참가
		• 브랜드 활용전략(베트남)
		• 지재권 제도를 통한 기술이전(인도네시아,
		  말레이시아)
		• 특허정보 활용(멕시코)

	지역국가 지원사업	• 몽골, 코트디부아르에 장비지원 및
		  지재권과 특허정보 활용에 관한 전문가
		  파견 교육실시

	맞춤형 간행물 번역	• 우루과이, 에콰도르 등에 현지어 지재권 교육자료 보급
	장비지원	• 파푸아뉴기니, 콩고, 온두라스, 파라과이 특허청 및 연구기관 등에 전산장비 지원
5차년도 ('08.7 ~'09.6)	PCT 전자시스템 심층교육	• PCT 및 전자출원시스템 활용 교육 • 5개국 10명 참가: 이집트, 말레이시아, 멕시코, 필리핀, 남아공
	지역국가 지원사업(몽골)	• 말레이시아 정보화센터 설립 지원 • 특허활용에 관한 지역 세미나 및 전문가 자문 실시 • IP 전문서적 및 WIPO 발행자료 번역 및 보급
	PCT 지역 워크숍 개최	• PCT 신가입국을 대상으로 PCT제도 및 활용방안에 대한 교육 실시(칠레, 페루)
	기술이전 및 라이센싱 교육	• 에너지 분야 워크숍: 10명(10개국)
	IP 파노라마 포럼	• 12개국 12명 참가
	최빈국의 무역 촉진을 위한 IP 활용에 관한 워크숍	• 탄자니아
	지재권 발전전략에 관한 전문가 방문교육	• 인도네시아, 라오스, 모로코
	개도국 IP 확보 지원	• 인도네시아 컨설팅
	생존형 적정 기술정보 보급	• 라오스, 에티오피아
6차년도 ('09.7 ~'10.6)	개도국 IP 확보 지원	• 인도네시아 커피섹터 브랜딩 전략자문, 탄자니아 전문가 자문 실시
	IP 활용에 관한 지역국가 지원 사업	• 베트남, 나이지리아 대상 세미나 및 컨설팅 수행, 한국 study visit 수행
	생존형 적정기술정보 보급	• 말레이시아, 에티오피아 대상 적정기술 공모전 및 워크숍 개최
	LDCs 지역 교육프로그램	• 캄보디아, 우간다, 말라위
	녹색 성장과 IP 포럼	• 18개국 IP/경제/환경/산업 정책 공무원 37명 대상
	심사관 교육	• 브라질, 인도 등 11개국 공무원 20명을 대상

	적정기술 공모전	• 가나, 필리핀
7차년도 ('10.7 ~'11.6)	특허정보 활용 및 적정기술에 관한 국가 세미나	• 멕시코, 페루
	지역기반 개발에 관한 정책 토론	• 아시아 지역 11여 개국 및 에티오피아 대상
	개도국 심사관을 위한 특허법 및 심사 교육	• 아시아 지역 10여 개국
	지재권 교육 멀티미디어 교재 개발	• IP PANORAMA
	지재권 이슈에 대한 연구	• 마드리드시스템 가입에 관한 연구
	IP 파노라마(Panorama)를 활용한 연수과정	• 중동 지역 국가들 대상
8차년도 ('11.7 ~'12.6)	적정기술 공모전 후속사업	• 에티오피아 적정기술 공모전 수상작 대상 시제품 제작 지원 추진 중
	개도국 심사관을 위한 특허법 및 심사 교육	• 지식재산연수원
	개도국 심사관을 위한 상표법 및 심사 교육	• 지식재산연수원
	Expert Mission	• 캄보디아 상표 심사 컨설팅
	WIPO Academy 교육 과정 지원	• 지재권 교육을 위한 한-WIPO 신탁기금 설립
9차년도 ('12.7 ~'13.6)	특허정보를 활용한 적정기술 개발·활용	• 적정기술 솔루션 경진대회 개최: 베트남, 잠비아
	아동용 지재권 애니메이션 개발·확산	• WIPO, KIPO, KIPA, 오콘 공동개발 학부모·아동용 애니메이션
	심사관 특허법·상표법· 디자인법 교육과정 운영	• 특허법·특허심사 연수 과정: 개도국 16명 • 상표법·상표심사 연수 과정: 개도국 20명 • 디자인법·디자인심사 연수 과정: 개도국 13명
	WIPO 아카데미 교육 지원	호주 QUT, 한국 SNU 지원
	특허정보를 활용한 적정기술 개발·활용	
	아동용 지재권 애니메이션 개발·확산	

10차년도 ('13.7 ~'14.6)	심사관 특허법·상표법·디자인법 교육과정 운영
	공무원·전문가 초청연수
	대안적 분쟁해결절차 및 사례연구
	청소년을 위한 발명교육 표준교재 개발
	WIPO 아카데미 교육 지원(QUT, SNU)

[출처] 특허청(2014)

색 · 인

| ㄱ |

공법협약   129
관세 및 무역에 관한 일반협정(GATT)
   166, 168
구주경제공동체(EEC)   135
국가 기상 및 수문 서비스   75, 88
국립중앙관상대   97
국제 극지의 해   83
국제 핵 비확산체제 구성   191
국제개발원조위원회(DAC)   173
국제기상기구(IMO)   73
국제만재흘수선협약   127
국제무선전신연합(IRU)   20, 24
국제문예협회(ALAI)   150
국제민간항공기구(ICAO)   78, 134, 235
국제선급협회(IACS)   135, 139
국제선박톤수측정협약   127
국제수로기구(IHO)   135
국제안전관리규약   119
국제연합해사회의   114

국제예비심사기관(IPEA)   151, 172,
   173
국제원자력기구(IAEA)   185, 187
국제이동위성기구   118
국제전기통신세계회의(WCIT)   34, 35,
   39
국제전기통신연합(ITU)   19, 134
국제전신연합   19, 20, 24, 47
국제전신협약   20
국제표준기구(ISO)   135
국제해사기구(IMO)   112, 113, 115
국제해사기구의 구성   122
국제해사위성기구(INMARSAT)   135
국제해상교통간소화협약   125
국제해운회의소(ICS)   135
국제핵정보체제   194
글로벌안전체제   214, 215
기상연구소   97
기상청의 업무   98

기후변화 65-67, 69-71, 73-75, 82-84,
    92, 93, 98, 103-105, 121, 140
기후변화에 관한 정부간협의체 92
기후변화의 영향 69
기후시스템 66, 83, 104

| ㄴ |

남극 해빙 68
남극세종기지 97
남아공의 핵 문제 226
농업기상위원회 78, 104

| ㄷ |

다자핵연료공급보장(MNA) 234
대기 연구 및 환경프로그램 83
대형 해난사고 113
디자인권 148
WIPO 실연·음반조약 151, 152, 157,
    170
WIPO 저작권조약 151, 152, 157, 170
WMO 8개 기술위원회 79
WMO 장기예보선도센터 97
WMO 조직 구성 77
WMO 총회 76, 99

| ㄹ |

로잔 잠정합의 224, 225
로하니(Hassan Rouhani) 224
리비아의 핵 문제 228

| ㅁ |

무역관련지적재산권협정 166

| ㅂ |

바루크플랜 187
방오시스템 120, 130
베른협약 151, 157, 170
부분안전조치협정 204, 206, 217
북극의 해빙 68
북미자유무역협정(NAFTA) 166
북한 핵 문제 217
북한의 핵보유국가 선언 185
비정부기구들(NGOs) 135

| ㅅ |

산업재산권 147, 148, 150, 156, 169,
    180

상표권 148, 160, 166, 175
석유회사국제해사평의회(OCIMF) 135
선박 재활용 119, 120
선박으로부터의 오염방지를 위한 국제
    협약 117
선박의 유해 방오시스템 규제에 관한
    국제협약 130
선박의 조난 118
세계기상기구(WMO) 73, 92, 97, 98,
    100, 104, 134
세계기상기구총회(WMO Congress) 79
세계기후연구프로그램(WCRP) 74, 75,
    83
세계기후프로그램(WCP) 74, 90
세계무역기구(WTO) 165
세계전기통신정책포럼 25
세계지적재산권기구(WIPO) 147, 150
세계해상조난 및 안전제도(GMDSS)
    118
수문 수자원프로그램(HWRP) 81
수문위원회 권한의 범위 80
스톰예측센터 96
신고립주의 224
SOLAS협약 115, 116, 119, 120, 127

| ㅇ |

아덴만 121
아흐마디네자드(Mahmoud Ahmadine-
    jad) 223
안전조치의 개념 202
안전조치협정 190, 191, 193, 199,
    203, 204, 210, 211, 213, 217-
    219, 222-225, 228
영변 핵시설 220
온난화 경향 68, 69
온실가스 67, 71, 73, 83, 93, 100,
    104, 121, 130, 136
온실가스 배출추세 70
우루과이라운드 168
원자력 사고 시 조기통보조약 197
원자력 안전 (강화) 185, 186, 194,
    202, 211, 214-216, 230, 234, 235
원자력 안전 운영체제 214
원자력안전협약 197, 215
원자력의 평화적 이용 186, 188, 189,
    202, 211, 217, 224, 233, 234
위험·유해물질 해상운송책임협약 130
유럽해사안전청 139
유류오염 대비·대응·협력에 관한
    국제협약 130
유엔무역개발위원회(UNCTAD) 115,
    134
유엔식량농업기구 78

유엔원자력위원회(UNAEC) 187
유엔환경계획(UNEP) 75, 82, 92, 134
이란 핵 문제 222, 224
이란 핵위기 222, 223, 225
이란 혁명 222
이란의 핵프로그램 225
6자회담 프로세스 220
IAEA 사무국 조직도 201
IAEA 사찰 191, 207, 209-211, 219-
    222, 226, 227, 230-233
IAEA 자문기구 206
IAEA 탈퇴절차 211
IAEA 핵심기능 212
IAEA의 안전조치 189, 206, 227
IMO의 7개 전문위원회 139
IPCC의 조직 92
ITU 연혁 26
ITU 전략계획 25, 52, 59
ITU 조직도 34
NPT 비핵보유국 206
UN 기후변화협약(UNFCCC) 75
UN 새천년 개발 목표(MDG) 87

| ㅈ |
자유무역협정(FTA) 168
장기예보 선도센터 100

장단기 국제해사활동 강화방안 139
저농축 우라늄 비축고 234
저작권(보호센터) 147, 148, 150, 156,
    160-162, 166, 169, 175
전면안전조치(협정) 195, 204, 206-
    208, 217, 218, 222, 227
전지구 탄소순환 관측지표 69
전지구기후서비스체계(GFCS)프로그램
    75, 90, 91, 100, 105
전지구정보시스템센터(GISC) 97, 99,
    100
정부간해사자문기구(IMCO) 112, 114-
    117, 119, 124, 127
정부간해양학위원회 83
조정(mediation) 162
중국 사막화현상 105
중재(arbitration) 162
중재조정센터(AMC) 161
지구온난화 68, 69, 82, 100, 137
지구의 평균 기온 67, 68
지속가능한 해양수송체계 121, 131
지식기반경제(knowledge-based eco-
    nomy) 147
지식재산권 (보호) 147-150, 152, 155,
    156, 159-161, 165-169, 171-174,
    179-181
지식재산권법 179
지식재산권의 범주 148

지식재산권의 집행 166, 167, 179
지식재산생산물투자 항목 148
지역사회 기후정보네트워크 96
지재권보호를 위한 국제사무국 152

| ㅊ |
최빈국을 위한 WMO프로그램 87

| ㅌ |
태풍위원회(TC) 93-96, 102-104
태풍위원회 전략계획 94
태풍위원회신탁기금 95
통합안전조치 195, 207, 208, 231
통합안전체제 214, 215
특허권 148, 150, 166, 174

| ㅍ |
포괄적 핵실험 금지조약 233

| ㅎ |
하메네이 최고지도자 224
한·ASEAN FTA 175
한·EFTA FTA 175
한·EU FTA 176
한·뉴질랜드 FTA 176
한·미 FTA 176
한·베트남 FTA 176
한·싱가포르 FTA 175
한·인도 CEPA 175
한·중 FTA 176
한·중 공동 관측망 98, 106
한·칠레 FTA 175
한·캐나다 FTA 176
한·콜롬비아 FTA 176
한·터키 FTA 176
한·페루 FTA 176
한국 기상청 73, 97, 99
한국 원자력협력재단 196
한국원자력안전기술원(KINS) 194
한반도 기후변화 전망보고서 68
항공기상위원회 76, 78
항공기후서비스 90
해사안전위원회 118, 123, 124, 136-
    138
해상인명안전을 위한 국제협약(SOLAS)
    114, 118
해양수색 및 구조에 관한 국제협약

118
해양수색구조   127
해양오염 방지   126, 129, 134
해양충돌방지에 관한 국제협약   127
해양환경보호위원회(MEPC)   123, 124,
   126
해운의 표준   112
해적정보공유시스템   137
핵 비확산체제   189, 190, 203, 230,
   232, 236
핵무기 보유국   190, 231
핵무기 비보유국   190, 204
핵무기 잠재국   189
핵물질불리석방호협약   212
핵안보 (기술약정)   195, 196, 202, 211-

213, 230
핵안보기금   194, 196
핵안보의 개념   211
핵연료공급보장   234
핵테러리즘   213
핵확산금지조약(NPT)   121, 186, 189-
   191, 203, 204, 206, 211, 217-
   219, 222, 227-229
헤이그협약   151, 152, 157, 170
호메이니(Ruhollah Khomeini)   222
환경예측 국가센터   95
환경위협   117
황사 감시 기상탑   98, 106
후쿠시마 원선사고   185, 216, 234

필·자·소·개
(원고 게재순)

┃ 최동주

현 | 숙명여자대학교 글로벌서비스학부 교수

영국 University of London(SOAS) 대학원 정치경제학 박사

연구분야: 저개발국 발전, 국제정치경제, 국제협력

┃ 김정인

현 | 중앙대학교 경제학부 교수

중앙대 산업창업대학원 원장

녹색성장위원회 위원

미국 미네소타대학교 경제학 박사

연구분야: 환경경제, 자원경제

┃ 박창희

현 | 국방대학교 군사전략학과 교수

고려대학교 국제정치학 박사

연구분야: 중국군사, 전쟁 및 전략, 국가안보, 군사전략 등

▌ 한유진
현 | 숙명여자대학교 글로벌서비스학부 교수
서울대학교 기술경영 박사
연구분야: 앙트러프러너십, 창업, 지식재산

▌ 정재욱
현 | 숙명여대 국제관계대학원 교수
고려대학교 정치학 박사
연구분야: 국제분쟁, 북핵문제, 한미동맹